缅甸史话
History of Burma

宋清润　张伟玉 ◎ 著

中国书籍出版社
China Book Press

图书在版编目（CIP）数据

缅甸史话 / 宋清润，张伟玉著. —北京：中国书籍出版社，2018.1
ISBN 978-7-5068-6584-5

Ⅰ.①缅… Ⅱ.①宋… ②张… Ⅲ.①缅甸—历史 Ⅳ.①K337.0

中国版本图书馆CIP数据核字（2017）第258698号

缅甸史话

宋清润　张伟玉　著

责任编辑	王志刚
责任印制	孙马飞　马　芝
封面设计	东方美迪
出版发行	中国书籍出版社
地　　址	北京市丰台区三路居路97号（邮编：100073）
电　　话	（010）52257143（总编室）（010）52257140（发行部）
电子邮箱	eo@chinabp.com.cn
经　　销	全国新华书店
印　　刷	河北省三河市顺兴印务有限公司
开　　本	710毫米×1000毫米　1/16
字　　数	280千字
印　　张	19.25
版　　次	2020年7月第1版　2020年7月第1次印刷
书　　号	ISBN 978-7-5068-6584-5
定　　价	58.00元

版权所有　翻印必究

前　言

提到缅甸，读者朋友们可能想到翡翠、玉石（宝石）、果敢冲突、克钦冲突、逃往云南避难的缅甸北部百姓、云南边民有时受到缅北冲突影响、昂山素季、军人、仰光大金塔，等等。笔者研究了十年的缅甸，深刻感觉到，尽管近年来兴起了"缅甸热"，缅甸研究也已经成为东南亚研究界的"显学"之一，不过，相对于大家耳熟能详的新加坡、马来西亚、泰国，缅甸仍然是我们一个神秘、陌生的邻居，我们对这个与我们有着2210多公里边界线的邻国的了解并不全面和深刻。那么，缅甸到底是个什么样的国家呢？笔者从以下角度介绍一二。

相对中国而言，单就国土面积缅甸确实是个"小国"，但从东南亚乃至全球来看，缅甸又是个较大的国家。缅甸国土面积（不含海洋国土，下同）676 578平方公里，是中南半岛第一大国家，在东南亚国家中仅次于印尼。缅甸国土面积比泰国国土面积多16万平方公里，是越南、马来西亚或菲律宾国土面积的两倍多。放在其他地区，缅甸也并非小国，其国土面积比曾经殖民过缅甸的日本多30万平方公里，比曾经殖民过缅甸的英国国土面积多43万平方公里，比法国国土面积大，比英国和德国国土面积的总和还要大。由此可见，即便是放在西欧，仅就国土面积而言，缅甸绝对是个"大国"。

而从地缘政治角度而言，缅甸又是个地缘枢纽国家之一：西南临安达曼海，西北与印度和孟加拉国为邻，东北靠中国，东南接泰国与老挝，连接中国、印度和孟加拉国，是孟中印缅经济走廊的重要联通国，是"一带一路"的重要沿线国家。缅甸又是唯一一个陆路连接东南亚和南亚的国家，

· 1 ·

西海岸又面临印度洋，从缅甸到南亚、印度洋国家乃至中东国家的物流成本较低，而效率会提高很多，这也是泰国、新加坡、马来西亚、印度、日本、中国及美欧诸国的企业纷纷赴缅甸投资建厂、参与建设缅甸经济特区的重要原因。正是因为缅甸地缘位置的高度重要性，加之缅甸近年来推进的政治转型与对外开放获得国际社会的高度认可，因此，我们看到，缅甸近年来已经成为国际社会的"宠儿"：除了亚洲的东盟及其成员国、日本、中国、印度等与缅甸存在着传统合作的国家之外，美国、欧盟及其成员国、澳大利亚、俄罗斯等西方国家和组织对缅甸的关注度与政治经济资源的投入力度也是空前加大。西方国家希望拓展在缅甸的影响力，并以此拓展在东南亚、亚太、印太的战略影响力，而西方在缅甸及其周边地区布设"这个大棋局"，目的之一是制衡中国崛起，这是大家心知肚明的。

从资源角度而言，缅甸是个"坐在聚宝盆上的幸运国家"，风景优美，旅游资源丰富，可耕地面积约1800万公顷，尚有400多万公顷的空闲地待开发。缅甸在殖民地时期曾经是世界最大的大米出口国，近年来年均大米出口量也在一百万吨左右，如果农业技术提高，闲地得到开垦，其大米出口量将猛增。缅甸的翡翠、玉石、宝石、柚木等的储量与产量在世界上举足轻重，锡、钨、锌、铝、锑、锰、金、银等矿产资源也十分丰富。根据2014年6月公布的数据，亚洲开发银行对缅甸53块陆地油气田和51块海洋油气田进行勘探后得出的调查报告显示，缅甸的石油储量为1.6亿桶，天然气储量为20.11万亿立方米，未来还可能发现更多天然气储量。缅甸官方数据显示，2013—2014财年，缅甸天然气、石油、玉石、珠宝、矿产品和林产品的出口值占缅甸出口总值的70%左右，占国民生产总值的10%。其中，仅天然气的出口值就达36亿美元，是缅甸政府的最大外汇来源。缅甸水利资源丰富，伊洛瓦底江、钦敦江、萨尔温江、锡唐江四大水系纵贯南北，但由于缺乏必要的资金、技术与设施，缅甸水利资源的发电、运输、灌溉等功能远未发挥出来，开发潜力很大，而且，由于缅甸防灾减灾能力弱，2015年的特大洪灾殃及全国14个省邦中的12个，损失惨重。

从历史发展与文化发展方面而言，在封建时期，缅甸是曾经有着辉煌过去的国家。在古代，缅甸也是经历了"分久必合、合久必分"的漫长过程，在1044年形成统一的国家后，一直到19世纪末全面沦为英国殖民地之前，缅甸主要经历了蒲甘、东吁和贡榜三个封建王朝，在这些王朝的更替间隙，缅甸也曾经分裂成几个"国家"。在封建王朝的鼎盛时期，尤其是在贡榜王朝时期，缅甸一度称雄中南半岛，是地区强国之一，1767年，缅甸军队攻陷泰国大城王朝首都阿瑜陀耶。笔者曾两次赴曼谷以北70多公里的大城王朝皇宫被缅甸军队焚烧过的遗址参观过，在喟叹战争残酷、缅怀那些战争受难者的同时，也切身感觉到了缅甸贡榜王朝国力的强盛与疆域的广阔。因为以古代的社会条件，征服数百公里乃至千里之外的另一个王朝首都，难度是非常大的。

然而，在东方封建王朝兴盛的末期，亚洲很多国家纷纷沦为西方资本主义列强侵略、瓜分的对象，缅甸也难逃厄运，近现代以来因为遭受英国、日本的长期殖民统治和二战的摧残，国运一度长期衰败。19世纪，英国发动三次侵略战争（分别发生在1824—1826年、1852年及1885年）后，占领了缅甸。1942年5月，日本将在缅甸的英军打败，占领并殖民缅甸，大肆掠夺缅甸资源，对其进行残暴统治，并妄图切断滇缅公路这条中国抗日物资运输的大动脉，从西南方向入侵中国。1945年3月，日本军队被美国、英国、印度、中国等同盟国的军队联合打败，缅甸光复。但英国殖民者又卷土重来，经历二战摧残后的缅甸，又被英国重新控制。昂山将军等独立领袖们再度领导缅甸军民抗击英国殖民统治，此时，大英帝国已日薄西山。1948年1月4日，昂山将军等人领导的多年民族独立运动取得胜利，缅甸脱离英联邦宣布独立，进入了历史的新篇章。

但在发展方面，缅甸是积弊甚多，长期落后了。在20世纪五六十年代，缅甸还是东南亚乃至亚洲相对富裕的国家，与泰国等周边国家发展水平差不多，仰光当时是东南亚城市建设的"典范"，据说，李光耀当年曾经去考察过仰光城市发展。然而，"三十年河东，三十年河西"，由于长期的军人统治导致国家封闭与西方制裁，在新加坡等亚洲"四小龙"、泰国等亚洲"四小虎"成为地区"发展之星"的20世纪七八十年代，缅甸却因为长期军人统治，体制僵化，又遭遇西方长期制裁，缅甸的资源优势并未充分得到开发，在1987年沦为"世界最穷国之一"。缅甸民众深感耻辱。不过，2011年开始，缅甸民选政府推进新的民主转型与对外开放，缅甸随后五年的年均增长率约为7%，国际货币基金组织、亚洲开发银行等近年来的报告认为，缅甸资源丰富，如果国家保持稳定，政策得当，未来经济发展前景非常可观。不过，缅甸经济发展面对的挑战也是显而易见的，基础设施差、金融落后、人才匮乏、通胀率高等等。根据国际货币基金组织数据，2016年，缅甸GDP约683亿美元，人均GDP约1300美元。可见，缅甸的发展之路仍然任重道远。

政治方面，缅甸命运多舛，曾经成为世界军人连续执政时间最长的国家之一。1948年初开始，吴努主政多年，仿效西方建立的资产阶级议会民主制一度取得一定成效，但在复杂的东方国家缅甸，西方体制日益水土不服，运转失灵，少数民族武装叛乱与社会动乱叠加，动荡局势濒临失控。1962年3月，奈温将军发动军事政变，军人政府执政到1988年年中，但体制僵化、对外封闭导致国家沦为"世界最穷国之一"，奈温政府被风起云涌的民众示威所推翻。1988年9月，苏貌将军领导军人再度发动政变，军人执政到2011年3月才解散（1992年，丹瑞大将取代苏貌掌权）。其间，昂山素季领导的全国民主联盟（民盟）等力量与军政府展开了持续斗争，民盟赢得1990年大选，但选举结果被军政府否决。缅甸军政府也被西方世界孤立和制裁多年，愈发难以为继。在内外高压之下，丹瑞执政时期也在稳步推进"有纪律的繁荣民主"的转型进程。2010年11月7日，缅甸举行大选，此时仍被军方软禁的昂山素季领导民盟抵制大选，军方扶持的联邦巩固与发展党（巩发党）胜出，退役将领吴登盛领导的民选政府2011年3月取代军政府执政，开启了国际瞩目的国家转型与对外开放进程。

2015年11月8日，缅甸再度举行大选，昂山素季领导民盟击败巩发党，获得压倒性胜利，军方承认大选结果，与昂山素季开展合作。2016年3月30日，民盟新政府宣誓就职，暂时结束了军人及其扶持的政党连续掌权54年的历史，缅甸迎来了新的历史发展时期，国内政治发展与外交关系出现新的态势。然而，打江山难，坐江山更难，缅甸是一个落后而又充满复杂矛盾的国家，毫无执政经验的民盟掌舵后，缅甸发展前景如何？各方充满着期待，似乎又有些隐忧。尤其是，稳定是一个国家发展的关键前提，而缅甸却是一个民族与宗教冲突不断的国家。大家非常关注：独立70年来积聚的国家转型与发展难题能否尽快得到解决？"民盟政府与军方的关系"能否顺畅发展？久拖难决的民族武装冲突何时烟消云散？缅甸何时实现持久和平？同时，积怨已久的佛教徒和穆斯林（主要是罗兴亚人，也译为罗兴伽人）又能否尽快和解？能否消除流血冲突？缅甸何时真正成为亚洲经济发展的"新星"？大家一直还在为缅甸的未来捏着把汗，祝愿其明天会更好！

中缅互为重要邻国，共享2210多公里的边境线。缅甸是中国重要邻国之一，是孟中印缅经济走廊建设的关键国家之一，是澜沧江—湄公河合作机制、"一带一路"的重要参与国之一，中缅油气管道等大型合作项目的建成使得缅甸对于中国更显重要。同时，中国对于缅甸发展也十分重要，中国是缅甸最大外贸伙伴国、重要投资国和援助国。众所周知，缅甸2011年推进国家转型以来，中缅关系总体维持友好发展态势，两国2011年建立全面战略合作伙伴关系；2016年8月，缅甸高级领导人昂山素季率团访华，这是她出任外长等高级职务后首次率团出访东盟之外的大国；2017年4月，缅甸总统吴廷觉访华，5月中旬，昂山素季来华参加"一带一路"国际合作高峰论坛，这说明，中缅关系经受住了缅甸政局巨变的考验，总体处于友好状态。然而，毋庸讳言，在多种因素的综合作用下，近年来，中缅关系正在经历1988年以来幅度最大、时间最长的调整，双边关系中的挑战增多，具有影响范围广泛、持续时间长等特点，双边利益时而出现"阵痛"性损失，尤其是2011年9月缅甸搁置密松电站建设后，中缅合作的多个大项目落实不畅。两国全面战略合作伙伴关系发展面临一些困难。中缅关系近年来出现一些问题的关键是双方对彼此了解少、误解多，尤其是，中缅民众和社会舆论均存在对彼此的一些负面认知，对两国关系发展有所不利，双方需要努力改变此状况。

中缅两国是邻居，而邻居是不可选择的，合则两利，斗则两伤。邻居好，赛金宝。而两国发展更友好关系的重要前提是更细致、更准确地了解对方，笔者精心写作此书，希望本书能帮助读者更多地了解缅甸，为增进两国民间交流、推动两国民间传统"胞波"情谊尽到绵薄之力。本书大致写作分工是：张伟玉撰写1948年1月缅甸独立前的内容，宋清润负责写作独立后的内容。本书最终得以出版，非常感谢中国书籍出版社的大力支持，感谢本书编辑安玉霞女士等出版社同仁，感谢在本书出版过程中给予我们帮助的所有同仁。同时，笔者在写作过程中参考了国内外大量文献，认真学习了国内外专家的真知灼见，受益匪浅。限于体例，不能一一标注出处，在此向各位专家致谢。而且，本文很多配图还得益于祝湘辉、孟资君、田耕、姚颖、张友谊、翁艳等国内学者以及多位缅甸朋友的友情支持，在此一并表示感谢。

缅甸是个有着复杂历史的国家，也是一个长期处于激烈变局中的国家，不同时期的政治斗争纷繁复杂，独立后选择过不同的政治体制与发展道路。作为研究缅甸的中国学者，在本书中，尽量客观介绍缅甸历史发展进程，对其不同发展道路、不同军事与政治团体、不同政要，尽量从历史、学术的角度去介绍和评析，不做褒贬评价与价值判断，以示客观。笔者水平有限，加之缅甸曾经长期封闭导致媒体与出版行业也十分落后，尽管在写作过程中竭尽全力，但在书稿付梓之时，对缅甸有些问题仍有"雾里看花"的无奈感，毕竟是在中国研究缅甸，书中的不足乃至错误在所难免，恳请学界师长、同仁、读者朋友指正。学无止境，笔者日后一定充实和完善自己的缅甸研究成果，以飨读者。

目　录

缅甸概况 /1

- 一、万塔之国：缅甸概况 …………………………………… 3
- 二、众说纷纭的缅族起源 …………………………………… 7

第一章　源自远古：缅人的起源和早期国家的萌生（10世纪以前）/9

- 一、曼德勒以西崩当的古猿化石 …………………………… 11
- 二、骠国：古缅甸最闪耀的明珠 …………………………… 13
- 三、其他诸国与原始部落氏族 ……………………………… 17
- 四、缅甸早期国家外交 ……………………………………… 20

第二章　一统天下：蒲甘王朝的辉煌与荣光（1044—1287年）/25

- 一、蒲甘王朝：第一个中央集权的封建王朝 ……………… 27
- 二、政治经济与文化初步发展 ……………………………… 31
- 三、蒲甘王朝的对外交往 …………………………………… 41

第三章 缅甸的"战国时代"（1287—1531 年）/45

- 一、三足鼎立：阿瓦王国、勃固王国和阿拉干王国 …………… 47
- 二、四十年战争：阿瓦多次入侵勃固 …………………………… 51
- 三、战后阿瓦、勃固和阿拉干命运各不同 ……………………… 54
- 四、政治发展：宗教听命于王权 ………………………………… 57
- 五、经济形态：核心区与边缘区的较量 ………………………… 58
- 六、文化发展："国家不幸诗家幸" ……………………………… 61
- 七、纷争中的对外交往 …………………………………………… 65

第四章 武林称雄：东吁王朝的争霸斗争（1531—1752 年）/71

- 一、东吁王朝的跌宕起伏 ………………………………………… 73
- 二、东吁王朝政治经济文化发展 ………………………………… 78
- 三、东吁王朝的对外交往 ………………………………………… 83

第五章 盛极一时：贡榜王朝前期的扩张（1752—1823 年）/91

- 一、雍籍牙：成就第三次大一统 ………………………………… 93
- 二、对外扩张：中南半岛强国 …………………………………… 95
- 三、贡榜王朝政治经济文化发展 ………………………………… 98
- 四、贡榜王朝的对外交往：战争居多 ………………………… 101

第六章 屈辱历史：英国殖民入侵与贡榜王朝灭亡（1824—1885 年）/107

- 一、第一次英缅战争：侵占丹那沙林和阿拉干 ……………… 109
- 二、第二次英缅战争：侵占下缅甸（勃固） ………………… 113
- 三、第三次英缅战争：侵占上缅甸（曼德勒） ……………… 115
- 四、贡榜王朝后期：不可避免地走向灭亡 …………………… 118

第七章　独立之梦：英国殖民统治与缅甸人民的抗争（1886—1948年）/123

- 一、英国殖民统治之下的缅甸 ………………………………… 125
- 二、缅甸人民的抗争和民族独立运动 ………………………… 129
- 三、日本侵略缅甸及抗日斗争（1942—1945年） …………… 139
- 四、脱离英联邦，终圆独立梦 ………………………………… 144

第八章　国运多舛的新生联邦/149

- 一、喜忧参半的新生联邦 ……………………………………… 151
- 二、民族矛盾激化，内战爆发 ………………………………… 154
- 三、移植西方民主失败 ………………………………………… 161
- 四、活跃的中立主义外交 ……………………………………… 167

第九章　奈温26年的强人统治/175

- 一、奈温军人统治的建立 ……………………………………… 177
- 二、奈温建设"缅甸式社会主义" …………………………… 179
- 三、奈温强硬政治统治 ………………………………………… 183
- 四、奈温被推翻 ………………………………………………… 188
- 五、昂山素季在政治上的迅速崛起 …………………………… 190
- 六、奈温政府的封闭外交政策 ………………………………… 197

第十章　新军人政权艰难推动国家渐进转型/205

- 一、军人再度政变与1990年大选的失败 ……………………… 207
- 二、丹瑞主导的"有纪律的繁荣民主"转型进程 …………… 210
- 三、2010年大选迈出政治转型关键一步 ……………………… 222
- 四、外交：在困境中求生存 …………………………………… 226

第十一章　吴登盛政府引领国家转型与发展 / 237

- 一、不可逆转的转型 ………………………………………… 239
- 二、昂山素季推动修宪遇挫 ………………………………… 243
- 三、转型挑战亦多 …………………………………………… 253
- 四、外交趋于活跃，困境纾解 ……………………………… 256

第十二章　民盟执政：缅甸转型与发展的里程碑？ / 265

- 一、缅甸迎来"昂山素季主政时代" ………………………… 267
- 二、民盟国内施政：几多欢喜几多愁 ……………………… 270
- 三、民盟政府外交：与东西方关系晴阴互现 ……………… 276

缅甸概况

MIANDIAN SHIHUA

一、万塔之国：缅甸概况

缅甸的全称为"缅甸联邦共和国"（The Republic of the Union of Myanmar），国土面积为676 578平方公里。据2015年统计数据，缅甸总人口为5 390万，共有135个民族，主要生活有缅族、克伦族、掸族、克钦族、钦族、克耶族、孟族和若开族等族，缅族是缅甸的主体民族，约占总人口的65%，各少数民族均有自己的语言，其中克钦、克伦、掸和孟等民族有自己的文字。缅甸的独立节为1月4日，建军节为3月27日，泼水节为4月中旬。货币是缅币（Kyat），1美元约合1 380缅币。缅甸属于热带季风性气候，一年分为凉、干、雨三季，最怡人的季节是凉季。

缅甸全国分七个省、七个邦和联邦区，省是缅族主要聚居区，邦为各少数民族聚居地，联邦区是首都内比都（Nay Pyi Taw）。2005年11月6日，缅甸将首都从仰光迁都到此，2006年正式宣布新都名为内比都（缅甸古语，意为"京都、都城"）。内比都原名为彬马那，位于缅甸中部山区，距离仰光以北400公里，是缅甸第三大城市，是前首都仰光与北方大城市曼德勒之间的一个山区贸易城镇，曾是缅甸民族英雄昂山将军发动独立战争的军事要冲及缅甸共产党游击队大本营，坐落在勃固山脉与本弄山脉之间锡塘河谷的狭长地带，战略地位重要。内比都目前的城市规划分成宾馆区、住宅区和政务区等不同区域，面积约有6 450平方公里，目前处在发展和建设之中，人口密度不大，仍显得比较空旷。

缅甸国家元首为总统，民盟政府首任总统吴廷觉（U Htin Kyaw）于2016年3月15日，当选为缅甸联邦共和国第二任总统，吴廷觉1946年7月生，孟族，经济学和计算机专业硕士，曾先后在大学、政府工业及财经部门任职，1992年辞去公职，2012年起任民盟下属杜庆芝（昂山素季的母亲）基金会执委。吴廷觉的父亲是缅著名文学家敏都温，岳父吴伦曾于20世纪70年代奈温时期担任副总理，后成为民盟创始人之一。

在政党方面，缅甸执政党为全国民主联盟（National League for Democracy），简称"民盟"，总部设在仰光，成立于1988年9月27日，昂山素季（Aung San Suu Kyi）任党主席。在1990年5月大选中，该党获得485个议席中的396席，后因军政府拒绝移交权力而与政府进行了长期斗争。在2010年11月大选期间，民盟拒绝重新注册参选，失去合法政党资格。2011年11月18日，民盟决定向联邦选举委员会申请重新注册政党。2012年1月5日，联邦选举委员会正式批准民盟申请，民盟重新成为合法政党，在4月1日议会补选及2015年11月8日全国大选中获得大胜。执政党主席为昂山素季，她也是目前缅甸最有影响力和最有威望的政治家，她因《2008年缅甸宪法》的限制，未能成为缅甸总统，2016年3月底缅新政府成立后，担任外交部部长兼总统府部部长，后担任国务资政。昂山素季1945年6月19日生，系缅甸独立运动领袖昂山将军之女，曾随时任缅甸驻印度大使的母亲赴印度生活和学习，后获牛津大学哲学、政治学和经济学学士学位，后又进入伦敦大学东方和非洲学院深造。昂山素季曾担任过联合国秘书处行政和预算咨询委员会助理秘书等职位，曾在日本京都大学南亚研究中心从事研究。她1988年回到缅甸照顾生病的母亲，后与多位政治人物共同组建民盟，2012年4月在联邦议会补选中以高票当选人民院议员，2013年3月在民盟全国代表大会上当选该党主席。

在经济方面，缅甸的经济发展较快，但仍然面临很多挑战。1948年独立后到1962年实行市场经济，1962年到1988年实行计划经济，1988年后实行市场经济。2016年7月，缅甸民盟政府颁布"12点国家经济政策"。10月18日，缅甸《投资法》经总统吴廷觉签署正式生效。2015—2016财年，缅甸国内生产总值约670亿美元，人均约1291美元。经济增长率7.0%。外国直接投资637.22亿美元，外债余额91亿美元。主要贸易伙伴是中国、泰国、新加坡、日本、韩国。主要工业有石油和天然气开采、小型机械制造、纺织、印染、碾米、木材加工、制糖、造纸、化肥和制药等。农业为国民经济基础，农业产值占国民生产总值的四成左右，主要农作物有水稻、小麦、玉米、花生、芝麻、棉花、豆类、甘蔗、油棕、烟草和黄麻等。缅甸自然资源与环境保护部数据显示，截至2015年，缅森林覆盖率为45%。矿产资源主要有锡、钨、锌、铝、锑、锰、金、银等，宝石和玉石在世界上享有盛誉。石油和天然气在内陆及沿海均有较大蕴藏量。水利资源丰富，伊洛瓦底江、钦敦江、萨尔温江、锡唐江四大水系纵贯南北，水利资源占东盟国家水利资源总量的40%，但由于缺少水利设施，尚未得到充分利用。交通以水运为主，铁路多为窄轨。主要港口有仰光港、勃生港和毛淡棉港，其中仰光港是缅甸最大港口。

在军事方面，缅军成立于1942年，由陆、海、空三军、警察部队、消防部队及民兵组成。国防军总司令部是缅军最高领导决策机构和军事指挥机关，现任总司令为敏昂莱大将（Min Aung Hlaing），副总司令为梭温副大将。国防军总司令部下设三个军种司令部，即陆军司令部、海军司令部和空军司令部，分别负责各军种的作战指挥。缅甸目前政坛上的军权掌控人就是国防军总司令敏昂莱，缅族，他于2002年任缅三角军区总司令，2008年任国防军第二特战局局长，2010年8月升任国防军总参谋长，2011年3月出任国防军总司令，2013年3月晋升大将，2016年1月，缅军方宣布敏昂莱退休年限延长5年。

在外交方面，缅甸奉行"不结盟、积极、独立"的外交政策，按照和平共处五项原则处理国与国之间关系。不依附任何大国和大国集团，在国际关系中保持中立，不允许外国在缅驻军，不侵犯别国，不干涉他国内政，不对国际和地区和平与安全构成威胁，是和平共处五项原则的共同倡导者。1988年军政府上台后，以美国为首的西方国家对缅实施经济制裁和贸易禁运，终止对缅经济技术援助，禁止对缅进行投资。1997年加入东盟后，与东盟及周边国家关系有较大发展。2014年，缅甸担任东盟轮值主席国。近年来，缅政府积极推进民族和解，与西方国家关系逐步缓和。2011年11月30日，美国国务卿希拉里对缅甸进行历史性访问，成为50多年来第一位到访缅甸的美国国务卿,此后两国关系开始改善。2012年1月11日,美国总统奥巴马宣布放松对缅甸制裁,准许美国公司在缅甸投资。2012年两国恢复大使级外交关系。2012年和2014年,奥巴马两次访问缅甸。奥巴马成为首位在任期间访缅的美国总统,也是访缅次数最多的美国在职总统。2013年5月,缅甸总统吴登盛访美,成为47年来首位访美的缅甸国家元首。2016年3月,缅甸民盟政府成立。9月,国务资政昂山素季率团访美,美缅关系持续改善。10月17日,美国总统奥巴马签发政令,宣布终止实施近20年的针对缅甸的《国别紧急状态法》,并由此解除针对缅甸的相关经济和金融制裁措施。

在教育和文化方面,缅甸政府重视发展教育和文化事业,缅甸实行小学义务教育,全民识字率约94.75%,文盲率较低。缅甸教育体系分学前教育、基础教育和高等教育。缅甸学前教育包括日托幼儿园和学前学校,招收的学生为3—5岁的学龄前儿童。缅甸基础教育学制为10年,其中,1—4年级为小学,5—8年级为普通初级中学,9、10年级为高级中学。缅甸高等教育曾经历过多次调整,普通高校本科学制自2012年起由此前的三年制改为四年制。缅甸现有基础教育学校40876所,各类大学与学院108所,其中,著名大学有仰光大学、仰光外国语大学、曼德勒大学等。后面仍接:缅甸主要文化机构和设施有国家舞剧团、国家图书馆、国家博物馆、昂山博物馆等。缅甸的艺术带有鲜明的民族特色和地域特色,传统文化在缅甸有广泛影响,并占主导地位。弯琴、编鼓、竹琴等乐器极具特色,阿迎舞、双人舞、群舞、油灯舞多姿多彩,平地围圈戏、宫廷戏、木偶戏、戏戏传神,木雕、石刻、漆器精美无比。

在宗教方面,缅甸是一个虔诚的佛教国家,佛教在缅甸历史上多次被立为国教,历史上佛教对缅甸的政治生活影响很大,而今佛教更是影响和渗透到缅甸的思想、文化、教育和生活等各个领域,现全国有85%以上的人信奉佛教,全国共有佛塔10万多座,被称为"万塔之国",缅甸的主要景点都是佛塔。缅甸的佛教主要是南传上座部佛教,佛教不但是缅甸人的宗教信仰,更是他们道德教育的源泉。佛教经文,尤其是《吉祥经》,是缅甸人民的生活哲学。缅甸文化深受佛教文化影响，缅甸各民族的文字、文学艺术、音乐、舞蹈、绘画、雕塑、建筑以及风俗习惯等都留下佛教文化的烙印。缅甸人日常生活中经常参神拜佛，信众一路赤脚走去，不能穿鞋或袜子，不能对寺庙、佛像、和尚有任何轻率举动，不能穿过短、过透的衣服。在缅甸，信佛教家庭的男孩都须入寺庙当一段时间的和尚，过静修生活后才能还俗结婚。缅甸人对和尚十分尊敬和崇拜，只要有和尚来化缘，他们都不惜拿出家中最好的财物送给和尚，缅甸人一心虔心向佛，与人为善，民风淳朴。

二、众说纷纭的缅族起源

缅族作为缅甸的主体民族，在古缅甸的骠国之后，缅族建立起了第一个统一的中央集权的封建王朝——蒲甘王朝，但是关于缅族的起源众说纷纭，至今尚无定论。有学者说缅族就是原来的骠人，也有学者认为缅族是古印度人演变而来的，还有学者认为缅族是来自中国西北甘肃一带的羌人，更有人说是来自中国云南的蒲人。"缅人是外来民族""缅人起源于太公""缅人起源于皎栖"之类的说法仍然流传至今。

一些学者认为，骠人就是缅人的前身，缅族是骠族的后裔，是称谓的逐渐改变，"骠"的称呼慢慢消失而代之以"缅"的称呼。"巴玛人"化石的发现，也有力地证明了缅甸民族原本起源于缅甸本土，而不是外来民族。但有学者对这一观点提出了质疑，认为骠人和缅人在缅甸古代就是两个不同的民族，缅人建立起第一个国家蒲甘王朝时骠人还仍然存在。但《琉璃宫史》记载，古印度释迦人的一支在公元前10世纪左右东迁缅甸，在缅甸建立了太公王国，其后子孙发展壮大，成为现今的缅人。印度王子来到缅甸，于公元前850年建立太公古国的传说，曾在下缅甸任缅甸殖民地英国专员的英国人潘尔也据此提出，缅族自印度而来，缅人被称为"巴玛"就是因为他们来自印度布拉马普特拉河流域。但没有考古或文献能够证明这一说法。加之，缅人与古印度人无论是体质特征还是语言上都存在很多不同，因而这一说法接受者不多。

还有一些学者认为，缅族是从中国迁徙到缅甸的，其先民是中国的羌族。英国学者卢斯认为，缅人起源于中国西北甘肃一带的羌人，缅族先民在南下途中，在7~8世纪到达中国云南澜沧江以西地区，9世纪，他们进入缅甸后建立了蒲甘城。许清章认为，缅族属汉藏语系缅语族的一支，他们的祖先是氐羌族。氐羌人发源于我国甘肃南部地区洮河流域。钟智翔认为，缅人源于古羌，表现在文化上就是缅人文化中有古羌文化的积淀。人们在早期的缅人经济生活、风俗习惯等文化要素诸方面依稀可以见到昔日羌人文化的辉煌，缅语与白狼羌语的97%的相同率，更为我们凸现了缅人源于古羌的脉络，存在于中国西南地区的民族走廊和延伸至缅甸的西南丝路像一条彩带把缅人先民南迁历史的两端连接到了一起，早期缅人先民南迁，除了部族发展、逐水草而居的生活需要外，更多的是出于部族逃避战争、远离灾祸的生存需要。这一观点在缅甸影响很大，甚至缅甸的著名史学家丹东、吴巴新等都同意此观点。虽然如此，但这一观点仍没有考古学、民族学和文献学的论证支撑。还有观点认为缅人起源于中国西南民族百濮支系——蒲人。

也有学者认为，缅人来源于缅甸原始部落，认为在骠国时期，骠国并不是骠人之国，而是包括了隶属关系松散、有许多属国和部落的国家，缅人部落就包含在其中，且缅人部落还不止一个，这些缅人部落主要分布在以蒲甘为中心的缅甸中部地区，主要在伊洛瓦底江、钦敦江等主要大河汇流处，也是骠国都城室利差旦罗与汗林的必经之途，缅人在此发展农业，繁衍生息。

第一章 源自远古：缅人的起源和早期国家的萌生（10世纪以前）

缅甸早期阶级社会的一个特点是这一时期出现了由骠（Pyu）、掸（Shan）、孟（Mon）、若开（Arakan）等不同民族建立的国家政权或氏族部落，这反映出缅甸从古代起，就是一个多民族的大熔炉。

从公元1世纪到10世纪之间，缅甸境内产生过许多由不同民族建立的国家，最重要的非骠国莫属，骠国的主体居民是骠人。骠国产生了缅甸最早的文字——骠文，骠国文化独特，成就显著，可以说古缅甸最耀眼的明珠就是骠国。

第一章 源自远古：缅人的起源和早期国家的萌生（10世纪以前）

一、曼德勒以西崩当的古猿化石

1979年5月，缅甸曼德勒大学人类学家与美国人类学家共同在曼德勒（Mandalay）以西的崩当山区（Pyoung Daung），发现了距今4000万年的古猿——双猿的化石，这4件古猿化石是古猿的下颌化石、骨骼化石碎片。崩当古猿化石首次被发现对缅人起源的研究具有重大意义。

大约40—50万年前，已有猿人在缅甸中部地区活动的足迹。20世纪80年代初，缅甸考古学家在望濑镇区与昌乌镇区之间的瑞明丁山峦（Shwe Min Tin）奎村附近发现了人类上颌骨化石，上有臼齿和前臼齿，并将其定名为"Bama Lu"，意即缅甸人，这就是早期的"巴玛人"。他们群聚在沿河两岸的高坡上，以打猎和采集为生，是缅甸最早的直立人。巴玛人的出现是缅甸原始社会旧石器时代的开端。

在缅甸虽然没有发现与巴玛人同时期的石器工具，但是伊洛瓦底江沿岸的干燥地区，在南掸邦，都曾发现了大量的旧石器，尤其是在仁安羌附近发现的旧石器工具特别多。考古学家把缅甸旧石器文化遗留称为安雅特文化（安雅特缅语意为上缅甸人）。这一时代的直立人主要采用砂质岩和木化石的砾石作为石器原料。早期安雅特石器主要有手镐、砍砸器和砍削器。后期工具较前一时期精细化水平有所提升。他们用这些粗糙的石器，过着渔猎、采集的生活。

经过漫长的演变，缅甸的原始社会文化逐渐从旧石器时代发展到新石器时代。在距今大约1万年前的全新世，缅甸开始迈入新石器时代。西起阿拉干沿海和钦敦江流域，东到掸邦高原，北起克钦山区，南到丹那沙林的广大地区，都有新石器文化遗存出土，极具代表性的是帕达林文化遗址、勒班奇波文化遗址和陶马贡文化遗址。在新石器时代，原始人类的活动半径扩大了，生产生活工具也从较为粗糙的打制石器进化为较为精细的磨制石器。生活方式也逐渐从渔猎采集的生活过渡到生产食物的阶段。原始手工业——制陶业开始发展。缅甸原始人在生活中，遇到了诸如猛兽出没的茂密山林、生命力旺盛的榕树、巍然耸立的巨大山峰等等这些自然现象，使他们感到一种神秘的力量，于是原始宗教在此基础上开始萌芽，现今缅甸缅族人的纳特崇拜，那加族、钦族人的巨石崇拜，都可以追溯到原始社会。

约在四千多年前，如今缅甸的国土上已有居民生活。从考古学家的发现中可以推断，以渔猎为生的原始居民使用石器工具从事生产劳动。在远古时代，缅甸的原始居民在山林间过着游猎生活，到了游猎生活后半期，因为改进了获得生活资料的方法，才有开始定居在一个地方的习惯。在这个游猎生活和定居生活的长期过程中，许多其他的民族陆续先后迁徙到了缅甸。

缅甸新石器文化经过数千年演变发展，到公元前后，已经从石器时代过渡到金石并用时代。金属，尤其是铜器的使用，对缅甸早期阶级社会和早期国家的形成起到了重要的作用。铜器开始成为社会生产和生活的重要工具。在缅甸掸邦、克钦邦、勃固山区、望濑、雅买廷和达耶等地，都有这一时期的铜器出土。铜器的使用标志着生产力的进一步提高，不仅节省了不少劳动力，还使得更多的剩余产品被创造出来；铜器的可铸性，也使得武器的多样性和锋利性都大大超出了石器，提升了部落首领对外征服的能力和对内压迫和控制部落成员的能力。

社会生产发展使得社会阶级分化日益明显，在距今约2000年前即公元前后，缅甸开始从无阶级的原始社会过渡到早期阶级社会，早在公元前1世纪缅甸就存在着奴隶制国家。从公元1世纪起，缅甸境内就已经存在一些奴隶制小国。在大河流域和河谷地区，已经出现了较为完全意义的国家；在高原和山区，出现了一些部落联盟，也有的还处于原始氏族社会。但因史料缺乏，还尚难对这些国家的社会性质做确切判断，因此，这些国家被学者笼统地称之为"早期诸小国"。这些诸多小国在我国古籍上提到的有敦忍乙和掸国；外国史书上也记载在缅甸北部有太公王国，在缅甸南部有孟族建立的直通王国。直通王国地处中国、东南亚各国和印度贸易往来的必经之地，5世纪以后成为缅甸南传佛教的中心。在三国、魏晋时代，我国已经知道缅甸境内有一个骠国。我国古籍清楚地记载骠国在云南永昌西南三千里，其国"君臣父子长幼有序"。这些早期诸国中，最突出的是骠国，它是古代缅甸最主要的早期国家。

二、骠国：古缅甸最闪耀的明珠

三个时期

毗湿奴时期（公元1—5世纪），骠国以毗湿奴城（遗址在今马圭县东敦枝镇西约20公里）为核心。骠国虽然还有未最后脱离原始部落联盟阶段的迹象，但是此时的骠人已经建立了最原始的早期城市，毗湿奴城遗址其年代大约在1—5世纪，其城墙用砖和泥土建造，还未有护城河。晋代中国人所知道的骠国，可能就是以毗湿奴城为中心的早期骠国。

汗林时期（汗林遗址在实阶省瑞波县委勒镇区）被考古学家认为是联系毗湿奴时期和室利差旦罗时期的中介或过渡时期。其分布的范围大致以汗林为中心，东边越过伊洛瓦底江到达新因、马达牙一带，西边越过钦敦江到阿亚多镇区，南边到达伊洛瓦底江与模河汇流之处的敏巫镇区。汗林时期，生产力进一步发展，出土的生产生活工具不少，也有许多新石器时代的石器，还有铁器、铜器出现。商业也较毗湿奴时期发达，出土的货币较毗湿奴时期更多，同时，两地也有较多的商贸往来，在汗林周边和室利差旦罗一带，互相发现了对方的钱币。汗林骠人已开始使用文字。汗林时期的骠国文化，既与毗湿奴时期有相似之处，又与室利差旦罗时期有密切关系。

室利差旦罗时期（公元6—9世纪）的骠国以室利差旦罗城（今卑谬东南8公里处）为国都，并以此为中心，建立了统治辽阔疆域的国家，室利差旦罗城是政治和宗教中心。室利差旦罗时期是骠国的全盛时期。这一时期大约始于公元4世纪，最早不超过2世纪，鼎盛时期从5世纪开始，在7世纪以后，骠国已发展成为一个大国，8、9世纪时达极盛。

室利差旦罗时期骠国政治制度虽然还比较原始和简单，但此时的骠国已经存在世袭的国王，国王是最高统治者，社会井然有序。根据《旧唐书·骠国传》记载，大概在公元8世纪时，骠国已建立起阶级社会的统治制度，已是"君臣父子长幼有序"。骠国已经有比较原始的刑法，但还未形成系统、完整的法律制度。《新唐书·骠国传》提到的刑法时说，"有罪者束五竹捶背，重者五，轻者三，杀人者死"。骠国中后期已由原始社会演变为一个"杂有奴隶制的封建社会"。但还不是一个统一的中央集权国家，而可能是以室利差旦罗为中心霸主的包括各属国和臣族部落的松散国家。《新唐书·骠国传》还记载了骠国在全国有9座城镇、298个部落、18个属国。《新唐书》第197卷骠国条说：其国境，东西3000里，南北3500里。东邻真腊国（今柬埔寨），西接东天竺（今孟加拉），南尽溟海，北通南诏些乐城（又称乐城、磨些乐城，在今云南省德宏傣族景颇族自治州境内，方国瑜先生认为即在麓川，即今瑞丽）。综合推测判断，室利差旦罗时期，骠国的疆域东起萨尔温江流域，西接阿拉干和今印度曼尼坡，北与南诏境相邻，南临孟加拉湾。但从缅甸的考古发掘看，原文化还传播到了今缅甸南端的丹那沙林和西部的阿拉干地区。在这两个地方都发现了骠文化遗址，在阿拉干还发现了骠文碑铭。

农业经济较发达

骠国农业发达，是热带农业经济，盛产大米、棉花、甘蔗。稻米是骠人主要的农产品，甘蔗是骠人喜食的副食品之一，国内商品交换频繁，已使用"登伽陀"。骠族建立的"室利差旦罗"王国是一个贸易的集散要地。骠国出产金、银、铜、铅、锡等矿物，矿业有一定发展。金银铜器的制作业很发达，骠人工匠的金银雕镂水平，连后来蒲甘时代的工匠都难以企及。骠人还用金属石料雕刻龟、鸭等，制作盘、环、碗等器皿。骠人的金属饰物上，有狮、牛、象等动物和荷花等植物图案。在出土的文物中还有金银手镯、银槟榔盒等首饰和生活用品，制作精良。骠国的手工业发达，纺织业是最重要的最普遍的手工业。骠人的制陶业也较发达，除了制作巨大的骨灰瓮外，还制作圆口锅、高脚油灯、长颈水壶等器皿，造型朴素大方，有的还有装饰性的图案花纹。

骠国的灿烂文化

在骠国的汗林时期，骠人创造了骠文，骠文是缅甸出现最早的文字，约产生于公元4世纪。1904年，在汗林古城墙外东南角发现一块石碑，上面有两种文字的碑文，一种是骠文，其文字与室利差旦罗石质骨灰罐上的骠文字母形状相似，共两行，每行骠文文字的下面，都用梵文刻着几个字，说明当时骠人也使用从印度传入的梵文。1912年，考古学家在缅甸蒲甘的库耶齐提佛塔发现刻有巴利文、孟文、缅文和骠文四种文字的石柱，即著名的摩耶石刻，开始释读骠文。骠文是根据南印度迦檀婆字母创造的。骠国衰亡后，骠文仍继续使用。1929年，在汗林古城墙外又发掘到第二块石碑，碑文共八行字，缅甸考古学家认为，其年代为公元7—8世纪。在汗林和室利差旦罗，发现了许多刻在大砖、大陶罐、石板和神像底座四周的骠文和梵文。但骠文的瓮铭、石刻，都只有寥寥几行，迄今还没有发现过骠国时代的长篇记事的短文碑铭，也没有发现骠文文学作品。

骠人的宗教信仰受多重影响。从文献记载和出土文物看，南传佛教、大乘佛教和印度教同时存在，但南传佛教影响最大，已在缅甸取得了相当的地位。同时，无论在宫廷中还是在民间，都盛行原始的拜物教，是一个宗教文化高度繁荣的国家。从室利差旦罗发现的佛教经文残片看，主要是巴利文的经典，如《分别论》、《大般涅经》和《法集论》的金叶经文，这说明骠国盛行的主要是南传上座佛教。"民七岁祝发至寺"的习惯，也是南传佛教的礼俗。但观音菩萨和别的一些菩萨的塑像或铸像，出土也不少。因此，也有骠人信仰大乘佛教。印度教特别是毗湿奴崇拜，对男人社会上层统治阶级有较大的影响，在室利差旦罗发现了多尊毗湿奴石像。中国古籍中也有许多记载，论及骠国盛行佛教。从这些记载看，在7世纪时，佛教已盛行于骠国。《新唐书·骠国传》说，室利差旦罗有佛寺百所，骠人"喜佛法"，"民七岁祝发至寺，至二十有不达其法，复为民"。可见，当时幼童入寺就已经形成风气。佛教深入人心，影响到社会生活的各个方面。骠人的艺术，主要是宗教艺术，雕塑镂刻铸造了大量的佛像，出土的金佛、银佛、鎏银佛、红铜佛和铅佛，制作精美。音乐也深受佛教影响。《旧唐书·骠国传》说，骠国献其乐凡十曲，"曲皆演释氏经论之词意"。骠国人不用丝织物，是因为"丝出于蚕，为其伤生故也"。

骠国的音乐舞蹈艺术也有较高造诣。凤首箜篌、龙首琵琶、横笛等，对后来缅甸乐器的发展有深远影响，凤首箜篌甚至被称为"乐器之王"。骠人的体育活动中已有踢藤球的喜好。考古学家挖掘出了骠国时期的银制藤球。从骠国始，藤球一直成为缅甸传统的体育运动项目之一。骠人的建筑主要是寺庙、佛塔和城墙。骠人的建筑布局特点是呈圆形，如室利差旦罗为圆城，包包技塔、帧耶枝塔等著名佛塔呈圆柱形或圆锥形。骠国都城有12门，这一建筑风格也被后来缅甸封建王朝所继承，如蒲甘城有12道城门，雍籍牙王朝的最后一个都城曼德勒也设12座城门。此外，骠国时期尖角拱形的寺庙建筑，是蒲甘时期寺庙的雏形。骠人在发展农业生产的过程中认识到日月季节的变化对农业生产的关系，积累了不少天文学方面的知识。《云南志》第10卷骠国条提到，骠国城里居民"多推步天文"。骠人从毗湿奴时期就开始盛行的墓葬习俗是瓮葬，即人死后将尸体火化，骨灰入瓮、罐中，这一习俗沿用于整个骠国时期。

骠人创造了独特灿烂的文化，其中的一些甚至是后来蒲甘文化之源，佛教、音乐舞蹈、都城设 12 门、踢藤球等都对后世缅甸文化产生了深远影响，骠国文化在缅甸文化史上占有十分重要的地位。《缅甸大百科全书》中记载，在 8 世纪时，骠族的文化水平达到了令人惊奇的高度，尤其是手工、书法、社交、信仰等更为突出，骠族工匠在金银雕镂、石刻等方面，甚至超过后来蒲甘时代工匠的水平。

三、其他诸国与原始部落氏族

公元 1—10 世纪，缅甸除了最主要的国家骠国外，还存在南部的孟人国家，北部的掸国，西部阿拉干若开人国家，太公古国，在克钦邦地区还存在一些原始的部落和氏族，还有一些难以考证其历史和族属的仅存国名的小国。

在古代缅甸，孟族是最早建立起国家的民族。但孟人在东南亚从未曾建立起一个统一强盛的国家，缅甸的孟人亦然。林阳国不是一个统一的孟人国家，只是当时国家的统称。林阳国位于缅甸南部伊洛瓦底江下游地区，公元前后已有孟人居住。早在公元 3 世纪上半叶，中国人就已经知道有一个林阳国。林阳的地理位置，在缅甸南部，土地平坦，地域辽阔。林阳经济以农业生产为主，商业有一定的发展，在城市里，有早晚两市，早市有粮食水果等，晚市只卖香花。林阳在宗教、文化上深受印度的影响。公元前后盛行于印度的佛教就已传入林阳。公元 3 世纪，林阳已经举国事佛了。公元 4 世纪缅甸南部的孟人势力继续发展，建立过许多国家，这些国家大都以一个城市为中心，统治周围广大地区，各国间时有冲突和战争。到 10 世纪，缅甸南部的孟人国家主要有郎迦戍（今缅甸最南部的丹那沙林）、土瓦（今缅甸南部的土瓦）、直通（今萨尔温江入海口的马达班）、勃固（今缅甸勃固）和勃生（今缅甸南部勃生）等。直到 11 世纪中叶，缅族建立的蒲甘王朝势力南下，才征服了这些孟人小国。孟人文化对缅甸文化有很大影响。佛教最早通过孟人地区传入缅甸内地。孟人建立的佛塔、塑造的佛像，对后来缅甸佛教建筑造像有深远的影响。孟文是缅甸最古老的文字之一，来源于印度的波罗婆和迦檀婆字体。至少在公元6世纪，就已经有孟文碑铭。孟文碑铭不仅在数量上多于骠文碑铭，而且铭文更长。孟文对缅甸语言文字的发展具有重大影响。缅甸直到蒲甘时代才有了缅文，缅文是以孟文为基础创造的，直到12世纪才广为使用。

公元前2世纪，在现今云南西部德宏地区和缅甸北部掸邦地区这一地域范围内，出现了一个乘象国，叫"滇越"。汉代司马迁在《史记》中已提到滇越，但叙述简略，只提到当地人乘象，四川商人已到滇越去做生意，即"蜀贾奸出物者或至焉"。到公元一二世纪，大致在滇越地理范围内，出现了一个"掸国"。掸国在公元97年、公元120年和公元131年曾三次派出使者，在中国东汉王朝"重译奉贡"。其国王名叫雍由调，下有"小君长"。在公元120年派出的使团中，有来自罗马的"幻人"，表明当时前来中国的罗马人，也取道掸国前往洛阳了。这个使团受到东汉王朝的欢迎，汉安帝封雍由调为"汉大都尉"，赐予"印绶金银彩缯"。由此，掸国与东汉王朝建立起政治上的隶属关系。汉朝在哀牢地区设永昌郡，密切了与永昌郡徼外的掸国人地区的联系。"掸国南通大秦（罗马）"使得该地区成为当时汉代中国与罗马交往的通道之一。掸国地区是中国与古代印度、罗马的西南商道，因此，外来文化对该地区发展有一定影响。

公元1世纪的掸国，很可能只是部落联盟，虽然内部已开始出现阶级分化，出现了大首领"国王"和"小君长"，但还未形成一个统一的国家，没有建立自己的军队，没有产生文字，也无统一的宗教。中南半岛和云南南部的掸－泰－傣系民族，到9世纪前后，才开始建立起他们的国家。缅甸北部和中国云南西南部一部分地区，到10世纪末和11世纪初，掸傣族居民还处于部落联盟阶段，其部落联盟主要有孟生威（萨尔温江中游）、孟兴古（伊洛瓦底江上游及其支流瑞丽江下游）、孟底（大盈江流域）、孟卯（瑞丽江中上游）、崆峒国（后来的孟艮）等。

阿拉干邻近印度，印度文明对阿拉干的影响深远。早在公元前几个世纪就与古印度有联系。但由于地理分割，阿拉干被和孟加拉之间的热带沼泽阻隔，与缅甸伊洛瓦底江流域又被阿拉干山脉分开，因而处于既相互联系，又相对孤立的状态。直到11世纪初，阿拉干古国一直保持独立。阿拉干的王朝世系，据阿拉干编年史记录，从公元前2666年到公元前1825年，共有54个国王名字，但已没有任何文字或实物能够佐证这一说法。但可靠史料记载了阿拉干早期国家始于公元前几个世纪，在公元前2世纪至公元4世纪，有一个维萨里王朝，受印度文化影响至深，当时佛教和印度教都已传入阿拉干。著名的摩诃牟尼大佛像就是这一时期雕成。维萨里王朝后，又出现了一个延续了340多年的坎德拉王朝，坎德拉王朝深受印度文化影响，甚至用梵文作为书面语言，而此时的经济也有所发展，考古已经挖掘到公元四五世纪的带有国王头像的阿拉干钱币（主要是银币）。6世纪后又出现了"新王朝"。新王朝梵文、巴利文并用，受印度教和佛教的双重影响。

太公（Dagone）是一个文明古国，过去缅甸一直有"缅甸的历史始于太公"之说。传说中的太公国产生于公元前9世纪，传50代，历时400年，灭于公元前5世纪。从考古发掘看，太公并不像传说中的那样古老，缅甸历史也并非始于太公。从发掘资料看，太公古城建于11—12世纪，10世纪之前还没有城墙，可能还只是处于国家形成阶段。《琉璃宫史》记载，公元前850年，太公古国是由印度过来的释迦族王子建立。而英国史学家卢斯认为，太公是缅甸古代的建都族人所建。缅甸史学家貌丁昂认为，太公即为中国古籍中所提的小婆罗门国。小婆罗门国在骠国与弥臣国交界的地方，在永昌北七十四日程。

地望或族属尚不清的小国还有弥诺国、弥臣国、僬侥（jiao yao）、敦忍乙、迦那调洲、优钹（bo）国、横跌国。《云南志》记载弥诺国、弥臣国都在海边。僬侥《后汉书》中《明帝本纪》《安帝本纪》《哀牢传》等都有记载说其在"永昌徼外"，伊洛瓦底上游一带。敦忍乙的地望和族属众说纷纭，有学者认为是孟族先人建于下缅甸，有学者认为是缅甸的太公，还有人认为是缅族先人所建。迦那调洲有学者认为在缅甸沿海，可在该地乘船到印度和罗马。日本学者驹义明认为，优钹（bo）国、横跌国均在缅甸沿海。

地理环境的复杂多样，地域的幅员辽阔使得缅甸历史发展不平衡，这一时期有的地方已经出现了国家，而有的地区还处在原始社会，还存在一些原始部落和氏族，比如寻传蛮、裸形蛮和扑子蛮。这些部落和氏族大多生活在今缅甸东北部地区克钦邦境内，他们大多过着狩猎采集的生活。"寻传蛮"和"裸形蛮"是今克钦族的先民。寻传地区"扑子蛮"是近代缅甸布朗族和德昂族的先民。

四、缅甸早期国家外交

缅甸早期国家已经开始与外界产生广泛的联系了，骠国和中国、印度、现伊朗、印度尼西亚群岛等地都有往来，但中印是往来最为频繁的两国。公元前后，当缅甸才开始建立国家之时，中国和印度的文明已有了较高程度的发展，并进入了封建社会的历史发展阶段。这对夹在中、印之间的缅甸产生了很大的影响。从这一时期开始，缅甸与中印同时有密切的交流往来，中印经济社会文化的繁荣发展，对缅甸当时及后来都产生了至关重要的影响。公元前2世纪，中缅之间就已经海陆贯通。从中国四川到印度的"陆上交通线"通过缅甸北部和中国云南已经开辟贯通。这条交通线不仅对中印的交流，而且对缅甸境内各部落的发展都起到一定作用。中国东南沿海则通过"海上交通线路"与缅甸南部部落建立起联系。

缅甸地方部落与东汉政权的交往

东汉明帝永平十二年（69），东汉王朝在今云南保山地区设永昌郡，中国封建王朝在云南西南部地区建立起行政机构，缅甸境内较大的部落开始与中国有了政治性联系，有的还派出使团与中国进行友好访问。公元1—2世纪，缅甸境内的敦忍乙、掸国、僬侥等部落，都与中国封建王朝先后建起友好邦交关系。如永元六年（94）永昌郡徼外敦忍乙王莫延慕义遣使译献犀牛、大象。永元九年（97）徼外蛮及掸国王雍由调，遣使重译奉珍宝，东汉和帝"赐金印紫绶，小君长皆加印绶钱帛"。永初元年（107），徼外僬侥种三千余口，举种内附，献象牙、水牛、封牛。永宁元年（120），"掸国雍由调，复遣使者诣阙朝贺，献乐及幻人，能变化、吐火、自支解、易牛马头，又善跳丸，数乃至千；自言我海西人，海西即大秦也，掸国西通大秦。明年元会，安帝作乐于庭，封雍由调为汉大都尉，赐印绶、金银、丝缯各差也"公元3世纪，蜀汉政权南征是中缅关系中的大事。225年，诸葛亮率部亲征平定南中，南中地区的西南部分就是东汉时的永昌郡。诸葛亮调整郡县设置，加强了蜀国对永昌地区的统治。至今中缅边境的一些民族仍流传着诸葛亮的传说。公元4—6世纪，中国正处在魏晋南北朝的南北分裂、战乱频繁、王朝更迭之际，中国史籍中难觅缅甸小国或部落与中国之间的政治交往记载，政治关系是否维系也难以考证。但可以肯定的是，两国间的文化交流仍然频繁，尤其是佛教的传播。

骠国王子访问大唐献"骠国乐"

公元7—9世纪，中国正处在大唐盛世，当时缅甸的骠国也十分繁荣，这一时期中缅友好关系得到高度发展。骠国同中国唐朝建立起了联系。公元801—802年，骠国使团千里迢迢到唐朝首都长安，并献骠国乐。公元800年，骠国遣使随南诏使者入长安朝圣。唐贞元十八年（802），缅甸为了表示对中国亲善，骠国国王雍羌派遣王子舒难陀访唐，随使团一起来中国的还有一个庞大的歌舞团，伴奏的乐工就有35人，携带有22种乐器和12首乐曲，这12首乐曲为《佛印》《禅定》《涤烦》等，内容几乎都与佛教有关，带有浓郁的佛教色彩。骠国音乐已有很高水平，他们的精彩表演轰动了长安。乐团在成都演出时，西川节度使韦皋还绘制了一幅《骠乐图》，对其"舞容乐器异常"深为赞赏，亲自画了图上献唐德宗。乐队在长安演出后，深受宫廷和文士喜欢。大诗人白居易为此写了一首《骠国乐》的诗篇予以赞美，诗中描述了这一胜景，"玉螺一吹椎髻耸，铜鼓一击文身踊。珠缨炫转星宿摇，花鬘斗薮龙蛇动"。

骠国与云南地方政权南诏的关系

公元8世纪以后，中国云南地方政权南诏的势力向南发展。9世纪以后，南诏势力强盛，开始对外扩展，周边的东南亚国家成为其重要目标，骠国首当其冲。在南诏统治时期，势力如日中天，一度称雄东南亚，而当时骠国势力日下，长期受到南诏庇护，并沦为南诏的附庸国。公元832年（南诏保和九年），南诏攻伐骠国，掠其民3000余人，迁到拓东（今云南昆明），公元835年，南诏军队又攻入骠国的属国弥臣。《云南志》中对此有记载，"（唐文宗）太和六年（公元832年），（南诏）劫掠骠国，携其众三千余人，隶配拓东，令其自给"。波巴信、貌丁昂等缅甸历史学家多认为南诏发动的这次战争是最终导致骠国灭亡的主要原因。瓦解后的骠国逐渐与别的民族融合，逐渐从缅甸历史舞台的中央退出。直到12世纪中叶，骠国的文字仍然为当地居民使用，在13世纪虽然中国史书中还有关于骠人的记载，但已经很少。

公元858年又献金佛像。这一时期，骠国与中国地方政权南诏关系更是密切和微妙。南诏是骠国与唐朝交往的纽带，通过南诏牵线，骠国同唐朝正式建立了友好关系。南诏还保护骠国，骠国对南诏存在着一定的依附关系。例如，当骠国受到狮子国（一般认为是斯里兰卡）侵略时，南诏应骠国请求，派遣大将段宗榜率兵击退了狮子国的进攻，骠国为表庇护之恩还将佛舍利（金佛）送给南诏。在庇护骠国的同时，南诏也对其进行掠夺。另一方面，骠国也对南诏有过支援。据英国历史学家哈威的《缅甸史》记载，骠国国王还曾派兵帮助南诏战败了唐军，这成为缅甸传说中骠王战败中国军队的由来。

印度与缅甸早期国家和部落的交往

缅甸早期国家和部落与印度关系密切，印度的文化对缅甸的影响尤大。在公元前后缅甸是东西交通的一个重要走廊和枢纽。据《史记》《汉书》《后汉书》等中国古籍记载，在公元前2世纪以后，从四川经云南到达缅印的商道已经打通，而缅印之间的交往更多。

在印度，孔雀王朝（公元前320—公元前185年）不仅统治了北印度，并且一度统治南印度大部分地区。当时印度已普遍使用铁器，农业生产有较高程度的发展，种植水稻、小麦、豆、棉花、胡麻等。手工业也有了显著的进步，纺织、金属加工、建筑和造船业都有发展。印度商人的足迹，已遍及东南亚沿海和各大岛屿的农业生产较为发展、人口较为稠密的地区。缅甸沿海地区是他们最早涉足的地区之一。他们所到之处，都留下了印度文化的印迹。当时印度人已把缅甸南部称为苏瓦纳布米（意即黄金地）。

早在公元前几世纪，印度文化就开始影响缅甸，印度阿育王统治时代（公元前272—公元前232年），印度佛教僧侣就已经到周围地区弘扬佛法，而缅甸是东南亚地区最靠近印度的地区，印度僧侣很有可能已经到达缅甸。据缅甸孟族编年史记载，阿育王就曾经派僧苏摩和郁多罗到达苏瓦布米（今下缅甸）传播佛教。1世纪后，印度对缅甸的影响显著增强，印度移民和商人大量到达缅甸。来自印度的印度教（特别是湿婆崇拜）、大乘佛教、南传上座部佛教在孟人、骠人、若开人国家得到传播，甚至缅甸最早的文字骠文也是受印度影响，根据印度文字而创造的。

第二章 一统天下：蒲甘王朝的辉煌与荣光（1044—1287年）

　　蒲甘王朝是第一个统一缅甸的王朝。蒲甘（Pagan）是蒲甘王朝的首都，蒲甘王朝立国于钦敦江与伊洛瓦底江汇合处以东的广大地区，这一地区土地肥沃，物产丰富，当时被称为"大泽之乡"。阿努律陀统治后励精图治，积极向外发展，成就了缅甸的首次大一统，阿努律陀被称为"缅甸第一大帝"。蒲甘的历代国王都笃信佛教，广建佛塔寺庙，故蒲甘王朝有"建塔王朝"之称。南传上座部佛教被正式确立为国教。蒲甘的文化成就突出，其中最重要的是在借鉴和参考了孟文和骠文的基础上创制了"缅文"，缅文至今仍是缅甸人普遍使用的文字，缅语成为官方语言。蒲甘时期，寺院经济高度发展。对外关系中，与锡兰（今斯里兰卡）的关系最为密切，尤其是受锡兰的文化影响至深。

一、蒲甘王朝：第一个中央集权的封建王朝

胡瓜王与早期王朝的建立

据缅甸史书记载，849年，缅族人在缅甸中部建蒲甘城，并以蒲甘城为中心，建立了缅人自己的国家政权，批因比亚（Pyinbya）为其首领。蒲甘王朝是由蒲甘诸多小国家发展而来的，在成立之初，国家实力弱小，混乱动荡。931年，蒲甘国王梯因屈外出时，因为饥饿难耐，在附近田里摘胡瓜吃，但主人修罗汉不知道其国王身份，将他一锄打死，国王的扈从将错就错，拥立修罗汗为国王，"胡瓜王"的称呼也由此而来。10世纪末，王族混修恭骠杀了胡瓜王后自立为王，不久，胡瓜王之子须迦帝又逼迫其退位。最终在1044年，混修恭骠之子阿奴律陀又杀死须迦帝，登基为王，成为蒲甘王朝（Pagan）的奠基者。公元10世纪前后，是缅甸社会从奴隶制向封建制过渡的时期，蒲甘王朝是缅甸历史上第一个早期封建国家。

蒲甘建国初期，领域主要位于钦敦江与伊洛瓦底江汇合处以东的广大地区。从地形来看，可分为两大部分，其一为高原地区，包括钦敦江上游一带（即伊洛瓦底江上游或北部地带），如现在的密支那、八莫、杰沙、克钦地区及大部分掸邦地区；其二是位于阿拉干山脉掸邦南部中间的"干燥地带"，包括钦敦江下游的曼德勒、叫栖、蒲甘等地。尽管蒲甘以北的上缅甸地区，多系崇山峻岭，层峦叠嶂，丘陵起伏，但蒲甘附近是伊洛瓦底江等主要河流的汇合处，丽江贯通蒲甘都城南北，西北部为钦敦江。这一地区土地肥沃，物产丰富，当时被称为"大泽之乡"，叫栖地区在公元

11世纪之前已成为粮仓,是著名的产米区,成为蒲甘的战略要地。蒲甘王国的经济发展,为阿奴律陀发动统一战争打下了物质基础。

阿奴律陀成就首次大一统

蒲甘建国初期时,正处在地区列国争霸时期,那时的蒲甘王国远远落后于别国,在阿奴律陀(Anawratha,1044—1077在位)登上王位之前,蒲甘王国已经历了近200年的缓慢发展。蒲甘南部的直通和勃固已成为缅甸各民族文化水平最高、历史最悠久的民族——孟族集居地,也是最早接受印度传入上座部佛教的区域;而西部沿海地区的若开族,则正在筹建区域自治,诸多大城小镇逐渐兴旺发达;在北部和东北部的高原地带,则处于掸族的封建土司统治之下。

阿努律陀即位后励精图治,积极向外发展,成就了缅甸的第一次大一统。阿奴律陀根据乡村、市镇、县城的人力,实行按比例征兵服役的制度。阿奴律陀治军极严,不仅首次大规模地运用战象,还大兴骑兵,他又吸收南诏训练军队和作战方法,提高军队的战斗力,使得蒲甘军队在缅甸纵横驰骋,南征西伐。阿奴律陀征服的目标,主要是有战略意义的孟人直通王国,直通位于下缅甸,是对外海上往来的重要门户。当时直通西部的另一孟人占据的白古(Begu),则已同意与蒲甘结盟。因此,当阿奴律陀接受来自直通的孟族僧侣阿罗汉(Shin Aarhan)的建议后,即派人前往直通,请求国王摩奴诃(Manuha)赠送一部南传佛教的经典,却遭到对方的凌辱与拒绝,于是便以此为由,于1057年发动侵略战争,亲自率兵南下征伐直通王国。直通城被围长达三个月之后,城被攻陷,国王、王妃和宫廷成员以及所有佛经、高僧和工匠等约三万人被俘,迁居蒲甘。当阿奴律陀从直通返回蒲甘途中,附近各部落酋长和小国国王纷纷闻风来归,他还抢掠了自古城,并摧毁了卑谬城墙。阿奴律陀征服直通王国不久,又出兵征服西部的阿拉干,使之成为蒲甘王朝统治下的一个属国。在蒲甘王朝强大的军事压力下,东部各掸族的首领也来归附,为了阻遏掸人向平原地区侵掠,阿奴律陀还在东部掸族山区边沿地区,构筑了由四十三个前哨站组成的防御线。军事征服取得的胜利,迅速扩大了蒲甘王朝的统治范围,"其疆界在伊江流域,北起蛮莫,以达于海,河边两旁邻近诸掸族均在治下,而北阿拉干与北顿逊地,盖亦在其版图之内焉"。至此,在向南方向,阿奴律陀征服了孟族直通(Thaton)地区,随后勃固等孟人国家也归附了蒲甘,势力南达德林达依地区(旧译"丹那沙林",英文 Tenasserim,即德林达依山区附近);在向西方向,又越过阿拉干山脉,征服了阿拉干北部;在东北方向,阿奴律陀将其统治扩大到与今掸邦地区交界的地带;在向北方向,阿奴律陀军队越过八莫(Bhamo),直捣于中国云南的大理,之后两国和解,阿奴律陀又在回军途中,顺道掸邦地区,使区内各酋长向其进贡。阿奴律陀凭借强大的经济力量和军事力量,最终在1057年前后完成了统一缅甸的战争。

对南部的直通地区征服使得蒲甘王国得到许多上座部佛教的经典和珍宝及众多僧侣,上座部佛教传入蒲甘王国,并被立为国教,这对缅人文化起到了至关重要的影响。而对南方的征服又使得蒲甘王国得到了出海通道,取得了对外贸易的港口。俘掠了大量孟人能工巧匠,促进了手工业和商业的发展,对缅甸的进一步强大奠定了坚实的基础。

阿奴律陀作为蒲甘王朝的开国之君,也是缅甸历史上第一位统一缅甸的君主,他的历史贡献至今被后人津津乐道,广为传颂。他的主要贡献是:发动民众兴修水利,发展农业,促进国家的繁荣兴旺;征服直通、阿拉干等地,使缅甸南、北部和西部统一起来;凭借宗教战争取胜的有利时机,确立上座部佛教为国教,从而推动了佛教文学及建筑雕刻的发展。

江喜陀开启"中兴之治"

1077年阿奴律陀驾崩后,其子修罗(Sawlu)即位。但好景不长,

1083年孟人领袖耶曼干举兵反叛，缅王修罗被杀害，蒲甘王朝面临覆灭。正当孟人大军兵临城下，蒲甘告危之时，阿奴律陀的另一位王子江喜陀（Kyanzirtha，1084—1112年在位）在叫栖异军突起，紧紧地控制住叫栖和密铁拉两大产米区，囤积粮草，调兵遣将，大败孟军，被人民拥戴为王，从而继续维护了蒲甘王朝的统一局面，这就是历史上缅孟两族发生的"毕都达战役"。

江喜陀即位后，积极吸取历史教训，采取安抚团结的民族政策，不仅对孟族人民一视同仁，平等相待，还按孟人习惯举行加冕典礼，并将其盛况用孟文镌刻在瑞喜宫佛塔的碑铭上，同时还重用孟人文武大臣，与孟人联姻，迎娶孟人公主为妃，尤其是废除世袭王位制，破例立有孟人血统的外孙——阿隆悉都继承王位，这些举措大大缓和了历史上遗留下来的缅、孟两族人民之间的矛盾，受到两族人民的拥戴和赞许，从这方面来讲，江喜陀的历史作用尤为突出。

阿隆悉都颁布法典、统一度量衡

阿隆悉都（Alugnsi-htu，1113—1169在位）执政时期，由于国家经济力量衰退，人民生活日趋贫困，对统治阶级的不满情绪日益加剧，缅甸国内阶级矛盾日益尖锐，阿隆悉都率兵镇压了反抗王朝残暴统治的民众，勉强维持了全国的统一。

他在治国理政方面的历史功绩在于采取了许多进步措施，把旧有的判例制定成法典，即《阿隆悉都判卷》（Alugnsi-htu Pyatton），作为判案的依据，这样便把缅人的习惯法推广到全缅，统一了全国度量衡（如"两"和"箩"等），发展工农业生产，促进商业和航海事业的发展，使勃生成为通往海外各国的重要海港，同一些邻国建立了友好睦邻关系。

元缅战争爆发，蒲甘王朝覆灭

阿隆悉都后，历经那罗蒂因迦、那罗波蒂悉都、难坛摩耶、迦娑婆等帝王，除了那罗波蒂悉都在位时期延续了中兴的局面外，蒲甘王朝开始逐渐衰落，到1254年，那罗梯诃波蒂即位后，蒲甘王朝已经暴虐无道，叛乱四起，王国的土地大部分归寺院把持，经济根基已经动摇。1287年，元兵自云南地区进攻蒲甘国，蒲甘城破，蒲甘国成为元朝的藩属。蒲甘国败后，领土开始分裂。蒲甘国北部的掸族势力乘机崛起，不断南侵蒲甘，1368年于缅甸东部阿瓦（Ara）建立阿瓦王国。南部孟人也举旗反抗，建都于马达班（Martaban），1369年迁都勃固，建立勃固王国。西南的阿拉干也宣布独立。此后开始南北交战。

虽然蒲甘王朝成为缅甸历史上第一个统一的中央集权国家，各地诸侯向其进献贡赋，制定度量衡制度，向全国颁发各种法典判例，形成了形式上的集中和统一，但蒲甘王朝的中央集权仍不稳固，南部的直通和西部阿拉干以及其他小部族虽然表面上归属蒲甘，但实际上仍只是一种相对独立的藩属关系。蒲甘时期的农业、手工业、文学、司法制度等获得了一定发展，但其交通运输和生产力仍不够发达，因而各区域多处于自给自足状态。

二、政治经济与文化初步发展

蒲甘凭借优越的地理条件和良好的文化基础，在长期的迁徙中不断发展壮大，大力兴修水利促进了农业生产的发展，实行宗教改革，又使得民心归聚，蒲甘王国历经几代贤君治理，日趋兴盛。

国王至尊与王权至高无上

蒲甘的首都发展成为了全国的政治、文化、宗教中心。首都由宫廷和寺塔组成，设四个区。首都之外分为腹心地区和边远地区，腹心地区以缅人为主，国王委派官员实行直接统治；边远地区是缅人之外的各民族居住地区，主要通过当地头人和部落领袖进行统治，在重要的地区也委派王公、王子当总督，以便加强控制。整个王国在行政上设省、城镇和村庄三级。

蒲甘王朝带有浓厚的封建专制色彩，国王权力至高无上，集军事、行政、立法、司法、税收等各种权力于一身。蒲甘碑铭称国王为"土地和水的主人"。国王是全国土地的最高所有者，国王的土地，一部分国王直接控制，由王室大臣直接管理；一部分分赏给王室成员、贵族、寺院。由各地封建主和各级行政官员向农民征税和征调劳役，各地的封建主必须定期向国王纳贡，战时则向国王提供军队，形成了自上而下的封建剥削关系。最高统治集团是以国王为核心的王族，所有重要的高级官员，几乎皆由王族担任，家天下统治模式成为蒲甘政治制度的重要特点。国王的重要大臣，绝大多数是王公王子，地位最重要的是嫡长子。王储掌握重兵，都城由王子分别管理东西南北四宫，并各指挥一支军队，王子都有自己的封地、军队、小宫廷和扈从。国王还任用宫廷大臣，辅助处理国家政务，蒲甘王朝末期，已设有四个主要宫廷大臣，处理王朝各方面政务。蒲甘王朝还任用一些主要由僧侣和婆罗门组成的顾问，为国王出谋划策，也主持宫廷仪式，佛教领袖也是国王的主要顾问，在政治上拥有左右国王的大权。

蒲甘时期编撰的法典有两类：一类是国王的律令，主要是刑法，由国王的敕令集成，涉及偷盗、纵火杀人、谋反等法律，国王是最高立法者。例如，蒲甘王朝末期加苏瓦王在缅历611年（1249年）2月9日颁布的一项敕令——《加苏瓦王公告碑》，该碑以较大篇幅描述了对犯偷盗罪者的惩罚方式。主要内容为：加苏瓦王为了国家治安，消除偷盗案件，亲自发布公告。公告不仅规定严厉惩处的刑法，还借用宗教威严，告诫人们不要偷盗。公告还说偷盗者在未被捕前胆战心惊，坐卧不宁，备受精神折磨。况且，犯偷盗罪者无一能逃脱法网，长者二三年即被逮捕法办。公告还威吓说，偷盗者不仅今生受罪，来世还得入地狱受熬煎。公告规劝人们要以合法手段谋生，取得生活幸福，且勿忘布施修身，为来世广积功德。公告最后还规定：铭刻444块石碑，凡有50户人家以上的村落必须树立此碑，逢每月15守戒之日，由村头人带领全体村民前往碑前，举行隆重祭祀仪式，并宣读一遍碑文，以教育村民牢记公告规定的内容。公告规定，抓到偷盗者，可以对其实行穿刺身体、劈胸、炙烤、掏肠、砍手脚、挖眼、割肉、扒皮、灌油、以犁犁头、驱象践踏、钉死、烧死、砍头等刑罚。加苏瓦王规定：抓到偷盗者，要带到国王面前，国王对此不作裁定，而是移交处理偷盗案件的官员处理。另一类是民法，涉及婚姻财产、奴隶、继承权等案件，这类法律主要由高僧编撰。那罗波蒂悉都时的孟人僧侣达摩伐罗沙用巴利文编撰第一部缅甸法典——《达摩伐罗沙法典》。蒲甘时期法律的一条基本原则是"依人量刑"，同样的罪，社会地位越低，受的刑罚越重。此外，还设有专门的司法机构，由专门的法官负责，首都的法庭称为塔耶，法官成为萨法玛，朝廷的大法官称为丁萨姆，另外还设有巡回法官，前往不设法官的地区解决纠纷。蒲甘时期的法律制度成为缅甸法律制度的雏形。

蒲甘时期，已建立了一支人数众多的军队，军队由王室直接控制，国王和王储一般担任军队统帅，军队分为步兵、骑兵（马军）、象兵和水兵，那罗波蒂悉都的碑铭显示，当时他是17645大军的统帅。

寺院经济的黄金时代来临

蒲甘时期，经济基础主要是农业经济，这一时期的重要特点是重视兴修水利，发展农业生产。缅甸中部地区，如叫栖、帽瑞、任屋申、密铁拉、曼德勒及敏巫地区的人工灌溉为基础的农业得到高度发展。从阿奴律陀开始到阿隆悉都时，形成了由灌溉水渠、水库、水塘等组成的灌溉网，最主要的水利工程有密铁拉湖、叫栖灌溉网、模河运河等，农民稻田耕作面积扩大，农业产量提高，农业生产已具有相当的发展规模。从蒲甘时期的碑铭看，蒲甘附近地区当时已种植水稻、高粱、豆类、冬瓜、茄子、胡椒、葡萄、甘蔗、槟榔等农作物。叫栖、敏巫、密铁拉成为当时最著名的"粮仓"，直到19世纪中叶，这一地区一直是缅甸的农业经济区，历代君王都重视控制这一经济命脉地区。

蒲甘时期是寺院经济形成和发展的鼎盛时期，是缅甸寺院经济最为繁荣的"黄金时代"。从阿奴律陀统一缅甸开始，上座部佛教就从南方的直通王国传入蒲甘的缅人社会。在阿奴律陀的支持下，上座部佛教取代阿利教成为蒲甘王朝的国教。此后，历经几代国王的扶持，上座部佛教获得了长足的发展。由于历代国王都把大片土地赏赐给寺院，甚至寺院土地上的居民一起赠予僧侣，寺院不仅有土地，还有劳动力，每座寺院都有许多工匠、乐师、樵夫、书记、农奴、奴隶等服务于它的独立力量，并且从无到有迅速地建立起巨大的经济优势，使得寺院经济不断发展壮大。蒲甘王朝后期，寺院土地甚至超过国王的土地，寺院经济以惊人的速度发展，不仅有佛教的因果报应说等宗教因素，还有统治阶级支持佛教发展，利用佛教思想使人甘于现状，屈服于统治阶级等政治因素和寺院可免除租赋和兵役等社会因素。寺塔建造和寺院经济的发展，曾刺激了蒲甘地区手工业、商业的发展，促进了各地的经济交流，但寺院土地不向国家交纳租税，寺院劳动力不用为国家服劳役。

寺院经济不断发展，衍生出一个包括僧伽、官吏、工匠等在内的利益集团，其实力严重威胁到了王权，蒲甘寺院经济的恶性膨胀，僧伽集团的腐化堕落，使得那罗波蒂悉都着手进行僧伽改革，其努力使得蒲甘上座部佛教僧团分裂，寺院经济的发展得到了一定程度的遏制。但总的来说，蒲甘王朝是缅甸寺院经济的黄金时期，不仅发展快、规模大，而且具有较大独立性。那罗波蒂悉都死后，其改革成果被后世丢失，寺院经济再度失去

第二章 一统天下：蒲甘王朝的辉煌与荣光（1044—1287 年）

控制，过强的寺院经济与封建国家经济利益相矛盾，王室的经济基础被严重破坏，严重削弱了封建国家的经济基础。到 13 世纪，寺院占有的土地已超过封建国家的土地，从根本上动摇了国家的经济基础，成为蒲甘王朝灭亡的重要原因。

蒲甘文化内核为佛教文化

蒲甘王朝不仅完成了国土的统一，还将南传上座部佛教确立为国教，实现了全缅的宗教统一，使得蒲甘王朝各族人民有了共同的宗教信仰，完成了精神世界的统一。

公元前 3 世纪，佛教最早传入缅甸南部的孟人地区，又经商人逆伊洛瓦底江北上传到卑谬，继而又传到沿海若开地区和蒲甘地区。大约公元 5 世纪大乘佛教传入蒲甘。6 世纪后期，佛教密宗的阿阇利耶教、密教经孟加拉传入蒲甘地区，它与缅甸民间信仰结合，演变成为一个名为"阿利教"的教派（Ari），曾盛极一时。南传上座部佛教传入之前，蒲甘民众主要信奉的就是大乘佛教的支派阿利教。阿利僧着衣为蓝色法服，头发留一寸许。一部缅甸人的著作《阿利僧利生记》记述，阿利僧原始野蛮，崇拜龙蛇。阿利僧分两派，一派称为"森林住者"，另一派称为"聚落住者"。阿利教教派教规松弛，阿利教为取得人民的信任，自行编撰各种阿利教经典。他们认为造成的任何深重罪恶，甚至忤逆杀害父母，只要念诵《救护咒》，就可解除，不受因果报应。他们不仅食肉酗酒，生活更是放荡不羁。蒲甘"难陀摩若寺"的碑铭记载说，信众对阿利僧必须早晚两次供养米饭、牛肉、酒等。更为荒谬的是女教徒结婚，则必须先献身于阿利僧派的男尊长教师，如违犯这种教规，会受到严厉的惩罚。据说富家之女在 7 至 9 岁，穷人之女儿在 11 岁前，必须听从阿利僧的教规，去除处女之身，美其名曰为"阵毯"。这些种种不良教规，让人民深恶痛绝，只因历代君王率先信奉，百姓都敢怒不敢言。

1044年，阿奴律陀国王统一缅甸后，由于他年轻时曾随父亲隐居佛寺，深受佛教的熏陶，十分厌恶阿利僧侣这种堕落专横的行为，痛下决心实行宗教改革，想寻求更为合适的宗教来代替阿利教所鼓吹的堕落腐化、专横迷信。此时，由印度传来的上座部佛教在南部直通，受到广大民众的称颂，皈依佛法的民众与日俱增，声威不断提高。正值此时，下缅甸孟人直通王国的僧侣——阿罗汉（Shin Aarh an）因不满直通国内印度教盛行而来到蒲甘，阿罗汉苦行禁欲与阿利教僧侣的贪饮好食、骄横放纵形成了强烈对比和反差。据缅甸《琉璃宫史》记载，阿罗汉在短时期内就说服了阿奴律陀皈依上座部佛教，阿奴律陀听从阿罗汉的劝告，信奉上座部佛教，还封阿罗汉为国师。

　　但是，由于阿罗汉由孟族地区到蒲甘之时，并未随身携带佛教经典，阿奴律陀王认为，只有把珍藏在直通的30部《三藏经》持握手中并使之广为传播，才能从思想上真正巩固上座部佛教的地位，以达到其维护统治阶级政权的目的。于是，他又派遣阿罗汉再度前往直通取经，结果毫无所获，遭到直通国王摩奴诃（Manuha）的凌辱。阿奴律陀借此于1057年发动了"宗教战争"，派遣江喜陀等四位英雄南征直通，经过3个月的苦战，终于攻破直通，俘虏了摩奴诃，缴获30部《三藏经》和佛舍利，并俘获僧俗学者和各种工匠3万余人，用32头白象驮回战利品至蒲甘。阿罗汉及其信徒将上座部佛教传播至缅甸各地，最终把佛教定为国教，奠定了上座部佛教作为缅人的宗教信仰地位。

　　阿奴律陀南征孟人国家直通而发动的"宗教战争"，在缅甸佛教发展史上具有重大意义，这场宗教战争对于缅甸文化也极具特殊贡献。其一，阿罗汉从直通僧侣中获得了很多襄助的人，还因此获得了此前十分向往的佛教经典和佛舍利（为珍藏这批佛教经典专门修建了三藏经楼，为供奉佛舍利专门修建了瑞寿宫佛塔）；第二，巴利文逐渐代替梵文，成为经书的正式文字，南传佛教也逐渐代替北派佛教为人民所信奉和尊崇；第三，缅人采用得楞字母而开始有了文字，奠定了缅甸上座部佛教的基础。此后，阿奴律陀又派人去斯里兰卡求回锡兰三藏，由阿罗汉作了校读。阿奴律陀还听从阿罗汉的建议，整顿和统一佛教，阿奴律陀命令阿利教派解散，废除了十恶不赦、令人生厌的阿利教，处死了阿利教僧侣的头目，其教徒或还俗、或臣为奴，据称有30名阿利僧和6万门徒发配去做刀枪手或象粪清扫工等苦力。其他宗派也纷纷改信阿罗汉国师所弘扬的上座部佛教，使南传上座部佛教开始在蒲甘十分盛行，并迅速风靡到全国。

阿奴律陀为提倡上座部佛教，作为统一缅甸的精神武器，广建佛寺佛塔，大批佛教经典和僧侣到达蒲甘，促使蒲甘逐渐发展成为佛教中心。蒲甘王朝历代国王都投入大量人力、物力、财力，将土地赠予寺庙，积极扶持佛教发展。佛教不仅得到统治阶级特别是王室、各级官员的支持，还建立了牢固的经济基础，南传上座部佛教在蒲甘得到迅速发展和广泛传播，建立了坚实的民众基础，蒲甘的佛塔与寺庙建筑达到了极盛。相传蒲甘建塔达448 673座，其中最著名有阿努律陀生前兴建的瑞喜宫佛塔、其继承者江喜佗建的阿难陀寺、阿隆悉都建的他冰瑜禅寺和瑞姑寺等等，至今仍然是缅甸著名的佛教建筑，蒲甘王朝因此而被称为"塔庙王朝"。到11世纪末，在蒲甘城僧侣就有4108人。

蒲甘佛塔

蒲甘王朝的南传上座部佛教在缅甸的传播演变中，发展出了不同的派别。蒲甘王朝的南传上座部佛教起初是从南方孟人传入的南传上座部佛教为主，直通高僧阿罗汉为宗教首领即国师，成为"阿罗汉派"（即前派）。1115年阿罗汉逝世，孟人僧侣般他求继任国师，但他因不满国王那罗都，于1167年到锡兰（今斯里兰卡）受到了锡兰大寺派佛教的影响，1173年回国后，缅甸的佛教开始受到锡兰佛教的影响。般他求的继任国师乌多罗耆婆于1180年前往锡兰，受到大寺派接待，被称为"求法锡兰第一僧"，与其同往的还有他的弟子车波多等人。车波多在锡兰10年，被称为"求法锡兰第二僧"，他于1190年同另外4位僧侣回到缅甸，创立了缅甸的"大寺派"（即后派），这派佛教戒律教严，受到那罗波蒂悉都推崇，在其支持下，大寺派佛教得到发展。与车波多同时回国的阿难陀、室维利和他摩林陀等都是新派代表人物。车波多去世后，这三位僧侣对戒礼和戒律意见出现分歧，于是各成一派。其中，"阿难陀派"和"室维利派"影响最大。事实上，前后两派互不承认，争论不休，究其教义分歧并不多，这场斗争背后的实质，实则是王权试图对前派所控制的寺院土地进行遏制和回收。

蒲甘时期南传上座部佛教的主要特点是积功德的思想占主导地位。积功德，就是把个人财富用于宗教，比如为僧侣提供食宿、建造寺塔等，施舍越大，功德越大。南传上座部佛教的轮回观念也深入人心，影响着缅甸人的时间观念，以至于国王登基、个人生辰、寺庙建立、寺庙捐赠等几乎都有准确的时间记载。

虽然南传上座部佛教在蒲甘王朝时期占统治地位，但印度教、大乘佛教和原始宗教在蒲甘社会仍然有一定影响。比如，原始宗教中，在古代骠人、缅人和孟人都有纳特崇拜，纳特包括风、云、雷、电、山、河、湖、树等精灵，缅人和孟人还盛行祖先崇拜，每户有一个家族纳特。

蒲甘文化的内核是佛教文化。蒲甘文化除了佛教文化外，还主要表现在缅文文字的产生，宗教建筑、佛学经典和碑铭文学、壁画的兴起，反映佛教思想的各种文学及雕刻艺术也不计其数。

蒲甘时期，除了创立缅文外，骠文、孟文和巴利文仍然使用。骠文在

第二章 一统天下：蒲甘王朝的辉煌与荣光（1044—1287 年）

骠国时期就已经使用，在蒲甘时期仍然沿用，但范围有限。现今犹存的蒲甘时期的骠文碑铭只有两块，一块是 1112 年的摩耶石碑，一块是蒲甘末期有中、骠两种文字的碑铭。巴利文在蒲甘初期最为流行，尤其是阿奴律陀以南传上座部佛教为国教，佛教经典都是巴利文著成，巴利文一直到阿隆悉都时代都是蒲甘常用的文字之一，蒲甘初期关于宗教、文艺、法律和诗歌颂文都是巴利文写成，巴利文的使用大大丰富了缅文的语言，缅语中很多词汇都来源于巴利文。孟文也是蒲甘初期的重要文字，尤其是江喜陀时代，特别重视孟文文化，孟文还普遍作为书面语言使用。

缅文是缅人在吸收孟族文化的基础上，利用孟文字母为雏形而创造出的自己文字，缅文还借鉴了骠文。考古学家发现的最早的缅文碑铭是 1058 年阿奴律陀在位时的"雷谢德碑"，他还把在直通虏获的 30 部孟文《三藏经》翻译为缅文，但是由于缅文草创，在阿奴律陀时期尚未完善，当时仍主要流行巴利文和孟文。到江喜陀时期缅文还未完全成熟，直到缅王那罗波蒂悉都时，缅文才开始全面流行和大量使用，不仅应用于日常生活，还产生了很多缅文诗歌和大量碑铭文字，此后缅文开始成为缅甸最为重要的文字，并一直沿用至今。

蒲甘时期的文法经典，最著名的典籍主要是江喜陀时期的僧侣摩达玛辛那巴迪的《迦利略》，这本巴利文文法著作影响深远，还有僧侣阿迦范婆的《婆丹巴提》（即《声则论》）也多次再版，在蒲甘时期就传入到锡兰。还有一些巴利文著作则偏于解释经典，著名的有车波多的《经文释》，还有迦娑婆时，太子乌沙那著的《声明点滴》《胜义点滴》等。

蒲甘时期的文学，其主要承载形式是碑铭，无数僧侣学者创作了众多碑铭文学，如缅甸人民所熟悉的《妙齐提碑文》（A、B 两块）、《信蒂达巴茂克碑文》、《佳苏瓦王公告碑文》等，这类碑铭中，内容以颂词最为著称，表情达意无不绘声绘色，情感丰满。

除了颂词，缅文的诗歌已经产生。比如，那罗波蒂悉都即位后，处死了其兄那罗蒂因迦的师傅——阿难陀都利耶，阿难陀都利耶行刑前用缅文赋诗多首，这在缅甸文学史上是极为有名的诗篇。如：

富贵易得易消失，世人难逃自然律。金殿玉宫列卿相，王居高座孰与匹。应知欢娱有终期，恰如漩涡变幻疾。圣主宏恩赦下臣，还我自由种福因。众生难逃自然律，元真幻化易消泯。虔诚祷祝虽奇效，不将善果待来生。且定心神候谕旨，愿逃死劫赎罪身。圣主慈悲未可咎，行不心傲吾侪。自来苦难唯两事，危机死亡永世仇。

蒲甘时期，绘画艺术主要反映和承载形式是壁画，壁画产生于11世纪，早期绘画风格深受南印度绘画风格的影响，12世纪到13世纪后，缅甸的绘画艺术在吸收借鉴别国的基础上，已自成一体，形成了高度的缅甸化风格。壁画是缅族绘画艺术的瑰宝，现存于蒲甘佛塔群墙壁上的壁画是缅族壁画艺术的宝库，寺庙壁画的主题都是宗教故事，大部分是以释迦牟尼和《本生经》故事为主要内容。归纳起来，蒲甘时期的壁画内容有以下八类：佛教史与佛像、550篇佛本生经故事、大乘部派与侣伽罗宗事迹、神像与梵天像、蒲甘时期的人物肖像、"葛诺"花边图案、乐舞图、禽兽图。贺圣达曾在其著作《缅甸史》中评价道，"在缅甸的美术史上，蒲甘时期最大的贡献也许就是壁画"，仅在阿难托寺内，就有1500幅壁画。

蒲甘时期的建筑艺术的代表是寺塔建筑，现今保存下来的有2000多座，多为砖石结构，其中一类为存放佛陀遗物的宝塔，其中，他冰喻塔最高，瑞喜宫塔最壮观，是蒲甘佛塔的典范；另一类为主体建筑的附属建筑，以阿难托寺最为著名，寺院由一组彼此联系的建筑组成，四周有围墙，除僧侣起居集会的主楼外，还有寺主居室、授职厅、念经堂、藏经阁，以及供静养的俗人和过路人住宿的房间。蒲甘寺塔与柬埔寨的吴哥窟和印度尼西亚的婆罗浮屠并称为"东南亚三大文化遗迹"，是宗教艺术的结晶，寺塔建筑十分宏伟，反映了蒲甘时期人民的智慧以及建筑艺术和佛教文化的辉煌成就和繁荣。由于蒲甘历代君王都大建佛寺、佛塔，又促使了装饰业的兴起及发展，蒲甘一带有许多装潢和雕刻的专业技师，他们在佛塔及寺庙内外，房柱、门扇、窗户、屋顶和飞檐上，雕刻了大量装饰花纹、《本生经》故事图案及动物形象，这些雕刻作品技法高超，美轮美奂，大大地促进了缅甸雕刻技术的飞跃发展。

寺院教育始于蒲甘时期，寺院几乎是当时唯一的教育机构，承载着重要的教育功能，学校和图书馆（藏经楼）是寺院的重要组成部分，寺院教育是一种全民性的免费教育，穷人的孩子可以通过在寺庙里当小沙弥的形式，学习到佛教文化知识和世俗文化知识，这种寺庙即是学校，僧侣即为老师，佛经用作课本，沙弥就是学生的寺院教育是古代缅人唯一的教育形式，在传播佛教和普及文化知识方面寺院教育起到了至关重要的作用。由于教育在寺庙中进行，可想而知民众受到的宗教影响之深之广，蒲甘全民信仰南传上座部佛教，所有男子（奴隶入寺需经主人同意）都要入寺，而寺庙的教育功能，使得居民的识字率大大提高，即使奴隶的识字率也超过了10%。例如，在1227年的一块碑铭记载，78名奴隶中有9人识字；在1235年的一块碑铭记载，116名奴隶有8人识字；在1240年的一块碑铭记载，140名奴隶有17名识字。

三、蒲甘王朝的对外交往

与中国的关系

蒲甘王朝兴盛之时，除直接派遣使节到宋朝外，更多的还是与云南地方政权大理国关系密切，并通过大理国与宋朝发生交往。大理国时期，蒲甘王朝已经完成了统一，但此时大理国势力开始逐渐衰落，和此前的南诏时期不可同日而语，因此，大理国和蒲甘王朝间的关系渐趋平等，尽管双方存在军事争夺，但基本维持了和平局面，总体来说相安无事。据缅甸史书《琉璃宫史》记载，阿奴律陀统一缅甸后，为使佛教在缅甸得到进一步传播，就亲自率兵分水陆两路北上大理求取佛牙，并受到大理王接待，虽然阿奴律陀此行并未得到佛牙，但是得到了一尊大理王赠送的碧玉佛。波巴信在《缅甸史》中对此有记载。阿奴律陀前往大理求取佛牙的行为，与此前他向直通国王求取佛教经典基本上是如出一辙，其战略目的主要是与南诏划分势力范围，防止南诏干涉蒲甘王朝征服东部泰掸人。蒲甘王朝还曾在崇宁二年（1103）和政和五年（1115）两次遣使到大理送白象和金花犀象。1103年，缅人向大理进献白象，据《南诏野史·段正淳传》记载，"崇宁二年，缅人、波斯、昆仑三国进白象、香物于大理"。1106年，蒲甘国王江喜佗遣使来中国通好，宋王朝根据尚书省的意见，对蒲甘以大国之礼相待。1115年，据《南诏野史·段正严传》记载，"政和五年，蒲甘国进金花犀象于大理国"。蒲甘给大理进贡金花犀象时，正值蒲甘国王阿隆悉都即位，由于忙于讨伐叛乱，进贡大理的主要目的在于让大理不支持和干涉缅甸境内发动叛乱的各地首领。

蒲甘王朝的晚期，正值中国的元朝。元世祖忽必烈于1271年和1273年两次遣使至蒲甘，劝其继续纳贡归附，但遭缅王那罗梯诃波蒂的拒绝，不但如此，还将来使斩杀。1277年，缅王又派兵进犯云南，忽必烈派兵击退缅军，并乘胜攻入缅甸境内。1278年，蒲甘王朝那罗梯诃波蒂王派遣其国师——信弟达巴茂克，亲自赴中国谒见元朝皇帝忽必烈，并取得了和解，信弟达巴茂克因擅长外交，并作为第一位赴华的缅甸使节被载入缅甸史册。

印度佛教对蒲甘的影响减弱

蒲甘王朝时期，南传上座部佛教在缅甸广泛传播，影响日深，最终被确立为国教，而佛教在印度的衰落直接导致了印度对蒲甘的宗教文化影响的减弱。当然，婆罗门教在缅甸，特别是缅甸的宫廷仍有一定的影响。比如，江喜陀还曾派使团前去修复佛陀迦耶的寺庙。蒲甘与印度经济往来密切，在蒲甘南部沿海城市，有较多的印度商人或被贩卖而来的印度奴隶。

与锡兰的相互往来密切

蒲甘王朝时期，锡兰（今斯里兰卡）与缅甸的关系相比中国和印度都更为密切。在文化宗教方面，蒲甘受锡兰的影响较大。自孟人僧侣般他于1167年到锡兰后，缅甸僧侣乌多罗耆婆、车波多等人也前往锡兰求法，这些僧侣求法锡兰，对缅甸的宗派组成和发展有着重要影响，锡兰也成为当时缅甸宗教感知外来势力的主要发源地。那罗波蒂悉都王十分欣赏这些在锡兰求法的僧人的渊博学识，大寺派僧伽罗僧侣对缅甸的影响日益增大。最终，孟族僧侣在缅甸建立了大寺派，大寺派因为戒律严格，受到统治者推崇，在缅甸得到了快速发展。

蒲甘与锡兰的经济贸易已有所开展。蒲甘与锡兰的交通往来主要是船只，那时海运已开通。锡兰王为发展对外贸易，还在缅甸的最重要口岸勃生派驻了一名类似代表的官员发展商务往来。缅甸人按照习俗，供给他们大米和粮食，给他们提供住所。但在那罗波蒂悉都统治时期，双方贸易往来有所停滞，因为那罗波蒂悉都对大象出口课以重税，废止了每逢船只载运王室礼物就赠送一头白象的惯例，更监禁了锡兰商人，没收了其货物，还虐待钦使，甚至将船只扣留或破坏，使其沉入大海，打击了双方的贸易互通。

蒲甘与锡兰也有较多政治往来，两国关系时好时恶。阿奴律陀为蒲甘国王时期，锡兰国王维耶巴胡一世曾派遣使者，请求阿奴律陀帮助锡兰反对入侵者，但阿奴律陀并没有提供实质性的军事援助，只是派出船队送去礼品。在阿隆悉都时期，缅、锡两国还曾交恶，其主要原因是阿隆悉都不满锡兰积极向外发展关系，与信奉大乘佛教的柬埔寨建立密切关系，下令由王室直接控制大象出口，并逮捕了在蒲甘的僧伽罗学者和僧侣。那罗波蒂悉都时，一位锡兰公主前往柬埔寨途中还遭遇了缅甸的拦截，这直接导致了1180年锡兰王发动对缅战争，锡兰王派遣武装船队征讨缅甸，但在远征中遭遇了风浪，虽然战船损失了多艘，但有一艘到达了毛淡棉附近的老鸦岛后（Crow Island），掠其居民，还有五艘侵袭了下缅甸，洗劫了勃固城，其他剩下的各船只也在缅甸各处登陆。据称，有一地方的太守被掳，居民们很多被屠杀，还有很多被掠为奴隶。缅甸还曾因此向中国求救，缅甸当局后派缅甸僧伽罗僧侣作为中间人出面调停才又握手言和，恢复了友好关系。

第三章 缅甸的"战国时代"
（1287—1531年）

13世纪中叶后，蒲甘王朝国力逐步衰落。1287年以后，外部蒙古势力的入侵，给掸人支配这个国家提供了良机，这一点是蒙古人意料之外的；内部势力的分化，各地封建主互相争雄，干戈不息，战火绵绵。外患内乱使缅甸历史上第一个统一的封建国家面临全面危机，即将动摇崩溃，也掀开了缅甸"战国时期"历史篇章，预示缅甸进入动荡不安时期。自1287年至1352年，蒲甘王朝名存实亡，期间，掸族乘机发展势力，大批入内的掸族上层成为上缅甸的统治者，并建立了由掸、缅人共同掌权的阿瓦王国；在下缅甸，孟人建立勃固王国，与这一时期始终保持独立的西部阿拉干形成阿瓦、勃固、阿拉干三国鼎立局面。这种分裂的局面持续了两个半世纪，直至16世纪30年代锡唐河流域缅族势力建立的东吁王朝的崛起，缅甸才重新实现了统一。

一、三足鼎立：阿瓦王国、勃固王国和阿拉干王国

掸族三兄弟

1287年，那罗梯诃波蒂王（1254—1287在位）被其子杀死于卑谬。乔苴王（1287—1298）继位后蒲甘王朝已名存实亡。继位后的乔苴王没有军权，只得承认掸族三兄弟的地位。鉴于与三兄弟之间产生的重重矛盾，他只好求助元朝，寻求元朝的支持。三兄弟清楚地位得以巩固后的乔苴王必将削弱他们的势力，于是便诱骗乔苴王前往木连城参加他们建造的寺院的落成仪式，借机对其进行监禁，强迫其削发为僧，废黜其国王之位，并于1299年处死乔苴王，立其幼子邹聂为王。更加软弱无能的邹聂王既无办法也无实力扭转蒲甘王朝摇摇欲坠的局势，此后的蒲甘王室实则成了掸人势力的傀儡。值此国家局势混乱之时，掸族三兄弟——老大阿散哥也，老二阿剌者僧伽兰和老三僧哥速乘机拥兵自固，增强实力，控制蒲甘王朝的朝政大权。其中老大阿散哥也占木连城，老二阿剌者僧伽兰占米加耶，老三僧哥速经营宾里。三人控制了蒲甘以北的粮仓叫栖地区，但掸族三兄弟之间从一开始就混战不已，早在1295年，最为野心勃勃的老三僧哥速就擅自以"白象王"称号自称，于1309年自封为国王。1312年，老大阿散哥也死后，老三僧哥速毒死老二阿剌者僧伽兰，在邦牙建立都城，立国为王。1315年，僧哥速之次子修云在实皆建都称王，与父亲形成对立之势。由此，在上缅甸形成了蒲甘、邦牙和实皆各自称王的局面。

上缅甸的阿瓦王国

1359年，邦牙王那腊都求助北部木掸以灭实皆，木掸首领应允，南下进攻实皆，消灭实皆后，乘胜踏平邦牙，那腊都被俘，成为木掸俘虏。邦牙、实皆王朝被灭后的1364年，实皆王修云和蒲甘乔苴王女儿的孙子他拖弥婆耶以阿瓦为都，建立了阿瓦王国，并着手使全国服从他的统治。其后历经战争，于1368年实现了上缅甸的统一。他拖弥婆耶为稳固其统治，在位期间全力保护正统僧侣，维护南传佛教，继续鼓励推崇宗教学术。

位于密尼河和伊洛瓦底江汇合处的阿瓦，交通便利，便于叫栖地区的粮食运输，故此，他拖弥婆耶建都于此。阿瓦是缅语因瓦之讹，有"湖泊的入口"之义，曾成为全缅甸的都城。身处战国时期的阿瓦统治者以统一缅甸为己任，在统一缅甸的历史长河里扮演了重要的角色。他拖弥婆耶建国初期，为了统一，便向彬文那、东敦枝展开征战，进攻沙古时，在沙古战役中兵败战死，由此结束了其四年的统治。他拖弥婆耶并无子嗣，他战死后，当朝众官和百姓拥戴其妹夫明吉斯伐修寄为王。

明吉斯伐修寄继位初期，北受掸族各邦侵扰，南部蒲甘王朝崩溃过程中，由孟人建立的勃固王国与东吁结盟。迫于形势，在他统治初期的1371年至1385年，阿瓦、勃固结成友好同盟关系，并召开会议，划定两国边界。1383年，屡次遭受侵扰的阿瓦国王曾派遣使臣前往中国云南向明朝总督求助。此时，与木掸已有接触的中国人，也渴望能够对木掸的不法行为予以抑制。因此，明朝云南地方官答应了阿瓦国王请求，并命令孟养保持和平，此后若干年内确实保持了和平，也使阿瓦国王明吉斯伐修寄能够集中精力实现控制通海的伊洛瓦底江水道的计划。但是，1385年，随着勃固王频耶宇死去，其子罗婆陀利继位，王叔图谋篡位，勃固国内发生了统治集团内部斗争，此时的勃固向阿瓦求助。借此良机，阿瓦国王明吉斯伐修寄乘机对勃固发动战争，兴师南下，占领卑谬，多次兵临勃固城池，企

图一举消灭勃固，控制富庶的伊洛瓦底江流域，但面对众志成城的勃固军民，他终究未能得偿所愿。从此两国战火不断，掀起了长达40年（1386—1425）的交战，史称"四十年战争"。

1404年，明吉斯伐修寄之子明恭继位，为胜利结束战争做出了巨大努力，他一方面派军征战阿拉干，另一方面继续与勃固交战。在阿瓦与勃固、阿拉干交战期间，缅北诸土邦逐步变得强大，并日趋活跃，诸土邦包括安邦、木邦、孟养等。1414年，受勃固国王罗娑陀利挑唆鼓动，木邦土司对阿瓦多次发动进攻，南北夹击，严重威胁阿瓦统治。1426年，随着阿瓦国王辛骠信梯诃遭伏击身亡，阿瓦王国陷于混乱。1438—1465年间，木掸、孟养迫于明朝施加的强大压力，暂时放松了对阿瓦的进攻，阿瓦方得以安定。随着国力的不断衰弱，对于掸族的进攻，阿瓦已经无力抵御。1527年，孟养掸人思伦法攻占阿瓦，立其子思洪发为国王。1543年，思洪发被杀。在以后的10年中，又有三个掸族首领登上阿瓦王位。阿瓦王国已处于动荡之中。

下缅甸的勃固王国

在蒲甘王朝崩溃的同时，下缅甸伐丽流领导的孟族建立了王国，建国初期定都于马都八，自称马都八王，"伐丽流"为其号。据说伐丽流原是直通地区的一个小贩，那罗梯诃波蒂时，丹那沙林地区的孟人造反，他也曾参与。因造反被镇压，他逃往现今的泰国，当时称之素可泰，并在素可泰军中服役，受国王任命，担任象队统领，后成为国王女婿。作为一名粗野的军事冒险者，伐丽流在1287年蒲甘陷落后，为将蒲甘王朝的缅人势力驱逐出下缅甸，他采取了与勃固孟人首领多罗跛结为盟友的策略，平生习惯将婚姻作为政治手段的伐丽流，将女儿嫁给多罗跛为妻。但当双方联合将缅人赶出下缅甸后不久，为了争夺权位，伐丽流将多罗跛杀死，兼并勃固，建立勃固王国。因伐丽流杀死女婿多罗跛而被外孙视为仇敌，被外孙暗杀。

伐丽流执政时期，对外虽称藩于素可泰，但其统治权获得了中国的认可。这一时期的疆土统治范围南抵丹老，北至卑谬和东吁。为巩固统治，伐丽流命人编写了缅甸现存最古老的一部法典《伐丽流法典》。伐丽流死后，勃固王国内部争权夺利的斗争，致国王更替不断。直至1353年，频耶宇继任国王，并于1369年将都城迁往勃固，国内局势方得以稳定。1385年，罗娑陀利执掌政权后，勃固王国经历了"四十年战争"，经济遭到极大破坏。但是，依靠下缅甸优越的地理环境，加之继任国王重视生产发展，至勃固王国女王信修浮（1453—1472）和其女婿达摩悉提（1472—1492）执政时期，经济一度得到恢复发展，勃固王国转入比较和平和繁荣的时代，国家繁荣昌盛，人民安居乐业，但政局却并不稳固。1511年，葡萄牙占领商业繁荣已达顶峰的马六甲后，与勃固订立了通商条约。1539年，勃固王国被东吁王朝所灭。

那罗弥迦罗复国建阿拉干王国

位于缅甸西部边陲的阿拉干，有阿拉干山脉作为天然屏障，将其与缅甸本部隔绝开来，加之交通不便，使其免于来自东方缅甸本部的袭击，在缅甸古代历史上相当长的一段时间内得以独立发展。蒲甘王朝存续期间，也曾将统治扩展至阿拉干，但阿拉干只是向蒲甘修贡职。

1279—1374年，阿拉干在为政严明、为人称道的国王明帝统治之下，遭受孟加拉人袭击，为打败孟加拉人，明帝曾与僧哥速结盟，最终如愿以偿地打败了孟加拉人的袭击。至1374年，明帝死亡，统治历时95年，时间之长，实属罕见。由于明帝并无子嗣，阿瓦明吉斯伐修寄派伯父继任阿拉干国王，在伯父死后，又派儿子继任阿拉干统治者，其儿子无能，不久便被驱逐出阿拉干。阿瓦明恭王继位后，远征阿拉干，阿拉干首都沦陷后，明恭派自己女婿充任阿拉干国王。阿拉干原国王无奈之下，只好逃亡孟加拉，其儿子则逃亡孟族地区。1407年，在南部勃固国支持下，阿拉干王子杀死明恭女婿，得以复国。但是，阿瓦再次派出远征军队，攻打阿拉干，其间，阿拉干王子于1412年被阿瓦赶下台。1413年，为驱逐阿瓦派驻官员，勃固出兵助力阿拉干。阿瓦和阿拉干也开始了一场拉锯战，1430年，逃亡孟加拉的阿拉干国王那罗弥迦罗回国，并在孟加拉高尔国王艾罕默德·沙父子支持下复国，战争方才停止，也脱离缅甸，成为一个完全独立的王国。1433年，那罗弥迦罗将都城定在末罗汉，以高尔为宗主，受孟加拉伊斯兰文化影响，那罗弥迦罗及其后继者的名字后都附有伊斯兰称号。

国王明平在一个世纪后也在末罗汉设防，坚固城防工事，有效抵御住了1544年和1546年缅甸军队的两次进攻，也使阿拉干在此后的大半个世纪里成为当地一个重要的海洋国家。但是，为了眼前的一时利益，阿拉干国王延用葡萄牙雇佣兵，并于1599年，在几名野心勃勃的葡萄牙雇佣军协助下，参与了对当时作为缅甸首都的勃固的破坏和掠夺活动，酿成的大乱，最终也给缅甸造成严重危害。直至1785年阿拉干才重新并入缅甸。阿瓦、阿拉干、勃固三国鼎立局面的形成，标志着缅甸的分裂已成定局。

二、四十年战争：阿瓦多次入侵勃固

阿瓦、阿拉干、勃固三国鼎立局面形成后，有10多年时间，曾保持了和平。1385年，随着统治勃固30年之久的勃固国王频耶宇去世，内外形势发生了急剧变化。一方面北方阿瓦借机攻打勃固，另一方面勃固统治集团内部王权争夺斗争再起。频耶宇之子罗娑陀利继承王位后，其叔叔渺弥侯既对新王不满，又惧怕新王讨伐，故选择写信向阿瓦国王明吉斯伐修寄求助，请求其进攻勃固。这便是此次战争的导火索。

处于伊洛瓦底江流域的下缅甸，多是平原地区，有利于农业发展，人民谋生容易，生活条件比上缅甸较为优越，这无疑成了这场战争的诱因之一。出于经济利益考虑，阿瓦极想控制伊洛瓦底江流域，夺得出海口，这便是这场战争爆发的主要原因。为实现夺取出海口的愿望，于是，当渺弥侯请求阿瓦进攻勃固时，阿瓦统治者便借机挥兵南下，攻打勃固，结束了孟族和缅族十五年的同盟关系。从参与此次战争的士兵组成看，阿瓦军队中有许多掸族士兵参加了作战，而这一时期上缅甸阿瓦地区也已经有很多掸人在此居住。这次战争主要是阿瓦进攻勃固，勃固很少主动进攻阿瓦，不难看出向下缅甸移民应是此次战争爆发的另一原因。当然，这次战争的爆发也还有其他一些诱因，诸如统治者为了胜利的光环、报仇、显示本领等，但最主要的和最根本的原因是经济利益和移民需要。

此次战争始于阿瓦国王明吉斯伐修寄和勃固国王罗娑陀利执政时期，双方在这场战争中各自更迭了三代国王。其间，为抵御阿瓦方面的进攻，勃固一方面联系缅甸北部的兴威，以牵制阿瓦；另一方面与阿拉干联手，共同抵御阿瓦。

第一阶段：勃固国王频耶宇在位期间（1353—1385），清迈和阿瑜陀耶暹人曾对勃固发动进攻，为拯救王国，勃固被迫割让领土。1363年，暹罗军队攻陷马都八之后，转而攻打毛淡棉和丹那沙林等地，频耶宇也被迫迁都于他处。频耶宇治期间的多事之秋，主要来自暹罗人的攻击。1385年，频耶宇死后，罗娑陀利继承王位。阿瓦国王明吉斯伐修寄趁勃固国内统治集团内部权力斗争之际，于1386年率军顺伊洛瓦底江而下对勃固发动战争，并未成功，被勃固击退。次年他再次挥军远征下缅甸，依旧被罗娑陀利击退。击退明吉斯伐修寄进攻之后，罗娑陀利转而对付自己的盟友、明吉斯伐修寄的叔叔渺弥侯，致使渺弥侯在一次战役中被杀。渺弥侯被杀后，其子女逃亡阿瓦，阿瓦王明吉斯伐修寄不计前嫌，任命其子女为官。

1388年，罗娑陀利侵入上缅甸阿瓦地区，要求缔和，并以阿瓦答应和平作为其撤兵条件。此时的阿瓦王明吉斯伐修寄考虑到派去阿拉干继位国王的伯父虽然很得人心，但已无嗣而死，伯父死后派去继任国王的儿子因为暴政也已被阿拉干人赶走，迫于当时的实际形势，明吉斯伐修寄只好答应罗娑陀利的求和要求。由此，双方结束了第一阶段的战争，曾一度缔和。

第二阶段：1404年，明吉斯伐修寄死后，其子明恭继位，派兵远征阿拉干，以女婿为阿拉干国王，阿拉干原国王和儿子各自逃亡。正当阿瓦忙于用兵与阿拉干激战时，勃固王罗娑陀利认为是拉拢阿拉干共同攻打阿瓦的利好时机，便率领水军沿伊洛瓦底江北上攻打阿瓦，虽导致阿瓦腹背受敌，但双方终究因实力相当，各有胜负，以至双方再一次缔成和平。作为和平缔成条件，明恭王将妹妹嫁与罗娑陀利，罗娑陀利则向明恭转让了勃生的税收和港口税。从这一点可以看出四十年战争的原因之一，正是阿瓦为了经济利益，急需获得一个出海口。

和平缔成后不久，战争再起。1407年，明恭王以水陆两路入侵勃固，拉开了四十年战争第二阶段战争的帷幕，直至1418年才结束这阶段的战事。1407—1418年，阿瓦分别于1407年、1409年、1410年、1414年、1417年合计向勃固发动了五次进攻，勃固方面由于担心来自暹罗方面的攻击，10多年间，勃固军队于1412年向阿瓦发起过一次反攻，不过双方都没有取得胜利。至1422年明恭王死去，次年罗娑陀利也离世后，这场战争于1425年才完全宣告结束。

阿瓦经常向下缅甸发动进攻，战争结果使得阿瓦国力遭到削弱，阿拉干也摆脱阿瓦的控制，恢复了独立。下缅甸良好的自然条件也未能保证勃固王国的经济在战争中不受损，勃固王国经济也遭到极大破坏。战争还使无数人丧失了性命，给人民群众带来了极大的痛苦和灾难。同时，由于战争不断，战火连连，官兵经常作战，客观地促使缅甸人在作战经验、军事技术、攻防战略等各方面取得明显进步，也带动了缅甸国内道路交通的发展，为后来缅甸的再次统一创造了条件。

三、战后阿瓦、勃固和阿拉干命运各不同

战后阿瓦已经风雨飘摇

宫廷内部斗争激烈，仅在 1422 年至 1426 年间就三度更替国王。王储梯诃都继承王位后与勃固和解，建立友好关系，但他担心木掸人及其掸邦高原上的首领们会策划推翻其统治。正如他所料，1425 年，一个掸邦高原首领入侵阿瓦，梯诃都在还击中中箭身亡，仅在位 4 年。梯诃都死后，其子继位，继位三月后便被掸人王后毒杀身亡。其后，一位掸人王侯被立为王。

1427 年，缅人出身的王侯孟养他仞（中国《明史》称为莽得拉）驱逐了掸人王侯，登上了王位，战后阿瓦统治才得以暂时稳定。执政后的孟养他仞，采取了与勃固和阿拉干建立友好关系的政策，为团结缅人做出了各方面的努力，也遇到了不少困难。一方面被部分缅人认为他是掸人的傀儡；另一方面因为孟养他仞本身是缅人，故王国内掸族官员也对其不效忠。战后的阿瓦，经常遭受来自北部和东部土司的袭击，国力处于不断衰落之中，阿瓦建立的由掸人雇佣军和缅人军官组成的军队从某种程度上保证了阿瓦并未迅速灭亡。阿瓦的软弱无力，使得木掸人首领思洪发决心努力恢复南诏王国。一方面，思洪发派军侵入阿瓦，另一方面则亲自率军进攻中国云南。思洪发兵败撤退，被阿瓦俘虏。中国军队在击溃木掸后，向阿瓦提出交出被俘思洪发时，被阿瓦拒绝。中国便于 1446 年，派兵包围了阿瓦，思洪发自杀。

1502 年，明恭死，阿瓦王国国力已经衰弱不堪，各地领主纷纷割地称雄，其中包括央米丁、叫栖、瑞冒、密铁拉等地的领主。明恭死后，明恭之子瑞难乔信继承了王位。1507 年，木掸再次侵入阿瓦。阿瓦多次求助于

东吁，都遭东吁拒绝。但为争取并尽快赢得东吁对缅人王朝阿瓦的支持，瑞难乔信不得已将自己的女儿嫁与东吁的明吉瑜，并将阿瓦的富饶粮仓叫栖作为陪嫁嫁妆。1524年，孟养土司率领木掸人占领边境要塞，自由往来于伊洛瓦底江。1527年，孟养掸人再犯阿瓦，思伦法攻占阿瓦，阿瓦国王瑞难乔信被杀死，思伦法即立儿子思洪发继任阿瓦国王。

思洪发作为缅甸历史上有名的暴君，为迅速地将阿瓦变成一座掸族城市，他搜索各地寺庙，劫掠珍宝，并对寺庙进行捣毁。1540年，思洪发在阿瓦对360名僧侣进行了诱杀。但另一方面，为维持其统治，思洪发也不得不继续任用缅人官员，于是他恢复了缅人大臣明吉耶囊的职务。明吉耶囊利用职务之便和其在王国的影响，保护了很多缅人，并庇护他们逃亡东吁，故这一时期有大批缅人逃亡东吁。1543年，明吉耶囊刺杀了暴君思洪发，并坚持不受王位，出家为僧。此时，阿瓦王国内的缅人官员已经寥寥无几。因此，此后的10年间，又有三位掸族领袖入主阿瓦为王。阿瓦的统治也已陷入风雨飘摇之中。

战后勃固开始日渐繁荣

孟族历史对罗娑陀利国王有特殊记载，据记载，罗娑陀利国王是一名将军，曾为巩固孟族国家的统治做出巨大努力。国王罗娑陀利死后，勃固国内也曾四分五裂，一度陷入混乱，遭受战乱之苦。频耶昙摩耶娑（1423—1426在位）继任国王期间，阿瓦曾向勃固发动进攻。为结束战争，频耶昙摩耶娑将其妹信修浮嫁与阿瓦国王，结成联盟。其后，勃固经历了频耶兰、频耶伐流、信修浮、达摩悉提等国王的执政。

在频耶兰（1426—1446在位）时期，勃固国内转入和平，生产开始有所发展。待到信修浮从阿瓦回到勃固继位后，勃固王国国力进一步加强。信修浮是缅甸历史上唯一的女王，她在位期间，倡导和平，开放港口，重视商业贸易。在她与达摩悉提统治期间，两位国王非常重视生产发展，加之阿瓦王朝国力不断衰落，已经无力问鼎位于下缅甸地区的勃固，勃固迎来了外无战事，内无动乱的更为稳定的时期。这一时期，勃固王国的首都勃固成为巨大的商业中心和外国商人的集散地，外贸获得发展。其中勃固王国的三大港口，即大光下游的沙廉、伊洛瓦底江三角洲地区的勃生以及从暹罗手中夺回的马都八，与印度、马六甲及马来群岛贸易往来频繁，生意兴隆，出现了欣欣向荣的景象。信修浮和达摩悉提两位国王热衷于宗教，两位国王统治期间，建塔修庙，最终使勃固取代蒲甘，成为当时全缅甸的宗教中心，勃固也进入历史上的黄金时代。1526年至1539年，多迦逾毕继位，在他统治期间，勃固于1539年被东吁莽瑞体所灭。

战后阿拉干进入全盛时期

1385年，阿瓦与勃固四十年战争爆发时，时任阿拉干国王的是阿瓦国王明吉斯伐修寄之子，此人由于不得人心，不久便被阿拉干人驱逐。阿瓦派军攻打阿拉干，阿拉干国王及其儿子各自逃亡。后来，阿拉干国王那罗弥迦罗之子求助勃固，得到勃固王罗娑陀利支持，得以复国。1430年，从孟加拉返回的那罗弥迦罗重登王位，伊斯兰教也随之传入阿拉干。

1433年，阿拉干将首都由隆邑迁往河道纵横、交通便利的繁荣海港末罗汉。1434年，明哈利（又称阿里·汗）继承王位后，将仙道卫和罗牟并入阿拉干，阿拉干版图不断扩大。至1459年，边修骠继任阿拉干国王后，他占领了吉大港。阿拉干一跃成为强国，进入了阿拉干王国的全盛时期。

分裂时期，战火连连，尤其是南北对峙的四十年战争，给阿瓦和勃固两个王国都造成了严重的损失，但客观上也为后来缅甸的发展创造了条件。分裂时期的政治主要体现在：各王国内部统治者更迭频繁，都不同程度地产生了争夺王位的斗争；各王国为了本国经济利益，也发生了王国之间争夺利益的战争；各主要政权的国王仍然是各国具有最高权力的统治者，拥有疆域内的行政权、立法权和司法权。这一时期的碑铭也称国王是"水和土地的主人"、"水里和陆地上一切生命的主宰"。也被称为"王中之王"、"护法之王"。在社会经济方面，分裂时期，缅甸北部的商业贸易、社会经济和南部沿海地区的对外贸易有所发展，锡唐河流域得到了开发。文化上，分裂时期，也被称为"掸人统治时代"。这一时期，缅甸经历了许多小国的兴衰，蒲甘王朝大一统的统治形势一旦被打破，战事不断，伴随征战而来的民族迁徙、杂居和同化，加强了这一时期的文化融合，促使缅甸区域性文化形成。宗教、文学、艺术在这一时期也得到了相应的发展，尤其是阿瓦时期的文学发展为后来缅甸文学发展产生了深远影响，阿瓦时期也被称为缅甸古代文学发展史上的黄金时代。

四、政治发展：宗教听命于王权

分裂时期，邦牙、实皆、阿瓦、勃固等王国各自经历了以下多代国王的统治，政权更替频繁。即便如此，封建君主专制式政体特征在这一时期依旧明显，国王仍然是最高权力的专制统治者，主宰着一切。国王常被称为"众王之王"，国王拥有最高权力，可以颁布敕令、任免官员、征调民众等，各级封建领主必须直接效忠于国王。在分裂时期，小国林立，地方势力纷争不断，佛教虽有所发展，但随着寺院经济的衰落，佛教与王权相比，地位已经有所削弱。蒲甘后期的宗教力量足以与国王抗衡，但分裂时期的佛教影响力减小，国师对国王影响力随之减小。下缅甸达摩悉提在位期间，对宗教进行了改革，他的改革最终使宗教完全听命于王权。

分裂时期，阶级地位划分已较为明确。从统治阶层来看，主要分为王室、中央官员和地方官员三大阶层。王室主要包括国王、王储、王侯等；中央官员主要包括大臣及官员。据碑铭记载，各王国主要负责土地事务、王室仓库、水利维修的官员和骑兵、步兵、水兵首领为中央政府官员；总督、城邑封臣、地方村寨头人则为地方官员。这些官员逐级行使各自王国封建王朝的行政、司法权力，共同为国王管理着整个国家。具有世袭性质的阿赫木旦和阿台制度也在这一时期得以形成。

此外，还产生了"谬"制度。所谓"谬"，是以一个城镇为中心，包括邻近广大农村地区的行政组织，大则数十上百平方公里，小则十来个平方公里。在14世纪时，下缅甸孟人地区有32个"谬"。谬直属于封建王朝，谬的封建主往往是世袭的，但其官职由国王确认。一个谬辖若干个村。以谬为基础的行政制度的建立和发展，对后来缅甸封建社会的发展有很大影响。奴隶制依旧存在，奴隶组成呈现多元化，既有诸如为主人烧饭、砍柴、扫地、驾车的家内奴隶，也有为人耕地、种田、管理果园的奴隶，还有充当工匠、石匠、陶工的工匠奴隶。奴隶中既有战俘，也有卖身的。

五、经济形态：核心区与边缘区的较量

缅北土司地区的商业繁荣

中国元朝灭亡后，明朝取代元朝，取得统治地位。分裂时期的缅甸北部隶属于明朝统治的土司地区，受中国先进生产技术和先进生产方式的影响，缅北土司地区出现了前所未有的商业贸易、社会经济繁荣景象。这一阶段繁荣发展的土司地区主要包括：孟养军民宣慰使司、木邦军民宣慰使司、孟密宣抚司等。同时，还出现了江头城（今八莫）和孟密等商人群集的商业城市。缅甸出产的琥珀、玉石等以伊洛瓦底江为主要通道，通过江头城大量销往中国。与此同时，中国的丝绸、布匹等也大量输入缅甸。

锡唐河流域成为缅甸重要经济区域

缅甸是个农业国,农业在缅甸经济发展中起着举足轻重的作用。公元以来,伊洛瓦底江流域和阿拉干沿海一直是缅甸农业经济较为发达的地区。掸族三兄弟专权时期,大量缅族人民为逃避战事,躲到了锡唐河流域中部地区,并在此地建设村寨,聚居。作为阿瓦属国之地,战火很少波及至此。缅族人民的徙入,一方面为农业及经济发展增加了劳动力,另一方面也将缅族地区先进的生产方式和生产工具带到了锡唐河。再则,这一区域很少受到战争影响。这些原因共同促成了锡唐河流域当时成为封建时代缅甸一个重要的经济区域。

南部商业贸易空前发展

勃固与阿瓦长达40年的拉锯战结束后,勃固王国外无战事,内无动乱,进入了和平发展时期,沿海商业贸易始繁荣,首都勃固成了巨大的商业中心。勃固这一时期出产的贸易商品主要有:虫胶、香料、木材、丝绸、宝石等。

这一时期的欧洲,对调味品、香料、丝绸和宝石等迫切需要。所以,正当阿瓦与勃固两国交战时期,一位威尼斯旅行家兼商人尼可罗·迪·康蒂游历了缅甸的阿瓦、阿拉干和勃固,并发现了这些地区的商业发展机遇及可能性。1496年,热那亚商人希罗诺摩·迪·桑托·斯特凡诺到了勃固,向当时的勃固国王卖了一些货物,获得丰厚利润,并购买了勃固地区的一批宝石。1503年,波伦亚商人罗达维柯·迪·瓦西马游历了勃固。当看到勃固城池时,他惊叹城市的壮丽,惊叹国王将宝石作为项链佩戴于身。同时,这位精明的商人还注意到了国王通过出口虫胶、香料等商品获得的巨大税收。他向国王卖珊瑚，换取了国王的红宝石。1511年，葡萄牙人占领了马六甲。之后，葡萄牙海军上将唐·阿尔封索·迪·阿尔布奎克派遣使者前往勃固，觐见国王，谈判取得很好成果。1519年，葡萄牙人在马都八设立了商站，保证了他们与马六甲的贸易能够继续进行。

当时，西方人虽已经到了缅甸，但是与缅甸的贸易规模很小，穆斯林商人在缅甸沿海商业中起着主要作用。勃固王朝的勃固、马都八、丹那沙林都是重要的贸易城市，与孟加拉、马六甲等都有频繁的贸易往来。

寺院经济开始衰落

上下缅甸各自独立后，掸缅人与孟人统治政策的不同，战争的影响，导致南北寺院经济发展也出现不平衡现象。上缅甸掸人统治时期，掸人三兄弟对上座部佛教的接纳，使得上缅甸寺院经济虽然备受战争摧残，但还是得到了一定发展。阿瓦时期上缅甸寺院经济得到进一步恢复和发展，但最终因思洪发毁灭性的灭佛运动给上缅甸寺院经济发展以沉重一击。

下缅甸勃固王国达摩悉提继位后，热衷于宗教，并进行了宗教改革。这一时期，勃固王国领域内，佛教派系林立，僧伽腐败堕落，纷争不止。僧伽出身的勃固国王达摩悉提，为巩固和加强王国统治，一方面继续修建寺院、佛塔；另一方面吸取历史教训，进行宗教改革，整顿戒律，净化僧团，统一教派，抑制膨胀的寺院经济。达摩悉提通过改革，既有效利用宗教的作用巩固了自己的统治，也削弱了宗教的影响力，最终使宗教听从于王权。

阿瓦明恭派兵攻打阿拉干，攻陷阿拉干首都后，阿拉干国王逃到了孟加拉。当阿拉干国王于1430年从孟加拉返回阿拉干时，他带来了孟加拉的穆斯林军队，从此，伊斯兰教传入了阿拉干地区，阿拉干摆脱了佛教的控制。

六、文化发展:"国家不幸诗家幸"

受战争影响,战国时期的缅甸社会发展缓慢,文化也未能得到相应的发展。但这一时期的封建统治者对文学的兴趣,促使文学获得一定程度的发展。四言律诗为主要形式的诗歌体制得到了巩固,蒲甘时期的散文体裁也得以继续发扬。

佛教文学继续发展

缅甸是一个传统的佛教国家,历史悠久。上座部佛教早在公元前3世纪就已经传入缅甸南部孟族地区。蒲甘王朝时期,缅甸佛教发展进入黄金时期。当时,蒲甘在东南亚也成为名副其实的佛教艺术中心。1287年,蒲甘王朝被推翻,掸族大量南下至缅甸中部和南部地区,缅甸进入了历史上的"战国时期",佛教发展起伏跌宕,但南传佛教依旧是占统治地位的宗教。至14世纪中叶,蒲甘仍然是战国时期缅甸重要的宗教中心之一。1365年,阿瓦建立,并迅速成为上缅甸政治和宗教中心,蒲甘的宗教中心地位才逐渐消失。

11世纪中叶,阿奴律陀统一信仰,从直通夺得《三藏经》和工匠、僧侣无数,大力弘扬上座部佛教。缅甸也成为政教合一的国家。《三藏经》既被缅甸人当作神圣经典,又被当作脍炙人口的文学作品得以传诵。《三藏经》中的《本生经》故事在缅甸流传甚广,家喻户晓,妇孺皆知。佛本生经故事常被昔日缅甸文学家作为文学创作素材,小说亦如此。由此可看出,佛教文学在缅甸文学中占有重要地位。

分裂时期,在蒲甘宫廷中长大成人的上缅甸掸人三兄弟,深受蒲甘文化熏陶，掌握实权后，为适应他们的统治，继承了蒲甘时期的宗教文化传统。乌者那（1324—1334年在位）在位期间，兴建77座佛寺，供养从蒲甘来到邦牙的阿罗汉派和阿难陀派僧侣。国王还向寺庙捐田产，庙田租种户向寺院缴租。随着农民逃租现象出现，僧侣便开始催租，并以王法对不缴租者进行制裁。一些长老因对用王法虐待农民的行为不满，于是移居到山林或村中，形成了"林居派"、"村居派"和"国僧派"。这一时期的主要佛教文学著作有：《名义明灯》，由大臣迦杜朗嘉所著；《声韵精义》，由高僧乾多迦乞波所写。

1364年，他拖弥婆耶打败邦牙迁都阿瓦后，阿利教在国王推崇下，受到重视，有所发展，上座佛教暂时被压制。明吉斯伐修寄于1368年登位后，开始供奉上座部佛教，并礼请大寺派高僧差摩遮罗长老担任国师，促使佛教得以迅速发展，高僧们在南北双方征战时，起到了调节作用。1429年，锡兰两位高僧信哈罗玛哈萨弥和室利萨达玛穆迦罗带着五颗佛舍利子到缅甸弘法，在勃固并不被待见。当时的阿瓦国王孟养他彻闻讯，以40艘船只将两位高僧礼请至阿瓦，并为他们兴建两座寺庙，即阿尼劫宾陀塔和乌摩伽寺庙。两位高僧协助阿瓦建立起了僧伽制度和佛法教育，上座部佛教也日渐兴盛。

但阿瓦王朝后期，内乱外患频仍，最终，孟养掸人思洪发攻占阿瓦并登位为王。1540年，随着佛教的不断发展和兴旺，国王思洪发感到佛教已经威胁其统治，并且认为各地佛塔仅是藏宝之处，与佛法并没有关系。于是，他下令各地拆毁佛塔，遭到强烈反对后，感受到佛教威胁的思洪发，焚经杀僧，制造了缅甸佛教史上唯一的一次大浩劫，这场浩劫中360名僧人被杀，这就是思洪发的"灭佛运动"。此后，阿瓦佛教一度进入了发展的低潮。

阿瓦时期佛教的发展虽跌宕起伏，但由于国王、王室供养了不少僧侣，所以，这一时期也出现了不少博学且在文学上有造诣的僧侣，佛教文学在这一时期也得到了很大发展。

勃固时期的佛教文化和文学发展也很发达，主要体现在：伐丽流执政时期，命人编写了《伐丽流法典》，奠定了早期缅甸法律的基础。前往锡兰求法回国的马都八孟族僧侣对大寺派佛法的弘扬，使下缅甸南传佛教得以复兴。无论是论佛教世界观的《世灯精要》，还是巴利文著作《迦旃延文法要略》和《文法论》，都对下缅甸的佛法传播发挥了重要作用。

1369年，勃固王频耶宇定都勃固后，将瑞德宫宝塔修葺至66英尺高，供信众朝圣。此后，勃固也成为下缅甸的佛教中心。至15世纪，勃固诸王皆重视宗教发展。频耶乾在位期间，将瑞德宫宝塔高度增建至302英尺。信修浮时期，在宝塔界域内新修了一下建筑，今天所见宝塔（仰光大金塔）与当时所见大致相同。为弘扬佛法，她还派人前往锡兰学习。

达摩悉提登位为王后，在位20年，期间，面对僧侣派别林立，戒律松弛，许多僧侣甚至不解《三藏经》知识，这位僧侣出身的国王便兴起了一场著名的僧伽改革。他的改革开创了缅甸佛教发展史上国王改革佛教的先河，具有重大历史意义。他的改革主要体现在：一是派遣僧团前往锡兰受比丘戒，僧团由目犍连和婆利率领，共计44名僧伽前往并重受比丘戒。这些受戒回国的僧伽，后来成为达摩悉提宗教改革的得力助手。二是择地创设"结界"之地，并下令各派比丘按照锡兰大寺派规矩重新受戒。经过三年整顿，各派僧侣都重新受戒。据"迦利耶结界碑"记载，当时勃固境内有上座僧800名，青年比丘14265名，沙弥进受比丘戒者601名，共有僧侣15666名。改革也统一了勃固境内的6个佛教派别，使其都统一于大寺派的传统之下。达摩悉提以其智慧著名，《达摩悉提判卷》一直流传至今。

阿拉干地区随着国王那罗弥迦罗带着穆斯林军队回国，伊斯兰教传入阿拉干并有所发展，但是南传佛教依然是占统治地位的宗教。

古代诗歌的黄金时代

从蒲甘王朝瓦解至东吁王朝再统一，缅甸出现的分裂局面，虽然使缅甸国力大衰，但"国家不幸诗家幸"。由于统治者的需要和支持，文学得到很大发展。宫廷文学和佛教文学主导的时期，由宫廷文人和僧侣学者组成的一批硕学之士，成为这一时期缅甸文学发展的主要文人队伍，创作了很多堪称缅甸文学典范、脍炙人口的一流作品，将文学推向了空前的艺术高度。这一时期的诗歌达到的艺术高度被缅甸一些学者认为是后来缅甸的诗歌所无法达到和超越的。

在诗歌创作方面，诗体形式多种多样，有邦牙时期出现的"加钦"（舞盾歌）、"雅都"（赞歌），也有阿瓦时期新产生的"埃钦"（摇篮曲）、"茂贡"（纪事诗）、"比釉"（四言长诗）、"林加基"（长诗）等。各种诗体产生的杰作，对后来缅甸文学发展都产生了深远影响。如：第一部雅都诗，是由邦牙大臣萨杜英格勃拉以佛教哲理为题材所作的三段雅都，其后的雅都诗题材不断扩大，内容也变得非常广泛。

第一部埃钦，是由若开文人阿杜敏纽1455年创作的《若开公主埃钦》；1476年，缅甸的第二部埃钦诗出现，由阿瓦王朝信都耶创作的《德钦兑埃钦》，也被学者们视为第一部缅甸本土埃钦作品。埃钦诗是专门为王子或公主创作的摇篮曲和启蒙诗。

新兴诗体茂贡，在阿瓦时期出现并繁荣，主要歌颂国王的出行、功德事迹、建塔、修桥等。军旅诗人信兑纽撰写的《南下卑谬》、信摩诃蒂拉温达的《密铁拉胡颂》《德达乌建塔志》等都是缅甸文学史上最早的也很著名的茂贡诗。其中《南下卑谬》更像是记事与游记相结合的一部诗作，不仅记载了国王的每日行程，也对国王的功德进行了歌颂。

比釉诗之创始人——信摩诃蒂拉温达，《修行》《佛陀本事》《法护》等都是其著名代表作品。因在比釉诗歌方面的造诣，他还被冠以缅甸诗圣之美誉。比釉诗的另一创作者信摩诃拉塔达拉创作的作品主要有：《甘毗达拉》《丹拉瓦》《九章》等。他还是四律长诗林加基的创始人，代表作为《布利达》。经历了阿瓦兴衰的诗人信埃加达玛底在这一时期也创作了《黄金富国》《射箭》《盟誓》三篇比釉诗。

四言山水诗"多拉"创始人——信乌达玛觉，他是缅甸历史上最长寿的诗人。流传至今的主要有9部作品，多描述自然景色，偶有描写山野村民们的劳动场面。

散文长篇巨著出现

小说、历史著作、辞书、法典、游记等文学作品都算作缅甸古代散文。分裂时期的散文发展主要表现为历史散文和纪事散文都出现了长篇巨著，第一部小说也产生于这一时期。

1511年，阿瓦王朝信摩诃蒂拉温达创作了缅甸文学史上第一部小说《天堂之路》，他创作的第一部历史著作《名史》，更是缅甸历史学的开山之作。诗人在《天堂之路》中，主要以巴利文经典中8位僧俗圣人的故事为蓝本，以传播佛教思想为目的，描述了渡苦海抵达彼岸的天堂之路。《名史》内容共分三个部分，第一、二部分主要叙述印度和锡兰的佛教史，第三部分讲到蒲甘时期和阿瓦时期的国王，篇幅约占全书的七分之一。

书柬体"密达萨"产生于阿瓦时期，在阿瓦时期主要用于高僧依据佛法向帝王进谏或提出希望、请求等。

七、纷争中的对外交往

与元朝的官方交往加强

由于中缅两国山川阻隔，两国关系虽始于汉代，但交往一直受到种种限制，仅有少数几次使团交往。直到13世纪中国元朝兴起，派大军征战缅甸，客观上促使中缅交往进入一个新的时期，政治、经济、文化交往极为密切，前所未有。由于缅甸对中国元朝的臣服，元缅使节往来频繁，加

· 65 ·

强了双方官方联系。据统计，分裂时期，元朝约6次派使节到缅，缅甸也至少13次遣使至元访问。

缅甸与元朝共发生过三次战争：1277年的牙嵩羌之战，1283年至1287年元缅战争和1300年的元缅战争。其中，1300年的元缅战争发生于缅甸分裂动乱时期。这次战争主要由于蒲甘末代国王乔苴被掸族兄弟软禁，乔苴王之子向元朝求援，元朝援军便于1300年，包围木连城，但并未成功。元军难耐炎热天气，被掸族兄弟用重金贿赂后，元军撤退，但缅甸对元朝的朝贡关系依然存续。

元军撤退回国后，对缅北地区仍然有直接影响，并于1330年在今缅甸腊戌、孟密等地区设立木邦宣慰司。元朝还在一些地区实行不同的土司制度。这些措施无疑有利于元朝加强其在这些地区的政治统治。

元缅之间发生的多次战争并未打断双方的贸易往来。大理国被灭后，元朝开始在云南各地设驿站，加强了云南与缅甸的联系，后将驿站建设延伸至缅北。这一时期元缅之间的贸易主要通过陆路和水路完成，其中陆路主要归功于自大理，经永昌、龙陵、芒施、勐卯至缅甸或经永昌、龙陵、腾冲至缅甸的驿路的建设。在元代，中缅之间的海上贸易兴盛。据汪大渊《岛夷志略》记载，当时的中国人用丝绸、瓷器、乐器、金银、铜铁等与缅甸交换象牙、胡椒、丁香、豆蔻、稻米等。汪大渊在书中还特别提到，在勃固"每个银钱重二钱八分，准中统钞（元朝的货币）一十两"。可见当时元朝与缅甸的海上贸易之密切和兴盛。

贸易的发展，使两国间文化技术交流也得以发展，中国的玉石开采技术在这一时期传入了缅甸。据英国人史谷特爵士的《缅甸玉石开采》记述，缅北玉石最初于13世纪初由云南一小贩发现，后来很多云南人赴缅开采玉石，将玉石开采技术带到了缅甸。此外，汪大渊在《岛夷志略》中描述"故贩其地者，十去九不还"，这反映出，长期的商贸往来，一些华人商贩已开始定居缅甸，成为中缅两国间文化交流的媒介。

第三章 缅甸的"战国时代"（1287—1531 年）

明朝劝和息争的对缅政策

明朝劝和息争的对缅政策。明朝鉴于缅甸国内纷争内乱的局势，对缅实行重建分势，劝和息争政策。明朝君臣通过在边境和域外建立众多宣慰司的方法，使其互相制衡，避免一家独大，威胁到地区安定，一旦它们之间发生矛盾冲突，明朝中央还会扮演仲裁者的角色。处于分裂状态的缅甸各个割据政权也都愿意借助明朝的权威在争夺中取得主动。"重建"的政策符合当时的局势，因此，无论是缅甸的割据政权还是云南的边境土司，都服从明朝中央的权威，明朝对缅实行"重建分势，劝和息争"的政策效果显著。

明朝与阿瓦建立良好关系。当中国元明王朝更替之时，缅甸有北部的阿瓦王朝、南部的勃固王朝以及缅北中缅边境地区的各大土司。1382 年（明洪武十五年），明军队攻破云南，与阿瓦王朝密切联系。1393 年，阿瓦王朝派大臣板南速剌远赴明都应天府（今南京）朝贡，与明王朝建立起了正式的政治关系。1394 年，阿瓦再次遣使到访中国。1396 年，明太祖还派人协助调解了麓川与缅甸之间的争端，明缅关系得以加强。14 世纪末至 16 世纪初，阿瓦与明朝两朝关系友好，阿瓦向明朝纳贡次数频繁。

明朝谋求与勃固王朝建立关系。与阿瓦王朝友好关系的建立，并未影响明王朝谋求与南部勃固王朝建立关系的愿望。两朝的关系主要体现在使臣互访，即 1405 年，明朝派出的孟景贤、周让到访勃固，两朝使节往来正式开始；1406 年，勃固国王遣使回访明朝。同年，明朝在下缅甸设置 2 个宣慰使司和 5 个长官司。

土司制度进一步发展。分裂时期，缅甸境内出现了多股力量弱小的地方势力，这些地方势力之间时有战事。为求得明朝支持，这些地方势力纷纷向明朝纳贡称臣。所以，这一时期，明朝在缅甸设置了土司，授予"土司"封号。明朝设置的土司主要有：孟养军民宣慰使司、木邦军民宣慰使司、缅甸军民宣慰使司、茶山长官司、里麻长官司、孟密长官司、梦艮衔

· 67 ·

夷府、底兀剌宣慰司、大古剌军民宣慰使团、底马撒军民宣慰使司。大部分土司地区在16世纪中叶之前，与明朝都保持着极为密切的关系。

明朝首次在首都设立缅甸邸。为适应两国政治经济关系发展需要和进一步加强明缅友好关系，明朝首次在首都设立了缅甸邸，专门接待缅甸来使，并设立了培养"通事"的专门机构，"通事"兼有礼宾、翻译之职能。1407年设置"四夷馆"，也是最早的官方外语学校。"缅甸馆"是"四夷馆"中的一馆，主要培养缅汉互译的"通事"。我国最早的缅华词典——《华夷译语》也编撰于这一时期。大批缅汉人才的培养不仅促进了两国友好关系的发展，同时也使两国文化交往继续发展。缅甸的南传佛教可能也在这一时期传入云南境内的德宏和西双版纳。中国人的饮茶之风，则通过云南保山、德宏地区传入缅甸。

泰国乘缅内乱侵略缅甸

缅甸南北分裂时期，泰国北部有兰那王国，据当地纪年记载，兰那建立于公元8世纪，13世纪末，建都清迈后，国力不断强盛，至1338年，已称雄泰国北部。1238年，坤邦克郎刀乘吴哥王朝衰落之机会，宣告独立，定都素可泰，并以素可泰为国号建立了素可泰王国。至1350年，泰国南方兴起一国即阿瑜陀耶。由此可见，在缅甸蒲甘王朝衰落之时，泰国北有兰那、中有素可泰、南有阿瑜陀耶。

据传，素可泰王拉玛甘亨（1278—1318年在位）在位期间，孟人伐丽流逃亡素可泰，并成为拉玛甘亨的卫队长，后与国王之女私奔，回到下缅甸，并在马都八建立了孟人王国。拉玛甘亨是一位有雄才大略的国王，他在位期间，王国版图不断扩大。据称，在他统治时期，素可泰的版图大张。据1292年一块碑铭所记，13世纪末，素可泰的势力范围，北达老挝琅勃拉邦，南抵马来半岛北部，西及缅甸东南，土瓦、白古（勃固）、马都八都向他称臣。这也反映出当时的缅甸确实与泰国有往来。素可泰王国因其特殊的地理位置和国王拉玛甘亨重视吸收优秀外国文化，与下缅甸保持密切联系，通过下缅甸既与佛教兴盛的锡兰往来，引入佛教，又接受传入缅甸的印度法律系统和佛教思想。兰那国王的师傅曾到访过蒲甘，他的弟子也曾到蒲甘习佛。

阿瑜陀耶王朝曾夺取马都八以南大部分地区，并迫使勃固王频耶宇放弃马都八，向西撤退，都城也被迫迁往洞温；兰那也曾入侵缅甸南部孟人王国，军队直攻直通地区。这些战争也是有史记载的缅泰之间发生的较早的战争。

与锡兰和欧洲的交往

缅甸与锡兰的往来重在宗教往来。1429年，锡兰两位高僧信哈罗玛哈萨弥和室利萨达玛穆迦罗带着五颗佛舍利子到缅甸弘法，在勃固受冷遇后，来到了阿瓦，阿瓦国王为他们修建了两座寺院。这一时期南部的孟人王国佛教盛极一时。据《琉璃宫史》记载，勃固频耶宇（1353—1385年在位）曾去锡兰学习佛法。1353年，马都八的孟族僧侣也去锡兰求法，回国后致力于复兴下缅甸的南传佛教。到1369年，频耶宇将都城迁至勃固后，勃固成为下缅甸的佛教中心。1475年，勃固国王达摩悉提派44名僧伽前往锡兰大寺受比丘戒，这些僧伽回国后，成为达摩悉提推行宗教改革的得力助手，也是达摩悉提宗教改革的主要人力资源。

这一时期的欧洲，对调味品、香料、丝绸和宝石等迫切需要。所以，一些西方人曾抵达过缅甸。如：威尼斯旅行家兼商人尼可罗·迪·康蒂在南北交战时期游历了缅甸的阿瓦、阿拉干和勃固。1496年，热那亚商人希罗诺摩·迪·桑托·斯特凡诺到了勃固，并与当时的勃固国王交换货物。1503年，波伦亚商人罗达维柯·迪·瓦西马游历了勃固。1511年，葡萄牙人占领了马六甲。1519年，葡萄牙人在马都八设立了商站。

武林称雄：东吁王朝的争霸斗争（1531—1752年）

蒲甘王朝衰落灭亡后，缅甸战国时期的勃固和阿瓦之间长达四十年的拉锯战，加之受外国势力的进攻、国王的再三更迭等因素的影响，两国国力不断被削弱，最终阿瓦和勃固王国都被东吁所灭。1551年，莽应龙继位，征服了各掸邦，最终完成了缅甸的第二次统一，为发展政治、经济和文化采取了卓有成效的措施，国力日盛。但莽应龙死后，莽应里继位，东吁王朝开始分崩离析，好在莽应龙的幼子良渊王占领了以阿瓦为中心的"粮仓"，保住上缅甸的致命资源，开始转弱为强，史称良渊时期。良渊王的继任者阿那毕隆又光复了下缅甸的所有失地，从而再次完成了缅甸的统一。东吁王朝成为缅甸第二个统一的封建王朝。他隆的一系列改革使这一时期的社会经济也有所发展，宗教兴旺，国家强盛，百姓安乐，文学创作也得到了复苏。东吁王朝的对外关系主要是与明朝的战争以及清缅建交，同时征战泰国，西方殖民者对缅甸已经蠢蠢欲动了。

第四章 武林称雄：东吁王朝的争霸斗争（1531—1752 年）

一、东吁王朝的跌宕起伏

统一条件日臻成熟

东吁建于 1280 年，位于锡唐河流域中部，蒲甘王朝时期属于蒲甘王朝的属地。蒲甘王朝灭亡后，曾一度被认为是一个土地贫瘠、自然资源匮乏、交通不便、易受攻击的小王国，分裂时期，东吁成为阿瓦王国的属地。

蒙古人攻打蒲甘时，为躲避战争，就有一部分缅甸人躲到了东吁。掸族三兄弟专权时期，更多的缅甸人举家迁往东吁避难，并使这一地区逐渐成为缅族人的聚居区，东吁人口数量不断增加。东吁统治者对移居缅人的友好相待，也造就了一批在军事、政治等方面才能卓越的人物，为东吁的强大奠定了一定人力基础。

阿瓦与勃固四十年战争时，由于战争主要是阿瓦进攻勃固，战场主要在下缅甸伊洛瓦底江流域，作为阿瓦属国的东吁较少受到这场战争的摧残。东吁所在的锡唐河流域，与北方彬文那、任尾申等五个水源控制县相毗连。16 世纪初，随着东吁国力的不断增强，阿瓦国力已处于衰落阶段，并不断遭到掸邦各地封建势力的攻击，阿瓦统治者也不得不对日趋强大的东吁另眼相看。阿瓦国王瑞难乔信以女嫁东吁明吉瑜为妻，并将粮仓叫栖作为嫁妆送与东吁王。这样，东吁拥有了被称为上缅甸经济枢纽的叫栖粮仓，经济实力倍增，为东吁后来问鼎统一提供了物质条件。

1527 年，掸人占领阿瓦后，思洪发登位为王，他所采取的迫害人民和佛教的政策，使缅族大批贵族官僚、文人墨客、高僧法师、平民百姓携眷逃奔东吁，使东吁力量更加强盛。

总之，不断增加的人口，叫栖粮仓的拥有，阿瓦国力的衰落，阿拉干的偏安一隅，下缅甸的繁荣、无统一缅甸的雄心等使东吁的统一条件日臻成熟。

莽应龙成就第二次大一统

1486 年，东吁摆脱阿瓦统治，明吉瑜自立为王。1531 年，明吉瑜之子莽瑞体继位为王，建立东吁王朝，与莽应龙一起开始了一场再次统一缅甸的战争。此时的缅甸，北有四分五裂的掸族分裂势力，中有阿瓦，南有勃固，西有阿拉干等。莽瑞体审时度势，决定先攻打经济繁荣但无意统一缅甸的勃固王国。1536 年，莽瑞体率军南下，战争历时 3 年多，于 1539 年最终攻占了勃固。为稳定统治，莽瑞体采取团结孟族的政策，对孟族上层人物予以优待。1541 年和 1542 年攻陷马都八和卑谬之后，莽瑞体将东吁王朝新都迁往勃固，加冕典礼采用孟族仪式举行，保留孟族的风俗习惯，并以孟族国王自称。

1544 年，企图夺回卑谬的阿瓦国王与锡箔、蛮暮、孟养、孟密等土司联合，但依旧被东吁军队击败。1546 年，莽瑞体攻打阿拉干，由于此时的阿拉干在明平王统治之下，处于全盛时期，对莽瑞体的攻打，阿拉干坚决抵抗，使得莽瑞体久久无法攻克阿拉干首都末罗汉。此时，暹罗阿瑜陀耶王朝乘虚攻打下缅甸，迫使莽瑞体不得不班师回朝。1548 年，莽瑞体率军出征暹罗，直抵阿瑜陀耶城下，因久攻不下，退回了勃固。但从 1549 年起，莽瑞体开始放松朝政，整日以饮酒为乐，生活变得腐化。沙廉、大光一些孟族王室人员趁机反叛。1551 年，莽瑞体被一名孟族士兵袭杀后，东吁、卑谬等地的封建主各自拥兵称王，统一的缅甸又一次陷于分裂。

莽瑞体死后，大将莽应龙（莽瑞体之妹夫）力挽狂澜，首先在葡萄牙雇佣兵首领的帮助下，攻克东吁，接着于 1552 年、1554 年先后收复卑谬和勃固。1555 年，率军北伐，很快攻占了阿瓦。随着阿瓦王朝的灭亡，北起瑞冒，南至毛淡棉的伊洛瓦底江流域，东起锡唐河流域，西至阿拉干广大地区都置于东吁王朝之下。1562年，莽应龙实现了自蒲甘之后缅甸的再次统一，即第二次大一统。

莽应龙在位期间，分别于1565年、1568年向暹罗发动了战争。第一次战争俘虏暹罗国王回缅，并立暹罗太子为傀儡国王。第二次战争使暹罗成为缅甸的属国。莽应龙统治时期的东吁王朝，势力东达老挝一部分和泰国大部分，西至曼尼坡，是殖民统治以前中南半岛最强大的国家，也是缅甸历史上前所未有的大统一，甚至有历史学家称这一时期的东吁王朝为第一东吁帝国。

莽应龙被称为缅甸的"始皇"

莽应里穷兵黩武，王朝再陷分裂

东吁王朝在16世纪60年代盛极一时，但很快陷入了短暂的分裂，主要归因于：第一，这一帝国主要凭借战争和军事征服得以建立，被征服地区并非真正臣服，曼尼坡、暹罗、老挝、缅北掸族首领等时有反抗。第二，所辖版图没有统一的经济基础，统治举步维艰。版图所辖之地既包括原本作为独立国家存在的曼尼坡、暹罗、老挝，也包括缅甸版图内的边远地区、缅北原掸族等统治地区，控制地域之广，使原本就没有统治独立国家经验的东吁王朝没能制定有效的统治制度。地理环境、交通落后等因素的限制，使东吁王朝的统治难上加难。另外，东吁王朝建都勃固，经济重心在下缅甸，当时的下缅甸虽看似经济贸易皆比上缅甸发达，但重要性依旧不如上缅甸，仅靠下缅甸经济发展也不足以为这个军事帝国提供强有力的后方支持。第三，阶级矛盾尖锐。战争致使大批强壮劳动力参军，土地大片荒芜，生产发展滞后，饥荒遍野，人民流离失所，阶级矛盾日趋尖锐。由此可见，莽应龙统治下的东吁王朝，看似强大，甚至一度成为中南半岛强大帝国，但其内部实则存在上述诸多不可克服的矛盾，这也是东吁王朝无法长存的原因。

1581年，莽应龙死，莽应里继位后，东吁王朝已经面临分崩离析的严峻形势。他的穷兵黩武，横征暴敛，使东吁王朝民不聊生，苦不堪言，最终加速了东吁王朝的崩溃。

莽应里继位为王后，国内一些大封建主视自己的封地为独立王国，拒绝向中央纳贡和提供军队。莽应里之叔阿瓦侯则发动反叛，公开争夺王位。莽应里亲征阿瓦，阿瓦侯被镇压后，过分好战、穷兵黩武的莽应里于1584年至1595年，多次攻打暹罗，均以失败告终。在莽应龙统治时期，就已经饱尝战争之苦的百姓，早就渴望休养生息。莽应里的好战使百姓更加更苦不堪言，为躲避兵役，许多人躲入寺庙，削发为僧。孟族不堪压迫，则纷纷逃亡暹罗。因人口减少、下缅甸经济受到极大破坏等因素，莽应里的统治日趋衰落。阿瑜陀耶国王帕纳莱在恢复独立后，借毛淡棉孟人投靠之机，出兵南下，攻陷了丹那沙林、毛淡棉、马都八等地区。

1599年，东吁侯为夺取王位，再次发动反叛，并联合阿拉干，从水陆两路攻陷了勃固，擒获莽应里，后被东吁侯所杀，统一的缅甸再次陷入四分五裂。这一次的分裂混乱局面主要发生在下缅甸，上缅甸并未受到大的影响，基本处于和平状态。这也使得东吁王朝能够迅速得以复兴。

良渊时期短暂分裂后再重新统一

1600年，莽应里之子良渊侯在阿瓦称王登位，向北进攻包括蛮莫、孟拱、孟养在内的广大地区，经过五年征战，收复上缅甸广大地区。一方面使良渊后方得以巩固，另一方面也获得了大量的人力和物力。

1605年，良渊王在征战返途中逝世后，其子阿那毕隆（1605—1628

在位）继位。继位时的阿那比隆，已是缅甸半壁江山的统治者，其力量远远超过四分五裂的卑谬、东吁以及被阿瑜陀耶控制的丹那沙林地区等。1608年，他开始征战南方，并先后攻占了卑谬、东吁、勃固等地。1612年，收复被葡萄牙殖民者占领的沙廉。面对阿那毕隆王强大的军事威力和感召力，马都八自愿归降，至此，自1600年以来的短期分裂局面宣告结束，实现了除丹那沙林和阿拉干之外的整个缅甸的统一，也是缅甸历史上的第三次统一，史称"良渊时期"。1615年，缅军又占领了清迈。

他隆改革使东吁王朝更为繁荣

1628年，阿那毕隆之子弥利提波乘阿那毕隆病重弑父，后被阿那毕隆之弟他隆以弑父之罪处死。他隆于1629年登位为王，1633年举行了正式加冕仪式，1634年迁都阿瓦。

他隆在位期间，从经济、政治等方面进行了一系列改革，稳定了东吁王朝的统治，他在位时期的东吁王朝出现了一时的繁荣景象。他隆王一是吸取第一东吁帝国灭亡的教训，继位后将首都迁往上缅甸干燥地区，将缅甸的政治中心再次转移到上缅甸。二是重视发展农业生产，多次下令兴修水利，扩大耕地面积。三是任人唯贤，严禁贪污和滥征赋税，减轻人民负担。四是整顿和加强阿赫木旦组织，对其人口进行重新登记。此外，还采取鼓励生育、调查统计人口、加强中央集权等措施以稳固统治和发展经济。他隆王的改革，既加强了中央集权，也减轻了人民税负，有利于社会经济发展，使东吁出现了繁荣局面。

1648年他隆死后，统治阶级内部阶级矛盾尖锐，频繁政变。封建主自立、少数民族反抗。国外势力清迈、曼尼坡纷纷争取独立，荷、英、法殖民者相继入侵。内乱外患中的东吁王朝，最终于1752年4月被孟族军队所灭。

二、东吁王朝政治经济文化发展

中央集权统治加强

东吁王朝将缅甸划分为三个区域,各个区域因地制宜,采取不同的统治模式。这三个区域是:有系统水利灌溉和发达农业的阿瓦干燥地区和中心地区之外的经济较为发达的地区,如锡唐河流域、伊洛瓦底江三角洲等;少数民族聚居的掸邦、克钦等山区。国王通过直接控制、委派官员分别对第一、二部分地区进行统治。少数民族聚居的山区的头人、土司则通过向东吁王朝进贡、提供兵源等方式,与王朝保持臣属关系。

以鲁道为中心、多职能部门各司其职的中央机构形成。这一时期的鲁道兼行司法、行政等职能,下属机构主要有两个,一个通过谬温行使权利处理地方性事务,另一个则负责部门事务。在鲁道任职的官员没有明确的职责分工,鲁道之下也未设置专门机构负责处理全国的行政、军事和财政。东吁王朝时期以鲁道为中心的中央行政机构虽然还不够完善,但其下所设置的管理各种服役组织的官员,也刚好有效地管理了这一时期的阿赫木旦组织和阿台组织,适应了这一时期的统治阶级的需要。

为王室服役的阿赫木旦组织是东吁王朝加强王权的另一项措施。阿赫木旦之意思为"服役的人"。这些组织大多是兵农合一的组织。在东吁王朝初期,首都勃固周围200公里的范围内,阿赫木旦仅3926户,占当地总人口18601户的21%。阿那毕隆王开始,核心地区人力大大加强。他隆时期,阿赫木旦组织已经有百余种。到他隆王以后,阿赫木旦至少占当地人口的40%,他们成为王室主要的人力资源和军事力量。

东吁王朝为加强王权还限制谬温的权力。谬温通常由王妃儿子担任,但谬温对封邑的取得和保持,都由国王决定。行政单位"谬"得以推广。

分裂时期开始出现的"谬",在东吁王朝时期已经在全国大部分地区得以推行。依据大小不同,谬所涵盖的范围从10多个到100多个自然村。谬由世袭谬都纪管理,谬都纪任职由中央行政机构鲁道批准。

东吁王朝的等级制度更加严格。东吁王朝时期,国王仍然拥有至高无上的权力,各地封建主的权力和地位由国王规定。为了维护统治,东吁王朝建立更加严格的等级制度,不仅对封建主服饰、住房等予以严格规定,还对阿赫木旦、阿台和奴隶的身份和等级做出了明确规定。

经济间歇性发展

莽应龙时期经济缓慢发展。莽瑞体、莽应龙两位国王虽完成了统一缅甸的大业,但统一后的东吁王朝由于与暹罗经常发生战争,人民深受战乱之苦,并未出现长治久安的局面。莽瑞体在位时,由于莽应龙从被攻占之地带回很多熟练技艺的工匠,东吁王朝手工业得到了一定发展。被攻占之地大量劳动力的流失,影响了当地生产发展,人民生活更加苦难。

到莽应龙执政时期,他重视生产,集中人力开发伊洛瓦底江三角洲地区,鼓励稻谷种植;手工业进一步发展,纺织、玻璃等制造业达到了一定水平。他还组织开通水路交通线以改善国内交通,加强与欧亚国家的商业贸易往来,促进东吁贸易发展,勃生、沙廉、马都八、勃固的商业都很发达。统一的度量衡单位也在莽应龙执政时期出现,两、尺、筐等重量单位、长度单位和容量单位开始出现。莽应龙执政时期,私田增加是土地占有方面的一个显著特点,封建主利用劳役地租和实物地租剥削农民。

莽应里时期经济遭到破坏。莽应里执政后,靠战争统一的东吁王朝因为战争,大量劳动力被迫服兵役,土地荒芜,生产滞后,到处饥荒,人民背井离乡、流离失所,阶级矛盾逐渐尖锐。加之莽应里的好战本性和穷兵黩武的政策,民众苦不堪言,为逃兵役,很多人遁入寺庙;被压迫的孟族也纷纷逃亡。由此以来,首都周围人口骤减,极大破坏了下缅甸的经济。

他隆改革使经济稳定发展。他隆登位为王后，进行了一系列改革，完整的封建土地制度——封建土地国有制得以确立和巩固，土地大致分为四种类型：王田、国王分给阿赫木旦和封建领主的国有土地、村社土地和寺院土地。王田由国王的农奴拉迈负责耕种。他隆时期，阿赫木旦的授田面积、承担的税赋和徭役义务等都有全面的调查统计。村社土地则是广大阿台所耕种的土地，由于阿台只拥有土地的使用权，并无所有权，所以，村社土地实际也是国王的土地。

寺院经济受控于王权。蒲甘时期，寺院经济无限发展，分离时期寺院经济受到削弱，到了东吁王朝，缅甸重新实现大统一后，寺院经济受控于封建国家。所以，这一时期国王给予寺院的土地，其实是以国王为首的统治阶级维护和巩固自己的统治地位的需要。宗教在历史上的重要地位决定了这一时期的统治者也希望用佛教来维护其统治地位，故国王一般会采取措施，从各方面保护寺院的利益，从而巩固自己的统治地位。不过，东吁王朝时期的寺院土地由于完全受控于封建国家，所以，与之相关的寺院经济也已经失去了蒲甘时期寺院经济的那种独立地位，寺院土地也已经是封建国有土地制度的一个特殊部分。

东吁经济的活跃区。东吁经济的活跃区主要在缅北的掸邦、克钦邦的部分地区和南部沿海。这些地区因远离王朝的直接控制和较发达的对外交往，促进了这里的经济发展。早在16世纪中叶以前，掸邦、克钦邦的一些地区由于长期受控于中国，客观上促使这些地区与中国云南地区的经济交往密切。分裂时期的南部沿海与马来半岛、印度等也已经有广泛的贸易往来。东吁时期对外贸易的进一步发展，促使南北两端经济呈现一片繁荣活跃的景象。

北方经济最繁荣时期，向中国云南大量输出棉花、木棉、珠宝、宝石等商品，中国的铜器、铁器、丝绸等也大量销往缅甸北部。随着北方贸易的发展，荷兰人也开始涉足缅甸八莫，并在八莫设立商站。荷兰东印度公司通过"中间商"形式转卖从阿瓦收购的棉花给中国人，赚取丰厚利润。

南部地区勃固、勃生、马都八、沙廉等地的贸易十分兴旺。东吁时期，从这些港口向国外输出金、银、宝石、钻石、大米等，从中国、孟加拉等输入布匹等。下缅甸与孟加拉和科罗曼德尔沿海的贸易，在1679年至1740年间，增加了三四倍。至他隆迁都上缅甸干燥地区阿瓦，依旧重视南部活跃的对外贸易，比如，给予荷兰东印度公司以经商便利。

南传佛教广泛传播

东吁王朝广阔的国土，使南传佛教在更广泛的范围得以传播。笃信佛教的莽应龙王在位期间，不仅在国内广建寺院佛塔，供养众多僧众，还鼓励研习，严禁杀生，同时还与佛国锡兰加强联系。

良渊王和阿那毕隆共同完成阿瓦摩诃尼佛塔的建设。阿那毕隆时期还编撰成《阿毗达摩颂》《律庄严疏》等佛教著作。他隆王虽然对佛教采取了利用与限制并举的政策，但这一时期佛教还是得到了一定程度的发展，缅文版佛教经典著作《界论》《双论》就由他隆王的国师翻译而成。

世俗文学长足发展

作为缅甸古代文学发展的重要阶段，东吁王朝时期的文学突出特点有：世俗文学长足发展、形式多样；散文除了历史著作之外，还出现了一批有关政事的书籍；诗歌相当发达，诗体形式多种多样；涌现出一批颇有成就的诗人和作家。

散文方面，出现了著名的《亚扎底律斗争史》和《大史》。其中，《亚扎底律斗争史》《汉达瓦底白象王斗争史》《良渊王斗争史》《阿朗帕耶斗争史》《定尼亚瓦底斗争史》一起构成了缅甸著名的五大斗争史。《大史》由吴卡拉所著，全书共3卷21编，是东吁时期缅甸史学上的重要著作，也是缅甸的第一部编年史和典型的散文作品。东吁时期还出现了一些有关政事的书籍，如若开学者摩诃彬尼亚觉写的奏章、阿那毕隆王和他隆王的圣令等。在小说方面，这一时期出现了以佛经故事为基础进行再创作的小说，著名的作品有《翠耳坠》，由瓦耶比顶加那他大法师于1618年根据第537号佛本生故事所创作，还有当辟拉大法师1619年创作的《兴旺》和信达丹玛林加耶依据《法句经》创作的《宝雨》等。

法律著作方面，莽应龙时期组织官吏以《伐丽流法典》为基础编撰了《达摩他侨》和《拘僧殊》两部法典，还将自己审理判决的案卷进行汇编，形成《罕礁瓦底白象王判卷》，官吏以此作为审理案件的范例。他隆时期编撰而成《摩奴婆罗瑞密固》。

诗歌方面，东吁时期的诗歌形式多样，涌现出一批著名诗人和优秀作品。这一时期最流行的诗歌形式莫过埃钦和雅都，除此之外还有比釉、达钦、嗳钦、鲁达等诗体。著名诗人主要有：劳加通当木、卑谬纳瓦德基、那信囊、明泽亚仰达梅、巴德塔亚扎、吴昂基、信宁梅等。劳加通当木创作的诗歌类型主要有埃钦、雅都和茂贡，主要作品有：《德彬瑞梯埃钦》、《德彬瑞日世系埃钦》和《德彬瑞梯那道敦》，此外，诗人还创作过多首雅都和一首茂贡诗。诗歌大师卑谬纳瓦德基，在文坛上有"雅都纳瓦德基"和"第一纳瓦德"之美称。纳瓦德意为"完美无缺的诗人"或"完美诗歌创作者"。卑谬纳瓦德基的雅都诗作有三百余首之多，内容广泛，涉及时令、宫廷、征人、祈塔、爱情等。他首创了许多雅都诗，对后来雅都诗的创作产生了深远影响。他还创作过埃钦，如《信漂辛梅埃钦》就是其中在缅甸文坛上享有盛誉的一首。那信囊，不仅是东吁王朝时期杰出的诗人，还名冠缅甸古今文坛。他擅长创作具有浪漫主义色彩的雅都诗，被后人冠以"雅都旗手"。那信囊创作的雅都诗类型主要有：祈塔雅都、时令雅都、征人雅都、誓约雅都、爱情雅都等。

那信囊创作的《出征》，是缅甸古代诗歌中的名著。诗作用诚挚的感情、生动的语言，描写抒发出征时对情人的思恋、怀恋之情。

大自然宫廷文学家明泽亚仰达梅，常年随阿那毕隆国王南征北战，有机会观赏到祖国的锦绣河山，依据亲身经历和感受，创作了许多优美的作品。他写过"达钦"，但擅长雅都。他的山水和时令雅都很有名。

现实主义诗歌创始人巴德塔亚扎，他的作品是继承与创新相结合的产物，后人对他的评价很高，将他的作品冠以"旧时代的新文学"之美誉。在比釉、埃钦、宫廷剧创作方面主要表现为继承前人的优秀创作传统，主要作品有：《杜娑》《红宝石眼神马》《恩情》《意愿》等11首比釉诗，还有5首埃钦、一部宫廷剧和一首神曲。

巴德塔亚扎创作的《红宝石眼神马》是缅甸文学史上的第一部戏剧，还是宫廷剧。巴德塔亚扎的创新主要体现在德耶钦（乐歌）的创作上，他的德耶钦以反映社会生活为主。他创作的德耶钦作品主要有：《农夫》《爬棕榈树人》《船夫》《运货船主》《赶驮人》。读他的诗篇，一方面可以深切体会到诗人对劳动人民生活的了解足够深入，另一方面也充满了诗人对下层劳动人民的无限同情。作为宫廷文人，大胆描写劳动人民生活，在缅甸文学史上也是史无前例的。

女诗人信宁梅擅长创作嗳钦诗，在民众中的声誉极高，被誉为"人民诗人""反战者"等。作者生活在东吁王朝晚期的乱世之秋，她的作品也反映了她所处的时代特征，即：战事纷纭、民不聊生，广大劳动人民渴望国家安宁。她的嗳钦作品主要有：《听说要打仗》《没钱没势的人》。

在艺术上，莽应龙时期将暹罗的音乐、舞蹈、雕刻等引进缅甸，丰富了这一时期的文化，也对缅甸艺术的发展产生了深远影响。

三、东吁王朝的对外交往

旷日持久的明缅战争

东吁王朝统一缅甸后，中缅关系尤其明缅关系受到了较大影响。

东吁王朝迅速统一了各个割据政权，原先已内附的木邦、孟养也被纳入其版图,甚至云南沿边土司,也要向其交纳花马礼。明朝对缅甸采取的"重建分势,劝和息争"的政策失去了意义。

东吁王朝的建立者莽瑞体死后,莽应龙继位并再次统一东吁时期的全缅甸,他凭借东吁强盛的国力不断进行扩张,位于东吁王朝北部的中国云南边境深受其害,也因此引发了明王朝与东吁王朝的疆域纷争。从16世纪中期到17世纪初,发生了10多次战争。

莽应龙1555年攻陷阿瓦后,采取继续向北推进的军事策略,对中国明王朝统治下的云南边境造成直接威胁。同时,明初在云南边境设置的一些宣慰司因政治经济等变化,已经成为独立王国;云南边境的孟养、木邦等土司之间也发生战事。这些都为东吁王朝进攻中国边境提供了可乘之机,莽应龙也想乘机招降陇川、干崖等地土司。但由于明王朝的有效防御措施,莽应龙的招降以失败告终,只得暂时停止向北继续扩张。

1569年,莽应龙将东吁王朝"金莲公主"许配给车里(今西双版纳)宣慰使刀应猛,通过联姻方式进一步密切了与中国云南边境地区傣族势力的关系。护送"金莲公主"一同前往西双版纳的东吁王朝佛教使团,带去了大量的佛经,还在景洪当地建立塔寺,促进了佛教在西双版纳的传播。

明隆庆年间(1567—1572),东吁王朝招降部分云南边境土司后大规模入侵云南。1573年东吁王朝20万缅军入侵中国边境干崖地区,至1575年,东吁王朝已经控制了木邦、陇川、干崖等地。1576年攻孟养失败。1579年,孟养被缅军攻破。

莽应里于1581年继位后,大举入侵中国云南边境,被明朝军队击退。1593年,东吁王朝入侵云南德宏地区时,云南巡抚陈用宾予以反击,曾一度收复蛮莫。莽应里统治陷入危机的1596年至1598年,中缅边境一度趋于平静。

1599年,随着良渊王在北方势力的不断扩大,他又开始北侵,攻打孟养、蛮莫等地。到1606年,孟养、孟密、木邦都已在东吁王朝控制之下。此后,由于明王朝统治陷入危机,中缅战争也基本停止。

这一时期的战争主要是东吁王朝发起进攻,中国明朝予以反击。东吁王朝发起的这场战争时战时停,持续时间达半个多世纪之久。这场战争不仅破坏了云南边境的社会经济发展,也给两国人民带来了深重的灾难。

中国明朝时期封建经济已经达到较高水平,手工业工场的出现,大大提高了生产效率,贸易也随之加速发展。而当时兴起的东吁王朝,一些统治者也采取措施发展经济,重视贸易,东吁经济水平的不断提高,为明缅贸易创造了条件。明缅之间的贸易来往,主要通过陆路和水路实现。这一时期,双方进行贸易的商品主要有:缅甸从中国输入瓷器、丝绸、茶叶、香料等;中国从缅甸主要输入珠宝、宝石等。

进表纳贡,清缅建交

1644年,中国清朝灭明朝取而代之,清朝是中国历史上最后一个封建王朝。1659年,南明最后一位皇帝永历帝朱由榔逃亡缅甸避难,对清缅关系带来了一定程度的影响。永历帝入缅避难后,曾拥护他的农民领袖李定国和白文选多次率军入缅"迎驾"。他们的率军"迎驾",与缅军发生战事,损害了缅甸北部的经济发展,进而引发了一些缅甸官员对永历帝君臣的不满。直到1662年,永历帝被交与吴三桂率领的清军,清缅间才停止了战事。此后的将近100年间,清缅之间虽未建立正式的邦交关系,但两国友好相处,边境地区也相安无事,商旅往来也很频繁。1752年2月,缅甸使团经云南昆明赴京进贡,清高宗乾隆皇帝高兴地接受了缅甸使臣的朝贡,清缅形成正式的邦交关系。但同年,东吁王朝也被灭。

与泰国阿瑜陀耶王朝之战

东吁王朝时期的泰缅关系主要表现为两国连绵不断的战争。16世纪中叶,缅甸的东吁王朝兴起之时,泰国的阿瑜陀耶王朝内政失修,国势大衰。

1548年，东吁王朝与阿瑜陀耶王朝之间的战争拉开了帷幕。这一年，阿瑜陀耶国王趁莽瑞体派军远征阿拉干之际，进攻缅甸南部守卫空虚之地，并占领了土瓦。次年，莽瑞体率军直抵阿瑜陀耶城下。后因缅甸远道而去，没有可以攻破阿瑜陀耶城墙的武器，加之粮草补给困难，缅军只好撤退。

莽应龙统一缅甸后，于1557年攻打清迈，清迈国王宣誓效忠缅王。此后发生的缅暹战争中，缅方一般处于优势，暹罗虽多次出兵反击，但依旧未能改变战争中的被动不利地位。

1563年，莽应龙再次大举进攻阿瑜陀耶，暹王请降，并到缅王帐中议和，议和结果：暹罗每年向缅王进贡30头战象、三千两白银。这次战争使暹罗沦为缅甸附属国，暹王摩诃·查克腊帕特也被带回勃固。暹罗史称这次战争为"白象战争"。

1568年，被带回缅甸的查克腊帕特以进香名义，返回阿瑜陀耶，重新执掌朝政，并杀掉驻阿的缅甸大臣，宣布脱离缅甸。这一举动激怒了莽应龙，莽应龙于1568年11月再次向暹罗发动战争。1569年，查克腊帕特王病死，同年9月，阿瑜陀耶城被缅军攻破。至此，阿瑜陀耶在此后的15年间成了东吁王朝的附属。1583年，趁莽应里调军北上平定王叔争夺王位叛乱之际，暹罗宣布恢复独立。穷兵黩武的莽应里此后于1584年、1586年、1587年、1590年、1592年多次向暹罗发动战争，但多以失败告终。1593年，阿瑜陀耶军队占领土瓦、丹那沙林，并收复清迈。

东吁王朝再次复兴后，向暹罗发动了三次大规模战争，并于1632年夺回清迈，清迈再次成为缅甸附属。他隆在位期间的1634年，缅甸与暹罗关系一度缓和。但清迈是双方争夺的焦点，1663年3月，双方又爆发了争夺清迈的战争。至17世纪末，两国不时爆发战争。到18世纪初，双方关系趋于缓和，直至1744年方才结束。

这一时期的缅暹战争持续了两个世纪，由于莽应龙将被征服地区的工匠人员大量带回缅甸，客观上促进了缅甸经济尤其是勃固地区手工业的发展。缅军占领阿瑜陀耶后，缅甸的一些基础法典也传到了暹罗，对古代暹罗的法律思想和制度也产生了一定的影响。

第四章 武林称雄：东吁王朝的争霸斗争（1531—1752年）

葡萄牙人在缅甸当雇佣兵

葡萄牙作为欧洲海外殖民扩张的先驱，早在15世纪初期，就已经向东方开始了航海探险。15世纪中叶，马六甲成为东南亚海岛地区重要国家，同时也成为当时东南亚最重要的国际贸易中心。16世纪后，马六甲经历了极盛时期后开始走向衰落，葡萄牙殖民者于1511年攻陷了马六甲。由于葡萄牙占领马六甲的主要目的是为了商业和贸易利益，所以在攻占马六甲后，便以此为据点，继续向东南亚海岛及其他地区扩张。

葡萄牙在东南亚大陆地区主要以扮演雇佣兵的形式从事掠夺或军事冒险活动。葡萄牙人于1511年就进入缅甸，1519年，在马都八、沙廉设立商馆。一些葡萄牙人在缅甸也充当了雇佣兵，1539年，莽瑞体统一勃固后，就拥有一支由700多名葡萄牙人组成的雇佣军。由于下缅甸的毛淡棉也雇佣葡萄牙人作为雇佣军，所以，在1541年莽瑞体攻打毛淡棉时，长达7月之久才攻陷。在缅暹两次大规模战争中，双方也都有葡萄牙人参战。

1599年，意图篡位的东吁侯和阿拉干共同进攻勃固，助东吁侯攻打勃固的阿拉干军队中就包括一支由葡萄牙人勃利多率领的雇佣军，勃固被攻陷后，缅甸国内一片混乱。留守沙廉的勃利多趁机和阿拉干军队一起攻下了沙廉，并在沙廉自立为王，前往沙廉征剿的阿拉干部队被击退后，阿拉干只得承认勃利多的独立地位。勃利多野心勃勃，企图将下缅甸变成葡萄牙的殖民王国，为实现他的这个野心，一方面他亲赴果阿，使果阿总督任命其为沙廉总督，另一方面，与马都八侯通过联姻结盟，共同攻打东吁。东吁那信囊被招降后，勃利多所统治的范围更加广阔。他在统治版图内不仅破坏与佛教相关的佛塔、寺庙，还垄断贸易，激起了缅甸人的强烈愤慨。他最终于1612年，阿那比隆攻取沙廉后被抓获后处死。但葡萄牙殖民者并未彻底被赶出缅甸，阿拉干沿海一带仍有葡萄牙海盗的踪影。

荷兰被迫结束在缅商业活动

对荷兰人而言，17世纪可以说是他们的"黄金世纪"。有利的地理位置使荷兰势力在17世纪急剧膨胀和繁荣，加上16世纪末，欧洲局势的改变，诸多因素促使荷兰人向海外进行扩张。

荷兰殖民者在16世纪末就企图进入东南亚夺取葡萄牙殖民者的香料贸易。1602年，合并六个区的商会，组成荷兰东印度公司，该公司可与英国东印度公司抗衡。不断繁荣的荷兰对缅甸和泰国也非常感兴趣，并于1627年，在下缅甸建立商站，1634年开始在勃固、沙廉开展贸易。

帮助阿拉干国王击退活动于沿海一带的葡萄牙海盗后，荷兰人获得了在阿拉干境内自由开展贸易的权力。这一时期的荷兰人主要从事大米贸易和贩奴活动。通过奴隶贸易，荷兰人获得丰厚利润。1665年，荷兰人被迫撤出设立在阿拉干的商馆。1679年，沙廉荷兰商站的关闭，标志着荷兰在缅甸长达一个多世纪的商业活动宣告结束。

英国提出不平等条约草案

比起葡萄牙、西班牙和荷兰，英国向东南亚的殖民要晚一些。重商主义是英国殖民活动的宗旨，而英国东印度公司则成了英国早期殖民活动的主要工具。英国东印度公司在东南亚主要从事香料贸易。

1587年，英国探险者拉尔夫·费奇来到缅甸南部的勃固地区。1617年，来缅甸经商的英国东印度公司代表托马斯·塞缪尔病死，于是，英国东印度公司派亨利·波立斯和约翰·斯坦布里两人赴缅甸处理塞缪尔的遗产。1647年，英国东印度公司在沙廉设立商站，后来还在阿瓦设立货栈。公司还专门购船与缅甸开展贸易。

1652年，第一次英荷战争的爆发，最终使在缅甸处于不利地位的英国在沙廉商馆的贸易陷入停顿状态，后被迫关闭。1679年，荷兰撤出缅甸后，英国公司才再卷土重来。卷土重来的英国人提出了一系列不平等条约的草案，主要内容是：英国商人和商品自由进出缅甸，不受缅甸干涉；英缅贸易进口税5%，出口免税；英国人可以在沙廉、勃固、阿瓦和马都八等地建商馆、住房、货栈；英国人犯法应由英国人的首领处置；缅甸国王若给予其他国家特惠，应同样给予英国。但这些带有强权和殖民色彩的要求遭到了东吁王朝的拒绝。1678年，英国东印度公司首次用武力侵占缅甸领土。直到1740年以后，孟缅之间发生战争，英国商馆也被卷入，最终被孟人军队付之一炬，结束了英国东印度公司在东吁王朝的活动。

法国开始把目光瞄向缅甸

法国的海外殖民活动开始较晚，16世纪下半叶和17世纪初才开始对东方的殖民活动。法国早期的殖民活动与英国类似，中心在重商主义。17—18世纪，法国在暹罗的殖民活动取得较大进展，宗教因素在法国人的殖民活动中起着重要的作用。法国人在17世纪下半叶进入暹罗也是两名传教士开启的，1658年，法国的两名传教士计划前往中国或越南传教，因中途受阻，于1662年停留于阿瑜陀耶。1688年，暹罗发生宫廷政变，法国殖民者被赶出暹罗。

被赶出暹罗的法国人将眼光投向了缅甸，并于1688年在沙廉设立了商站，从而建立起了法国在缅甸的第一个立足点。1729年，获东吁王朝准许，法国东印度公司在沙廉修建了船坞。但法国商馆于1741年孟缅战争中被焚烧。

东吁王朝时期的缅甸，一方面由于不是西方殖民者主要争夺对象，另一方面东吁时期强盛的国力也使西方殖民者未能轻易实现他们在缅甸的殖民梦想。这一时期，西方国家在缅甸的活动依旧是有限的。

第五章 盛极一时：贡榜王朝前期的扩张（1752—1823年）

整个贡榜王朝（Konbaung Dynasty）从1752年开始到1885年结束。贡榜王朝是缅甸最后一个封建王朝，也是最后一个统一的封建王朝。缅王雍籍牙因成就了缅甸历史上的第三次大一统，而与阿奴律陀、莽应龙并称为"缅甸三大帝"。贡榜王朝前期曾经盛极一时，历代君王都采取积极对外扩张的政策，四处征战，使得缅甸成为名噪一时的中南半岛强国。贡榜王朝在与中国清王朝的争斗中，曾经四度击败中方，使得清军不得不四易主帅，成为乾隆"十全武功"中最具争议的一战。贡榜王朝还征暹罗，一度兵临暹罗都城阿瑜陀耶城（大城），致使暹罗亡国。英国、法国殖民者觊觎缅甸，两国先后在沙廉设立商站，开始掠夺缅甸资源，牟取巨额利润。英法为争夺在缅甸的贸易垄断权，一面互相排挤，一面插手缅甸民族纠纷，企图对缅孟两族两面下注，以便渔翁得利。缅甸被西方殖民的噩梦刚刚开始。

第五章 盛极一时：贡榜王朝前期的扩张（1752—1823年）

一、雍籍牙：成就第三次大一统

出生官宦世家

雍籍牙（ALang-Paya）生于1714年，卒于1760年，瑞冒县木梳村人，其先辈为当地头人，父亲是世袭瑞冒长官。雍籍牙生于当地官宦世家，成长于当地上流社会，从小耳濡目染，曾在其叔父大丞相那听闻朝廷的情况。雍籍牙志向高远、文武双全、素有谋略，是一位才华出众的领袖。他成就了缅甸历史上的第三次，也是最后一次大一统，他与阿奴律陀、莽应龙并称为"缅甸三大帝"。后世为纪念他的历史贡献，还建造雍籍牙级（Aung Zeya class）巡逻舰，首舰雍籍牙号在2005年开工，于2008年下水，在2011年成军。

雍籍牙："缅甸第三大帝"

起兵大获全胜

1752年，东吁王朝灭亡，孟族军队占领东吁王朝首都阿瓦，但在占领阿瓦后，就将主力部队撤回南部，以防老根据地受到暹罗阿瑜陀耶王朝军队入侵，因此仅留下来自马都八的孟族将军——达拉班驻守阿瓦，这种战略布防的缺陷使得孟族势力对北方的统治十分薄弱，被攻破的概率大大增加。由于长期战乱，缅甸北部、南部、中部都普遍处于混乱之中，农业生产遭到破坏，而阿瓦西北部从穆河到钦敦江流域一带的广大地区，从蒲甘时期开始开发，到东吁王朝时已得到进一步发展，且在东吁王朝末期的社会动荡中幸免于被破坏，加上无论是在政治地位、经济实力，还是人口数量上都远不如阿瓦重要，因而未被孟族统治者所重视，其重要性往往被忽略，这就给了以雍籍牙为首领的缅族人可乘之机。

雍籍牙以木梳村为基地，招兵买马，聚众练兵，后揭竿而起，迅速向周边村子扩张。据说附近村庄的首领都愿与雍籍牙一道，共同反抗孟族统治，木梳村已成为事实上的穆河—钦敦江流域地区反抗孟族统治的中心之一，他们在村寨周围用椰子树和棕榈树干筑成坚固的木栅栏防御工事，做好战斗准备。

建立贡榜王朝

1752年9月，驻守阿瓦的孟族将军达拉班力劝雍籍牙归顺孟族统治，但遭到雍籍牙的坚决拒绝，达拉班对其进行了两次征讨，都被击退。1752年11月，雍籍牙开始掌握战争的主动权，主动发起进攻，一举突破了孟族军队对木梳地区的围困。雍籍牙胜利的消息传开，使得全缅为之震动，军队士气更是高涨。雍籍牙发布告文，号召所有的缅族人起来反抗孟族、解放国家，得到了广大缅族农奴和地方封建主，甚至溃散了的实际由农奴组成的东吁王朝军队的共鸣，大家纷纷投奔木疏效命，加入雍籍牙队伍，为民族生存而战。1752年底，雍籍牙已经基本控制了穆河和下钦敦江流域的广袤之地。1753年雍籍牙进驻阿瓦城外，大获全胜。

雍籍牙顺理成章地成为缅族的领袖，正式自称"雍籍牙"（缅文是"胜利之王"的意思）。1753年6月，雍籍牙（1753—1760年在位）建王宫于瑞冒，建立起缅甸历史上最后一个封建王朝——雍籍牙王朝，亦称"贡榜王朝"。

第五章 盛极一时：贡榜王朝前期的扩张（1752—1823年）

成就统一大业

雍籍牙于1753年攻占阿瓦后，得到东吁旧臣和各地封建领主的支持，力量迅速壮大，所向披靡，势如破竹。1755年2月，雍籍牙的军队攻占上下缅甸交界处的重镇卑谬，4月又占领南方重镇达贡，为了纪念这一胜利，雍籍牙把达贡改名为仰光，在缅文中，仰（Ran）即敌人，光（goon）即完了，仰光就是敌人完了的意思。1756年7月，雍籍牙挑选92名士兵组成一支突击队，在暴风雨之夜登上沙廉的城墙，打开城门，大军占领了沙廉，布鲁诺等法国军官被处死。1756年12月，雍籍牙的军队包围了南方孟族的最后一个据点白古（今勃固），1757年6月，雍籍牙攻下勃固，基本完成了对下缅甸的统一。为了巩固在南方的统治，雍籍牙夷平了沙廉和勃固这两座古城城墙，把达贡（仰光）作为伊洛瓦底江三角洲地区的行政和军事中心及重要港口。雍籍牙乘势不断北进，迫使掸邦各首领臣服。此时，除阿拉干外，已基本上完成了缅甸的统一。雍籍牙平定了内乱，统一了全国，其统一大业顺应了多年来上下缅甸民族融合的历史大势，具有深远的政治意义。

雍籍牙统治时期，着力复兴缅甸，巩固政权。他不仅推行法治、重视吏治，还招揽流民、释放奴隶、兴修水利、发展农业，下令编撰各种缅文法典，经济发展有明显的起色，中央集权大大增强，缅甸快速地由一个分崩离析、羸弱不堪的国家变成了东南亚的强国。

二、对外扩张：中南半岛强国

从1740年下缅甸反抗东吁王朝的起义爆发，到雍籍牙基本上统一缅甸，历经近20年战争，生产力遭到极大破坏，大批壮丁战死疆场，国内劳动力缺乏，财力耗竭一空。这位以发动起义，通过战争胜利而起家的新兴雍籍牙王朝统治者希望仍由战争的方式，迅速地掠夺财富和人力，壮大王朝的统治根基。因此，贡榜王朝一开始就被引入了一个扩张主义时代，雍籍牙在初步稳定了国内的统治后，就迫不及待地频频发动对外战争，一度称霸中南半岛。

雍籍牙对外扩张

1758年12月，雍籍牙亲率大军进攻曼尼坡（今属印度），次年1月2日，攻占曼尼坡城，1月19日，雍籍牙下令将曼尼坡纳入缅甸版图，立碑铭记。雍籍牙还规定，曼尼坡的任何统治者都必须把他的妹妹或者女儿嫁给缅甸国王，每年向缅王进贡100缅斤黄金，100匹马，500张弓，5000支毒箭，战时出1000名士兵和弓箭手。

1759年，雍籍牙远征暹罗（今属泰国），泰缅战争爆发。1760年4月，雍籍牙兵临暹罗首都——阿瑜陀耶城下，根据泰国历史文献记载，雍籍牙在视察军营时突然被一门大炮炸伤，不久便驾崩，而缅甸史籍记载，雍籍牙是因患痢疾死于军中，年仅46岁。

莽纪觉平定叛乱

雍籍牙死后，贡榜王朝撤回侵略暹罗的大军，由其长子莽纪觉继位，但莽纪觉国王自幼体弱多病，在位仅3年便于1763年病逝，年仅29岁。莽纪觉在位期间，重建实皆作为陪都，并忙于应对国内叛乱和稳固政权。即位之初莽纪觉就果断镇压了驻泰缅军某部将领企图复辟东吁王朝的叛乱，贡榜王朝对缅甸的统治趋于稳固。

第五章　盛极一时：贡榜王朝前期的扩张（1752—1823 年）

孟驳继续扩张之路

莽纪觉之后，由雍籍牙的次子——孟驳（辛骠信王，意为白象之主，1763—1776 年在位）即位。1766 年，孟驳将首都从瑞冒迁至阿瓦，对外继续实行扩张政策，对内扩大生产贸易、整顿赋税、扩大国库收入、整编军队。

1765 年 4 月，孟驳率步兵 4 万，骑兵一千，象兵三百，再征叛乱的曼尼坡，一举攻下曼尼坡城，掳回全城几乎所有居民，包括妇女和儿童。曼尼坡再次纳入缅甸版图。

1766 年，孟驳倾全国之兵，再次入侵暹罗，攻占了阿瑜陀耶城，但这次出兵吸取了雍籍牙此前久攻不下的教训，采取南北两路出击的策略，北路由梯诃波底为主帅，自清迈南下进兵，南路由名将摩诃那罗多为主帅自土瓦—德林达依一线进攻，大肆抢劫金银财宝，把大批居民掳回缅甸。在缅清战争时期，暹罗人民在华裔将领郑信（披耶达信）的领导下，开展反对缅甸侵占的斗争。1767 年 10 月，郑信光复了阿瑜陀耶城，在今曼谷市湄南河西岸地区的吞武王建立泰国历史上第三个王朝——"吞武王王朝"。1770 年，缅军被全部逐出暹罗。

1766 年，正值清朝乾隆统治后期，缅军入侵中国云南南部地区，触发了旷日持久的缅清战争，双方胜负难分，最终于 1769 年在老官屯议和。

孟云迎来黄金时期

1776 年孟驳去世，其子赘角牙即位后致力于宗教和宫廷事务，但庸碌无能，引发了新的不满。1782 年，赘角牙的堂弟孟鲁杀死他，自立为王，但孟鲁在位仅 7 天，就被雍籍牙的第四个儿子——孟云杀死。1782 年孟云顺利即位，他就是缅甸历史上有名的国王——波道帕耶。孟云统治缅甸38年，是贡榜王朝时期在位时间最长的国王。孟云执政时，企图重新征服阿瑜陀耶，但多次征战都遭遇失败。另外，他还将国都迁到附近的阿布拉马拉，兴修水利工程，重视农业发展。他发扬本国古代文化，借鉴吸收外来先进文化，派遣留学生到印度去学习和研究有关医学等各类科学，缅甸文化呈现出繁荣景象。老官屯议和后，中缅两国使节往来逐渐频繁起来。

三、贡榜王朝政治经济文化发展

中央王权更为集中

贡榜王朝时期的缅甸是封建农奴制国家，经济基础是封建的土地国家所有制。缅甸君主专制政体的核心是专制君主，即缅王。缅王是缅甸国家的最高统治者，自称"白象君"，是百姓的生死主宰者，其行政权力和司法权力至高无上，不受任何人限制，国王的意志即是法律，刑罚生死都出自君王的意念。

雍籍牙新王朝建立后，特别吸取东吁王朝衰落的历史教训，重视吏治，他规定每个政府官员每月都要呈交一份报告，鲁道必须向他报告审理案件和官员在审理案件时收受礼物的情况，一切官员都要公正宽厚，秉公办事；即使是国王的亲属，若不能秉公办事，收受贿赂等，也要和其他官员一样接受处罚。

贡榜王朝的中央政府机构十分庞杂，有军事部门、财政部门、公共工程部门、宗教部门、外事与藩属部门、宫廷事务部门。这些部门是缅王进行统治的核心。宫廷是国家的政治中心，缅王的亲信、宠臣、宠妃往往是最有势力的人物，因而他们在国家的政治生活中有着特别重大的影响。缅王任命的官吏,都需在宫廷的专门官吏主持下,庄严宣誓,保证效忠缅王,大小官吏都由缅王随时任命调动和罢免。缅甸封建国家没有固定的王位继承法,有时兄终弟继,有时父逝子继。为了使王权一直掌握在王族手中,雍籍牙王朝实行王室内通婚制,为了使国王的血统纯洁,还规定只有正妃所生之子,才能嗣位。但由于王位继承法缺失,使得争夺王位引发的宫廷争斗层出不穷。

军队体制日臻完善

贡榜王朝时期,缅甸的军队分为舟师和陆军两部分。陆军又分为象军、马军、炮军和步军等兵种,依照缅甸的惯例,军人根据其功绩升阶,步军需要身经十战才能提升到马军,马军需要身经十战才能提到象军,象军需要身经十战才能提升到舟师,舟师身经十战可以赏赐城池,舟师是最重要的兵种,军队体制日臻完善。

溺佛现象日益突出

由于缅甸僧侣的地位极高,有着各种特权,所以,他们在农奴阶级中有着很大的影响,政府甚至把所有王府的命令、条例、法令等抄送给寺庙,以便得到僧侣的帮助而能够顺利实行。当某些地方的农奴拒绝缴纳租税的时候,僧侣往往去说服他们停止反抗斗争。因此,缅甸僧侣在社会中实际上已经成为一种相当大的政治力量。由于对宗教过分尊崇,在缅甸封建国家出现了"溺佛"现象,对封建政治产生了消极影响,君主沉迷于宗教事务而荒疏朝政。

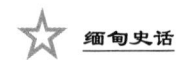

前后期经济差距明显

雍籍牙在瑞冒建立王朝之初，只控制了上缅甸的一些地区，经济上并没有巩固的基础。因此，雍籍牙急于恢复被战争破坏了的经济，特别是恢复叫栖地区的粮仓作用。他下令组织劳动力，恢复和扩建穆河流域和叫栖等地的灌溉工程，禁止宰杀耕牛。在战争中抓获的奴隶，也不做奴隶，而是编入阿赫木旦，分给土地，从事耕作。这样，在雍籍牙统治地区，社会经济得到了很好的恢复和发展。雍籍牙统治时期，国王直接占有土地，由国王分配各种各样的阿赫木旦组织。此外，还有大量赏赐给寺院的土地。国王把土地分给寺院，实际上就是将土地的剥削权交给了寺院，但土地的最终所有权，还是归国王所有。

贡榜王朝后期，采取消极的闭关锁国政策，禁止大米输出，在国内设立重重关卡，征收重税，阻碍了各地经济交流、商品交换和对外贸易发展，封建经济的封闭使得社会发展不够活跃。同时，耗费大量人力财力，对外扩张，连年征战。同时，还大兴土木，广建寺庙，影响了社会经济的良性发展。

雕刻技术开始受西方影响

贡榜王朝时期，国王把全国最优秀的雕刻师任命为御用雕刻师，让他们专门从事宫廷建筑的雕刻，此举大大促进了雕刻艺术的进一步发展。造型更加美观，雕刻更加精细是该时期缅族雕刻艺术的特点。这个时期雕刻有民族特色的"葛诺"花纹图案的建筑物十分普通，并且雕刻艺术开始受到西方的影响，出现了西方雕刻艺术风格的作品。

四、贡榜王朝的对外交往：战争居多

雍籍牙促成了缅甸的第三次大一统后，历代贡榜王朝国王都觊觎中南半岛的霸主之位。缅甸积极吸收西式武器，购进西洋枪炮，实力大增，不仅向东大肆入侵曼尼坡、老挝和泰国，还向北企图控制中缅边境土司，从而与清朝开始了漫长的拉锯战。贡榜王朝时期的对外交往基本上是一部战争交往史和对外扩张史。泰缅战争与清缅战争过后，贡榜王朝的经济和政治水平以及外交实力都空前繁荣，各行各业的发展水平都遥遥领先。从雍籍牙到缅王孟云执政时是贡榜王朝的全盛时期，后因外国殖民主义侵入和国内阶级矛盾激化逐渐走向衰落。

与清朝漫长的拉锯战争

明朝末年开始，云南边境各土司就在中央政府和缅甸之间举棋不定，左右摇摆，表面上隶属于中央，实际上却在缅甸的盘剥和控制之下，需定期向缅甸缴纳赋税"花马礼"。据《清史稿》记载，"土司亦稍致魏遗，谓之花马礼，由来久矣。暨缅人内讧，礼遂废。雍籍牙父子欲复其旧，诸土司弗应，乃遣兵扰其地，而普洱独先有事。"1762年冬（乾隆二十七年），缅甸开始侵扰中国云南普洱地区，清军发起自卫反击，清军无奈四易主帅。

乾隆先是派云贵总督刘藻统兵出战，刘藻本是清乾隆年间颇有影响的大臣，但文官出身的刘藻不谙军事，出师不利，安边无策，普洱几乎陷落，刘藻被乾隆帝革职查办，他因不堪压力自杀身亡。刘藻失败后，乾隆派陕甘总督移任云贵总督的杨应琚率军出战，杨应琚本是乾隆帝器重的封疆大吏，但对缅战争中隐瞒军情，又数次虚报战功，最后被乾隆革职治罪赐死。

刘藻和杨应琚两位官员指挥失败，乾隆皇帝调遣有丰富带兵打仗经验的将军富察·明瑞为云贵总督兼兵部尚书与缅甸开战。明瑞是清朝名将和外戚，其姑姑为乾隆的第一个皇后富察氏——孝贤纯皇后。缅军集结重兵，将明瑞军队重重包围，明瑞血战到最后仍不敌缅军而败退。他身负重伤，无颜面对乾隆，最后自缢。乾隆闻讯后大为震惊，为祭奠明瑞等将领在京设祠堂，亲临奠酒，谥果烈。

乾隆最后不得不派出富察·傅恒第四次与缅军交战，傅恒是乾隆的左膀右臂，也是乾隆的孝贤纯皇后的亲弟弟，深得乾隆信任，乾隆吸取前面的深刻教训，对此战尤其重视，不仅配备良将，还备足了兵马、武器和粮草，准备了一年之久。

1768年，傅恒督师云南，与缅军最后在老官屯形成对峙，双方势均力敌，难分胜负。最后，缅军由于与同时与暹罗作战，腹背受敌，因此缅军主帅摩诃梯诃都罗主动遣使与清廷议和，乾隆认为有台阶可下，同意议和撤军。傅恒班师回京后不久便病逝了，乾隆皇帝亲临其府奠酒，谥文忠。

乾隆三十四年（1769）十一月十六日，缅方13人到清军营地，双方签订了《老官屯和约》，历时七年的清缅战争终于在一纸和约的签订中结束，但对于老官屯和约的内容，双方各自的记载内容有所不同。

缅方古籍中对和约内容记载为：（1）从缅甸逃往云南境内的土司，中方必须全部遣返。（2）战争期间被俘官兵，双方一律释放。（3）重开滇缅贸易，允许两国商贩自由贸易。（4）每隔十年两国君主互相交换使节，两国保持睦邻友好关系。但在中国古籍中对条约内容的记载却大相径庭，中方史料记载为：（1）缅甸遵照古礼进贡；（2）缅甸永不犯天朝边境；（3）缅甸将所有留在阿瓦等处的官兵全行送出。《老官屯和约》的文件原本虽然没能保存下来，但在清缅战争中，中方从未主动求和，如果条约内容有损清朝尊严，那么清廷当时不会议和，加上缅方同时对清朝和暹罗作战，腹背受敌，急于和清朝恢复贸易，多次主动求和，因此，从当时的国际格局和此后发生的史实分析，中方的记载更真实可信。

清缅战争（1762—1769）本质上是中国清王朝和缅甸贡榜王朝两个封建王朝围绕边境地区的领土及资源控制权而发生的一场旷日持久的战争。虽然在清缅战争中，清朝仅取得了缅甸名义上的臣服，战后中缅关系又被重新纳入了东亚朝贡体系，但清缅战争中，缅军凭借着先进的西洋枪炮给了清军沉重打击，清朝损失十分惨重，不仅前后损失了四名封疆大吏，兵将死亡数万人，战争所耗银两更是数以万计，其实并未获得战争的真正胜利，清廷仅得到了所谓的"面子"，而缅甸则是得了真正的"胜利"。

清缅战争也客观上造成了中南半岛上的重大政局变动。由于清缅战争爆发时，缅甸正和它历史上的宿敌——暹罗交战，缅甸刚灭了暹罗就遇上清军进攻，迫于两线作战的缅甸国内空虚，被迫只留下九千兵力驻扎暹罗，其余全军归国抵御清军进攻，暹罗的郑信借此良机，击败了其国内的其他割据势力，击退了缅兵，重建了暹罗。清朝对缅战争，使得缅甸不得不从暹罗战场上分兵，最终导致缅军在暹罗战场的全面失败，挽救了暹罗，从而避免了中南半岛版图上缅甸一家独大的局面，客观上影响了中南半岛的国际格局。

与邻国宿敌暹罗的恩怨情仇

从16世纪中叶起直到19世纪初，泰国与缅甸之间为兼并土地、掠夺劳动力和取得中南半岛主导权而进行长期的战争，双方数次交手，积怨颇深，直到1824年第一次英缅战争爆发，缅英关系替代缅暹关系成为缅甸对外主要矛盾后，缅暹关系才开始有转机。

缅甸雍籍牙王朝趁兴盛之际，不断向外扩张，而此时暹罗阿瑜陀耶王朝在波隆摩罗阁统治下，朝政废弛，防务松懈，正是崛起的雍籍牙王朝的掠夺目标。1760年，雍籍牙借口阿瑜陀耶军队入侵土瓦，掳走缅甸船只，率领步兵、骑兵、象兵和葡萄牙雇佣兵征伐暹罗，缅军一路长驱直入，兵临暹罗首都，包围了阿瑜陀耶城（即大城）。围城数月后雍籍牙因染病（缅甸史料说他是因病而亡，暹罗史料则称他被炮火重伤身亡），缅军被迫回撤，雍籍牙回师途中逝世。1763 年，雍籍牙儿子孟驳登上王位，被称为"白象王"，孟驳继承父业，继续大举兴兵，连年征战，比其父亲野心更大。

孟驳占领清迈后，控制老挝琅勃拉邦，对暹罗采用蚕食和包抄战术，暹罗英勇抵抗但屡战屡败，在切断暹罗首都西面和北面交通后，1766 年初，孟驳动用 58 营步兵、300 艘战船、400 头战象、1000 多骑兵，共 4 万多大军，沿着当年雍籍牙进军路线直捣暹罗首都大城。经过 14 个月的艰难围城，1767 年 4 月，缅军大炮轰开城墙，攻占了弹尽粮绝的大城，暹罗国王被杀，王宫、寺院和民房被焚烧，宫中珍宝被洗劫，文书、档案也被付之一炬，工匠、艺人、平民被掳往缅甸，这座有着辉煌历史的斑驳古都在战争中陨落，暹罗亡国。

在占领大城后，缅甸陷于与清朝和暹罗"两线作战"的困境，孟驳不得不下令缅军一边加紧围攻大城，一边派少数部队与清军周旋。攻占大城后不久，清缅战争的压力迫使缅军主力被紧急调遣回国，仅留下少数军队驻守，为后续暹罗复国创造了良机。暹罗亡国后，泰国全境陷入混乱，农村地区处于权力真空状态，在缅军未占地区还相继出现多个割据政权，有的自立为王。1767 年底，泰军将领郑信率军反攻，带领残兵突出重围，在途中击溃了小股缅军的阻击，一路南下，直攻华商云集的东南海滨城市尖竹汶城。郑信先是统一了东南沿海富饶地区，六个月后展开反攻，一年多后收复首都大城，泰国恢复独立，但此时的京城早已破败不堪，郑信于是将都城迁至湄南河西岸的港口城市吞武里，此后又逐步消灭了多个割据政权，将泰国重归统一，建立了泰国历史上的吞武里王朝。1775 年，吞武里王朝出动 3.5 万人占领了清迈，在缅暹战争中占据主动。吞武里王朝十五年，年年征战。

1782 年，郑信的部将却克里推翻吞武里王朝，建立曼谷王朝，国力强盛，与孟云治下的缅甸国力不相上下，两国为清迈和土瓦进行了多次较量，互有胜负,最终土瓦纳入缅甸实际控制,清迈落入泰国实际控制,但曼谷王朝在战争中还是逐渐占据了优势。随着英缅关系紧张,缅甸已无力再在东线作战,缅暹关系缓和。1807年,曼谷王朝遣使到缅甸,受到缅王孟云接见,同年,孟云遣使回访暹罗。

英国觊觎缅尼格莱斯岛失败

英国对缅甸的殖民活动始于16世纪下半叶,大规模的殖民扩张始于19世纪上半叶。1756年,雍籍牙进攻沙廉时,英国以武器援助缅人,而法国则援助孟人,英法殖民者竭力挑起缅甸内部的民族战争。雍籍牙攻占沙廉后,捕杀了法国代表,俘获法国船只和武器,并把法国人逐出沙廉。雍籍牙从战略上考虑,若获得英国先进的武器炮弹,有助于对孟族的战争取得更快更大的胜利,于是双方于口头许诺,英国享有尼格莱斯岛(即恒枝岛)的通商免税权利,但是订约后,英国殖民者见风使舵、老奸巨猾,尼格莱斯岛上的英国殖民军首领暗中指使"阿考德号"和其他英国船只帮助孟族军队反攻仰光,雍籍牙对此非常愤怒。雍籍牙认为与英国东印度公司的马德拉斯省督打交道,有损自己的威严,也不符合国际交往中的对等原则,因而要求与英王直接通信往来,他交给约翰·戴尔和威廉·安德逊一封给英王的信,但没有收到回信,他对英国人更加不满。1759年,雍籍牙派遣150名士兵、3艘战船,一举捣毁了尼格莱斯岛上的英国商站,把英国殖民者全部逐出了该岛,这就是著名的"尼格莱斯岛事件"。

此后在1795年到1811年之间,英属东印度公司就6次派遣使者到缅甸。西姆施在1795年出使缅甸后提出,缅甸帝国内被称为"勃固"地区对于英属印度的重要性,即取得缅甸的柚木;把英国的产品大量输入缅甸;防止英国之外的国家控制缅甸等三个重要目标。坎宁在1810年出使缅甸后则提出,"英印方面派出一支军队,就足以征服阿拉干,而占领阿拉干将给英国政府提供极好的机会,取得从吉大港到尼格莱斯湾的广阔地区"。

法国支持南方孟人政权失败

18世纪中叶开始,法国和英国在印度的争夺处在白热化阶段,法国殖民者在缅甸与英国的争夺也大体如此。法国东印度公司上书法国当局,主张通过支持和扶持南方孟人政权,建立法国在缅甸的政治优势和殖民统治。孟缅战争爆发之后,法国殖民者向孟人政权提供人员和武器援助,但孟人政权因在孟缅战争中不敌北方雍籍牙政权,而节节败退。1756年7月,雍籍牙军队攻入孟人政权的主要据点和基地沙廉,帮助孟人政权守城的法国军官布鲁诺和一些军官被处死,200余人被编入缅甸军队。法国殖民者在缅甸的活动随着孟人政权的失败而惨败。

1766年,法国殖民当局派海军军官到缅甸,而孟驳为了获得法国的先进武器装备而接见他,并同意法国人在仰光重建船坞,法国殖民者此后在缅甸有一定发展。但18世纪80年代后,法国殖民者对越南的兴趣愈发浓厚,法国殖民者乘越南爆发三阮领导的农民起义之机,积极干预越南内政,后来与越南签订了《越法凡尔赛条约》,法国的注意力基本完全被吸引到越南,此后法国对缅甸的殖民活动慢慢就悄无声息了。

第六章 屈辱历史：英国殖民入侵与贡榜王朝灭亡（1824—1885年）

18世纪中叶，英国取得对印度的控制权后，即觊觎缅甸，多次派人前往缅甸谈判，企图迫使缅甸与其签订不平等条约，并以此为名进行侦察活动，积极为其对缅甸殖民扩张做准备。19世纪初，英国逐步在印度站稳脚跟，为了打通印度与马来半岛英属殖民地的联系，并打开从西南入侵的门户，进一步扩大其对亚洲国家的殖民侵略，便把侵略扩张的矛头指向了缅甸。为了吞并缅甸，1824年3月5日，英国殖民者挑起了第一次针对缅甸的殖民战争，侵占了丹那沙林和阿拉干。缅甸因战败而被迫与英国签订丧权辱国的《杨端波条约》，使缅甸开始沦为英国的殖民地。但是，英国不满足于自己在该条约中所取得的权利，于1852年4月1日，发动了第二次英缅战争，侵占了下缅甸（缅甸南部），勃固沦为缅甸的殖民地，至此缅甸的全部出海口被英国控制，贡榜王朝风雨飘摇。英殖民者仍然不满足于自己在下缅甸的统治利益，于1885年11月13日，挑起了侵吞上缅甸（干燥地区）的第三次英缅战争，曼德勒落入英国统治。1886年1月1日，英属印度殖民政府宣布兼并上缅甸。至此，缅甸最后一个封建王朝贡榜王朝最终覆灭，锡袍王被流放到印度终老一生。1886年3月，又宣布上、下缅甸合并为英属印度的一个省。英国的殖民入侵使得缅甸封建社会进程被迫中断，缅甸社会发展方向发生了巨变。

一、第一次英缅战争：侵占丹那沙林和阿拉干

早在1795年到1811年间，英国东印度公司就曾多次派遣使者到缅甸签约通商，都遭到缅甸朝廷拒绝。英国殖民主义者在诱使缅甸缔约失败后，便伺机寻找借口，加紧了使用武力殖民扩张的进程。英国先是积极支持逃入英属印度的阿拉干人进行反缅活动，再利用他们同缅甸封建统治者的矛盾，在缅印边境制造事端，企图恶化双边关系，为发动侵略战争营造条件和氛围。雍籍牙王朝曾经称雄中南半岛，盛极一时，尤其是缅甸军队在对暹罗、对阿拉干、对曼尼坡等战争中都取得了胜利，因而并没有把英国殖民主义者的实力放在眼里。英缅关系在1820年前后严重恶化。

导火线：刷浦黎岛事件

1823年2月，一支英军占领了位于内夫河口的刷浦黎岛，还竖起了英国的国旗。刷浦黎岛位于在阿拉干和吉大港之间，缅甸和英印当局对该岛的归属有争议。缅甸阿拉干总督要求英军撤离，遭到拒绝的情况下，于9月24日，派1000多名缅甸士兵登陆该岛以驱逐英军，缅军撤走后，英军又重新占领了该岛，缅甸阿拉干总督警告英军必须撤离，但英方不予理会。1824年1月，缅军名将班都拉出任阿拉干总督后，立即派出军队，驱逐英军，再度占领刷浦黎岛。于是英以此为借口，发动了第一次英缅战争。1824年3月5日，英印总督阿姆赫斯特（1823—1828年在任）表示，"为了维护英国政府的权利和荣誉"，英国正式向缅甸宣战。1824年3月到5

月，英军分兵三路大举入侵缅甸。第一路沿布拉马普特拉河入侵阿萨姆；第二路进攻阿拉干；第三路从海上直逼下缅甸。

阿萨姆战线：英军艰难之中攻下朗普尔

1824年3月13日，英军大举进犯阿萨姆，沿途散发《致阿萨姆人宣言》，把入侵阿萨姆说成对阿萨姆人的"援助"，目的是为了"驱逐缅人"，建立一个"符合阿萨姆人需要的、促进各阶级幸福的政府"。1825年1月，缅军在阿萨姆首府——朗普尔与英军展开激战，击毙了许多英军士兵，还打伤了侵略军头子理查兹，英军付出沉重的代价后最终攻下了朗普尔，在阿萨姆战场上取得胜利。

阿拉干战线：班都拉奉命南下使阿拉干失守

1824年5月，缅军在名将班都拉的指挥下，主动出击，渡过内夫河，攻占英印在吉大港地区的重镇拉特纳帕兰，击毙英军上尉诺顿，这使得孟加拉英国殖民当局十分震惊，英印当局急忙调集军队增援吉大港。但因从海路进军的英军，在1824年5月攻占仰光，班都拉不得不回师下缅甸增援，阿拉干战场的军事形势因此发生急转，英军开始从守势转入攻势。1825年3月，英军趁机攻占了阿拉干首府末罗汉，阿拉干全境落入英国控制。由于遭到缅甸军民的顽强抵抗，又因水土不服传染上流行性疾病，英军损失极为惨重，英军总指挥摩利逊染疾，在送往英国的途中身亡。

第六章　屈辱历史：英国殖民入侵与贡榜王朝灭亡（1824—1885年）

伊洛瓦底流域战线：仰光等沿海城镇被占领

　　1824年5月9日，英国海军舰队的66艘军舰、1.1万多名士兵，浩浩荡荡从安达曼群岛开赴缅甸沿海地区，由于南部兵力空虚，英军一路占领了仰光和马都八、土瓦、丹老、勃固等沿海城镇，从南面威胁到了缅甸中心地区，使得缅甸朝野震动不已。缅甸政府紧急从首都阿瓦调集兵力，同时召回在阿拉干的缅军主力和名将班都拉。班都拉率领6万士兵，其中枪兵3.5万、步兵一万、骑兵七百，携带着数百门火炮，冒着季风雨和酷热，翻越海拔2000多米的阿拉干山脉，于1824年11月回到伊洛瓦底江三角洲地区。1824年12月1日，班都拉指挥缅军，向仰光英军发起进攻。此时，英军的援军从印度到达仰光，使得实力大增，而缅军主力持续行军，翻越重重阿拉干山脉，多已经疲惫不堪，加上仓促参战，武器装备落后于敌军，因此，几次进攻瑞大光宝塔附近地区都被英军击退。同年12月底，班都拉不得不带着7000多名士兵，北退到达柳漂。

　　1825年3月，英军又大举北进，准备进攻达柳漂，英国将领科顿在劝降班都拉被拒之后开始进攻达柳漂，但被缅军击退。3月25日，英军将领坎贝尔率领增援部队赶到，4月1日，英军发起大规模进攻，缅甸民族英雄——班都拉不幸战亡，缅军失去总指挥后陷入混乱，英军成功攻陷达柳漂，又一路继续北上，占领重镇卑谬，因雨季来临，英军没有继续北进。

卑谬反击战：英军逼近缅甸都城阿瓦

　　班都拉战死，达柳漂和卑谬沦陷，使得缅甸高层内部十分震动，与英军议和的声音甚嚣尘上。1825年9月，缅王派出代表到卑谬以北的良彬集与英军谈判。英军提出割让阿拉干和丹那沙林，并赔款200万英镑。曾经无比荣光的缅甸封建王朝完全无法接受，自尊心和尊严扫地，于是坚决拒绝了英方提出的条件。

谈判破裂的双方又回到战争状态。1825年10月，缅军6万多人，其中包括约8000名从掸邦征集来的掸族士兵，向集结在卑谬的约6000人的英军发起反攻，曾一度重创英军，击毙英军上校诺克道尔。缅军只是胜在人数，败在武器装备落后，卑谬反击战缅军又以失败告终。卑谬反击战失败后，缅军实力被大为削弱。英军顺势沿伊洛瓦底江而上，长驱直入缅甸心脏。1826年1月，英军又攻下敏巫和仁安羌，2月初攻占缅甸著名古都蒲甘，到达了距缅甸京都阿瓦只有一日之程的杨达波村。缅甸封建王朝意识到英军已经威胁到缅甸王朝存在的根基，这才惊慌失措，于是派代表在杨达波与英方谈判，不得不无条件地接受了对方提出的各项要求。1826年2月24日，缅甸正式与英殖民者签订了不平等条约，史称《杨达波条约》。

战争结果：签订屈辱的《杨达波条约》

《杨达波条约》（Treaty of Yandabo）是缅甸签订的第一个不平等条约，包括11款和1项附款。其主要内容是：缅甸政府放弃对阿萨姆及其邻国的要求，今后不得干预他们的事务；承认曼尼坡原来的统治者的地位；缅甸国王把阿拉干和丹那沙林割让给英国；缅甸政府赔款1000万卢比（约合缅甸上等银22.5万公斤），分四次还清，在缅甸支付250万卢比赔款后，英军撤出卑谬，缅甸再支付250万卢比后，英军从仰光和下缅甸撤出；英国方面可以派出使臣驻缅甸首都，使臣可以拥有一支50人的卫队；英国船只可以自由出入缅甸港口，商船免税。《杨波达条约》的签订，标志着持续两年的第一次英缅战争结束，英国殖民主义者在这次战争中取得了较大胜利，但在缅甸军队顽强抵抗和缅甸人民英勇斗争下也付出了沉重的代价，1.5万多人死于侵缅战争中，军费开销达1300万英镑。

第一次英缅战争是缅甸古代的辉煌与近代的屈辱的分界线，第一次英缅战争使得缅甸版图大大缩小，缅甸国力也因战乱、割地、赔款而大大被削弱，在中南半岛的雄风不复当年。缅甸被迫分隔为英国统治下的殖民地社会和缅王统治下的封建社会，这为后来缅甸错综复杂的民族问题留下了巨大的隐患。

二、第二次英缅战争：侵占下缅甸（勃固）

导火线：仰光港扣押两名英国船长事件

《杨达波条约》签订7个月后，1826年9月，英国派克劳福特率领20多人的使团，赴阿瓦签订商业条约，双方会谈10余次，最终达成协议，同意双方居民自由通商，保护商人人身及财产安全，但英方提出的放还曼尼坡和阿萨姆俘虏，缅方提出的曼尼坡应独立于英国，都遭彼此拒绝，双方不欢而散。1837年，缅王孟坑对《杨达波条约》的态度是不否认、不承认，对英国任命的驻扎使本森和麦克劳德不予理睬。英国于是关闭了使馆，中断了英缅外交关系。此后，英印政府开始谋划第二次英缅战争。

1848年出任英印总督的大贺胥（1848—1856年在任），是一位主张积极对外侵略扩张者，迫切想要拓展英印殖民帝国的版图。大贺胥以仰光发生的扣押英国两名船长和罚款事件为由，开始预备发动第二次英缅战争。

仰光、马都八、勃固、卑谬等被英占领

1852年4月1日，英印当局不宣而战，正式发动第二次英缅战争，英军吸取第一次战争损失惨重的教训，在军事、后勤补给、医疗卫生等方面

做了精心准备。英军出动1万多兵力备战,其中英印陆军8000多人,由总司令高德温率领;海军军舰19艘,兵员2500人,由兰伯特率领。4月12日,英军在仰光登陆,驻守在九文台的缅甸官兵进行顽强的抵抗,打死英军20人,包括3名军官,打伤英军100多人。但是,相比英军来说,缅军准备不够充分,武器装备落后。4月13日,仰光总督吴蒙率缅军撤退,英军占领仰光。5月,英军又攻占马都八和勃固。雨季过后,英军继续北侵,于10月15日攻占卑谬,班都拉之子(也称班都拉)率缅军2800多人投降。1852年10月底,英国侵略军已占领第悦茂以南的整个下缅甸。

英国单方面宣布吞并下缅甸地区

1852年11月16日,英国给缅甸国王送去了一份和约草案,要求把勃固省,即第悦茂以南的下缅甸地区割让给英印政府,但缅甸政府置之不理。1852年底,英国殖民主义者单方面宣布吞并下缅甸,表示"勃固省现在已成为、将来也永远是大英帝国在东方的领土的一部分",并且恫吓缅甸政府,若不接受将"必然导致缅甸这个国家的灭亡,缅甸国王和他们的家属将丧失其地位,遭到流放"。

敏东王谈判失败不得不接受事实

1853年4月,敏东王派出使团到卑谬同英方谈判,谈判进行了一个多月,但因英方不肯归还勃固省而不了了之。1854年,敏东王又派出代表团前往加尔各答,再次要求英印政府归还勃固省。但是,大贺胥在接见缅甸使团时宣称,"只要太阳还放光芒,勃固省就永远是英国的"。无奈之下,敏东王虽不承认英国对下缅甸的吞并,但又不敢用武力继续反抗侵略者,甚至反对占领区人民反抗侵略者的武装斗争,事实上只能认可了英国对下缅甸的统治。第二次英缅战争后，缅甸的全部出海口丧失，缅甸半壁江山沦为英国殖民地。

三、第三次英缅战争：侵占上缅甸（曼德勒）

导火线：英国商人柚木偷税漏税案

第二次英缅战争后，缅甸已经积贫积弱，基本上丧失了在缅英关系上的话语权和主动权。英国殖民者的野心和贪婪绝不仅仅是满足于占领下缅甸，而是通过下缅甸占领上缅甸后，通过上缅甸打开中国的西南大门。19世纪50年代，缅英关系"不咸不淡"，1855年，英国勃固省专员潘尔带队到上缅甸活动，搜集了上缅甸的大量情报。1862年，潘尔与敏东王签订了贸易协定后，英国殖民者在上缅甸获得了多项权益；1867年，英国以武器为诱饵，与缅签订贸易协定，使得英殖民势力渗透到整个上缅甸，包括上缅甸的山地少数民族地区。敏东王的一再退让妥协，使得英国得寸进尺，进而迫使敏东王承认西克仑地区独立。1875年后，英缅关系趋于恶化。此后，缅甸上层统治者迫切需要与西方其他大国（尤其是法国）建立密切关系，以遏制英国对缅甸的吞噬。这使得英国不得不先发制人，加紧吞并上缅甸，于是，"柚木案"成为第三次英缅战争的导火线。

英国商人经营的孟买缅甸贸易公司经营缅甸的柚木出口，它不仅采伐英属缅甸的柚木，而且按照与缅甸国王签订的协定，采伐上缅甸的柚木。按照协定，该公司必须交纳税款。但是，孟买缅甸公司偷漏大量税款，在1882年到1884年从上缅甸运出8万根柚木，交税时只报32128根。缅甸最高法院鲁道于1885年8月20日作出判决，宣判孟买缅甸公司必须交出10.6万英镑的漏税款和7.3万英镑的罚款，共计17.9万英镑，4个月内分

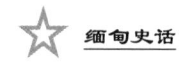

4次付清，否则，缅甸政府将没收该公司在上缅甸宁阳林区的财产。这就是第三次英缅战争的导火线"柚木案"。

锡袍王断然拒绝了英国的最后通牒

英国商人利用"柚木案"鼓动英国政府吞并上缅甸。1885年9月，仰光英国商会敦促英缅专员采取措施，保护其贸易。与缅甸贸易有密切关系的英国格拉斯哥商会和企业主也向英国印度事务部请愿，要求兼并上缅甸。1885年10月22日，英属缅甸专员查理斯·伯纳特向缅甸政府提交了英印政府的最后通牒，并限期作出答复。英国政府提出的最后通牒是：缅甸国王接受英印总督派遣特使裁决柚木案；缅甸国王再次接受英印总督的一名代表驻曼德勒，并允许他有一支1000名士兵的卫队和一艘战舰；缅甸的外交活动必须在英印总督的监督下进行等内容。从这一通牒的内容可以看出，英国是以"柚木案"为幌子，其实质是把缅甸变成英国的殖民地。

1885年11月7日，缅甸锡袍王布告缅甸全体国民，宣布英国违犯缅甸的传统习惯，破坏缅甸的宗教，损害缅甸的民族尊严，提出了缅甸不可能接受的要求，露出了企图发动战争的凶恶嘴脸，号召缅甸人民用一切可能的方式，帮助国王保卫国家，保卫宗教，反抗英国侵略。11月9日，缅甸政府对英方的最后通牒作出答复，表示欢迎英印代表长驻曼德勒，愿意帮助英国通过缅甸领土打开同中国云南的贸易关系，但反对由英印总督派遣特使裁决"柚木案"，并且重申一个主权国家的内政外交事务只能由自己决定，断然拒绝了由英印总督控制缅甸外交的无理要求。

英国宣战打响敏拉之役

1885年10月29日，英军两旅人已集结在印度马德拉斯的圣乔治港。

第六章 屈辱历史：英国殖民入侵与贡榜王朝灭亡（1824—1885 年）

11 月 3 日，英军军舰驶离圣乔治港，第二天到达仰光，与先前已到达的诺德曼率领的孟加拉旅顺利会师。英印总督杜弗林已作好了开战的准备。1885 年 11 月 13 日，英国正式向缅甸宣战。英国侵略军总司令普伦德加斯特从伦敦英国外交部得到指示必须占领曼德勒，废除锡袍王。此次侵缅英军人数共一万余人。1885 年 11 月 14 日，英军从上下缅甸交界处的第悦茂出发，入侵上缅甸，11 月 16 日，在距离第悦茂 90 多公里处的敏拉要塞，英军遭到守军 1700 多人抵抗。次日，英军凭借优势的火力和兵力攻陷敏拉要塞，仅付出轻微的代价，死 3 人，伤 24 人，这就是第三次英缅战争中的主要战役——敏拉之役。

英军在攻陷敏拉要塞后，继续北侵，于 11 月 24 日又占领敏养。对比英军的弹药充足、武器装备先进和后勤保障充分，缅甸政府虽然极力号召人民起来抵抗英国的侵略，但军事斗争准备不充分，加上缅甸最高统治者锡袍王昏庸无能，整日饮酒作乐，不问军国大事，缅甸统治集团内部又混乱不堪，四分五裂，军队组织涣散，武器装备落后，部队整体缺乏训练，士气不振，根本无力进行有效的抵抗。因而在 1885 年 11 月 25 日，仅仅在第三次英缅战争开始后的第 13 天，英军就进抵缅甸首都曼德勒附近的杨达波，而在英国侵略军即将兵临都城的情况下，缅甸封建统治集团完全丧失了抵抗决心。

锡袍王谈判遭拒，投降英军

1885 年 11 月 26 日，锡袍王派使者前去求和，遭到英方拒绝。11 月 27 日，英军已出现在曼德勒城下，锡袍王在走投无路的情况下投降英军。次日，英军进入曼德勒，占领了王宫。11 月 29 日，英国侵略军总司令普伦德加斯特亲自来到王宫，下令流放锡袍王和王后素浦呦雅。随即缅王和王后就被押出王宫，送上"太阳号"军舰，被流放到印度西海岸的特纳吉里，缅甸最后一个封建王朝——贡榜王朝的统治走到了历史的尽头，而结束它的仅仅是持续半个月的第三次英缅战争。

缅甸成为英属印度一个省

1886年1月1日，英印殖民政府根据伦敦英国政府的指示，公布了吞并缅甸的决定。通告说，"奉女王陛下的命令，过去由锡袍王统治的全部地区，现在已成为女王陛下领土的一部分，将按照女王陛下的意志，由英印总督委任官员进行统治"。通告在伦敦、加尔各答、仰光和曼德勒同时公布。1886年1月1日，英国将缅甸并入印度，成为英属印度的一个省。

四、贡榜王朝后期：不可避免地走向灭亡

统治集团上层争权夺利

从1824年英国殖民者挑起第一次英缅战争开始，侵占了丹那沙林和阿拉干，到1852年发动了第二次英缅战争侵占了下缅甸，贡榜王朝依旧沉浸在其大国荣光的美梦之中，迟迟不愿醒来。贡榜王朝在两次战败后非但没有采取任何改革措施，反而热衷于朝廷的争权夺利。两次英缅战争后，缅甸封建统治阶级为了支付巨额的赔款，统治集团对人民征税增加，搜刮民脂民膏，人民负担加重，而官员还乘机敲诈勒索，农民不堪重负，民不聊生。

面临严重的内忧外患，上层统治集团并没有同舟共济，励精图治，内部争夺权利的斗争反倒加剧了，国内陷于混乱之中。随着国王孟既的健康状况日益恶化，王后梅努和她的弟弟孟屋亲王掌握实权，处心积虑地想除掉孟既的弟弟礁拉瓦底亲王。1837年，礁拉瓦底带着随从离开首都，到达

瑞冒，举兵反抗。孟既派兵镇压失败，被迫让位，并把孟屋及其同伙交给礁拉瓦底处置。1838年2月，礁拉瓦底登上王位，史称孟坑王。孟坑王即位后，迁都阿摩罗补罗，处死了王嫂梅努、亲王孟屋、王侄良渊及追随他们的官员，捕杀的关联之人多达200人。1845年，发生了卑谬王太子谋反事件，这又使得卑谬王太子、西宫王妃妙格叻及其亲友，都被处死。1846年8月，孟坑王因患精神病而驾崩，其子蒲甘敏将威胁其王位的兄弟除掉后成功登上国王宝座。蒲甘敏昏庸无能，不理朝政，而是把政务交给宠幸的权臣鄂班达和貌宾，两人狼狈为奸，把持朝政，甚至还巧立名目，滥征苛捐杂税，使得民怨沸腾。蒲甘敏统治时期，中央对地方的管控减弱，前朝历代打下的根基、建立起来的中央集权制效能日趋丧失，地方官员不受控制，为所欲为。

尽管国家支离破碎、四分五裂，但缅甸国王做功德的兴趣不减，大量的社会财富用于宗教性事务，而不是抵御外辱、励精图治。孟既王统治时期在实皆、阿摩罗补罗、曼德勒山等处广建寺院宝塔，而孟坑王1841年南下仰光朝拜大金塔，一次就布施3200缅斤（约5000公斤）黄金。

敏东王的改良运动失败

第二次英缅战争失败，使得王室内部四分五裂。蒲甘敏的弟弟敏东主张同英方谈判议和，但遭到蒲甘敏拒绝，双方关系剑拔弩张。敏东王与其弟弟加囊逃往瑞冒，准备用武力推翻蒲甘敏的统治。蒲甘敏治国无能，战败失地，大臣对此十分不满，于是，缅甸封建王朝的最高行政和司法机构鲁道在1853年2月出面宣布，废黜蒲甘敏，拥立敏东为缅甸新国王。

敏东王（Mindon Min，1808年7月8日—1878年10月1日），1853年至1878年在位。敏东王一生多子，据说有46个儿子，多个儿子为争夺王位继承权闹得鸡犬不宁，让敏东王苦恼不已。敏东王登基时正值第二次英缅战争刚刚结束。尽管英军已占领下缅甸，控制了出海口，上缅甸被封锁和孤立开来,但上缅甸本身地大物博,农业发达,尚能够自给自足,因此,敏东王在宫中的生活尚且富足安逸。

敏东王即位后,鉴于国家实力大不如前,他对外采取不跟英军发生正面冲突的策略,积极发展与西方国家的关系,还派遣使团出访英国、法国、意大利,派出多名贵族子弟去英国、法国、意大利、印度留学,学习先进教育、科学技术,同时加强军事改革,加快购买先进武器和改良武器装备,还从国外购买纺织、碾米等机器,建造小型加工厂,发行统一铸币。敏东王还试图改封建食邑制度为薪俸制,在税制和司法制度上也进行了一些改革。但敏东王的改革因王室内乱、缺乏民意基础和社会支持以及英国全面封锁而最终"流产"。

末代皇帝锡袍王遭流放

锡袍(1859年1月1日—1916年12月19日,Thibaw Min)是缅甸贡榜王朝的末代国王,出生于缅甸曼德勒。敏东王统治后期,朝廷的大臣们深知敏东将不久于人世,便纷纷结党联营,推举各自认为适合继承大统的王子,锡袍在敏东王的皇后馨部麻茵(Hsinbyumashin)的帮助下,从几十位兄弟中胜出,被拥立继承王位。馨部麻茵无子,但希望在敏东死后,能够"垂帘听政",她选中了懦弱的锡袍,并以最快的速度将自己的女儿,也就是锡袍的同父异母妹妹,嫁给了他。锡袍并没有真正的实权。

锡袍在位期间,英国势力已控制了下缅甸,也渗透至了上缅甸。锡袍王希望收复被英国占领的下缅甸,因此试图与法国结为同盟,以牵制英国。1883年,他派使团前往巴黎,法国派代表到达曼德勒,流言称锡袍政府已经在经济上对法国让步以换取一个政治联盟。这使得英国加快了吞并上缅甸的步伐。

1885年,英国驻印度总督以缅甸向英国柚木公司罚款为由,向曼德勒发出最后通牒,随后入侵上缅甸,第三次英缅战争爆发,并于两周后攻占了京都曼德勒。锡袍王被俘，贡榜王朝灭亡，英国占领了整个缅甸，从此缅甸沦为了英国殖民地。1886年1月1日，缅甸正式成为英属印度的一个省。锡袍则与他的王后和子女们被流放到印度的拉特纳吉里，住在"玻璃宫殿"里，在那度过了余生，至死没有再回故土。

第七章

独立之梦：英国殖民统治与缅甸人民的抗争（1886—1948年）

英国殖民统治改变了缅甸整个国家的原有既定轨迹，对缅甸的发展进程影响深远。19世纪英国发动三次侵略战争后占领了缅甸，1886年将缅甸划为英属印度的一个省。1937年，缅甸脱离英属印度，实行印缅分治，缅甸直接接受英国总督统治。多年的殖民统治使得缅甸经济命脉被英国牢牢控制，英帝国主义者疯狂掠夺缅甸资源，缅甸成为廉价商品倾销地、原材料供应基地，缅甸经济几乎处在畸形和变态的发展之中。1942年5月，缅甸被日本占领，日本在缅甸实行法西斯统治。1945年3月，缅甸全国举行总起义，缅甸光复，但随后又被英国重新控制。1948年1月4日，缅甸脱离英联邦宣布独立，缅甸人民经过艰苦的反英反日斗争，终于获得了梦寐以求的独立地位。此后，以吴努为首的政府开始在缅甸探索实行多党民主议会制。

第七章　独立之梦：英国殖民统治与缅甸人民的抗争（1886—1948年）

一、英国殖民统治之下的缅甸

上下缅甸合并为英属印度缅甸省

1826年，第一次英缅战争结束后，英国在丹那沙林和阿拉干建立起殖民统治。丹那沙林直属英印殖民政府，行政官员来自槟榔屿。1834年以后，丹那沙林转由英属印度孟加拉地方政府管辖。阿拉干则一直属英属孟加拉的吉大港专员管辖。第二次英缅战争结束后，1852年，英国侵占勃固省以后，任命亚瑟·潘尔为专员，进行殖民统治，勃固省直属英印殖民政府。由于勃固省横在阿拉干和丹那沙林之间，而三地地理位置相连，但行政制度上不统一，不利于殖民统治。1862年，英印殖民政府把勃固、丹那沙林和阿拉干三地合并为英属印度缅甸省，建立起直属英印殖民政府的统一的行政机构。首任英属缅甸专员由侵略经验丰富的潘尔担任。英属缅甸的总面积约23万平方公里，首府设在仰光，1862年时人口还不到200万。

1885年，第三次英缅战争结束后，英军占领曼德勒，英印殖民政府于1886年1月1日，宣布兼并上缅甸。1886年3月，宣布上下缅甸合并为一个省——英属印度缅甸省，伯纳特任首席专员。1887年任命克鲁斯威特为缅甸省首席专员。在英国殖民统治的最初10年，对缅甸实行"军事管制"。1897年，首席专员被省督代替，由英国驻印度副总督兼任省督，设立立法会议，省督任议长，并任命全部议员，这个立法会议没有立法权，只是咨询机构。1923年，英殖民当局在缅甸正式实行"两元政制"，即划分中央政府和地方省政府的职能，国防、外交、内政、交通、贸易、财政等主要部门职权归中央政府掌管；地方行政、林业、教育、卫生、公共工程等部门职权归地方政府掌管，缅甸作为英属印度的一个省，只能行使地方职权。1931年，英国政府在伦敦召开"缅甸圆桌会议"，提出了"印缅分治"计划。1937年4月1日，缅甸与印度分治，自此缅甸由英国派总督直接统治。新政府共设立98个部门，其中财政、国防、外交、少数民族特区等7个部门由英驻缅甸总督直接管理，其余91个部门由民选的缅甸议员担任领导，史称"91部门制"。

金字塔式的殖民行政体系

殖民政府在当地设警察、司法、土地、公共工程、农业和公共卫生及一般事务（包括税收）等部门。另设秘书处，统一协调各部门，秘书处听命于省督。英国在英属缅甸省建立的行政制度，是资本主义与本土的封建地方势力相结合并利用封建本土地方势力为其殖民统治服务的行政制度，这一制度完全受控于英国殖民政府，权力向首席专员（1897年后为总督）高度集中。在这一制度中，传统的谬都纪从缅甸封建时代的世袭头人，变成了在殖民政府领取薪资的官员，下层官吏也通过考试制度选拔任用，市政委员会则是带有资本主义色彩的组织机构，鲁道被法庭所取代。1870年以后，殖民政府开始通过考试来选择城镇一级的地方官员，显然，这些举措使得殖民当局培植起了一支俯首听命于殖民政权、适应殖民统治利益需要的基层官僚队伍。

英属印度缅甸省的首席专员就是最高官员（后为省督），除立法权属于英印殖民政府外，最开始具有行政、警察、司法等权力，此后随着行政制度的完善和精细化分工，首席专员的权力主要集中在行政事务上。英属印度缅甸省在首席专员之下，在各个县分设一个专员。县以下是城镇一级的行政单位，主要的官员是副专员，县长以上的官员都由英国人担任。1872年，殖民政府在下缅甸任命了特别司法专员，1890年，在上缅甸也委任了司法专员,司法权和行政权正式分离。1897年,设立殖民地立法会议,成员从开始的9人扩大到1915年的30人,立法会议最开始起到咨询作用,省督对议案有否决权。

英殖民政府在兼并上缅甸后,遭遇到缅甸民众此起彼伏的反抗和斗争,下缅甸也时常动荡不安,殖民政府的主要职能是维持"法律和秩序"。英属缅甸国家机器中最重要的部分是军队和警察,殖民当局的重视使得英属缅甸的军警力量不断加强。1861年实施《警察法》,1880年,殖民当局颁布《农村警察法》,加强了在农村地区的警察网的建设。除此之外,殖民政府还处心积虑,在缅甸农村建立起一套严密的乡村制度,以加强对缅甸广大农村的统治。英属缅甸首席专员克鲁斯威特在1887年出台《上缅甸农村条例》,1899年又出台《下缅甸农村条例》,把英国殖民势力与缅甸农村上层势力结合,利用缅甸乡村头人充当起代理人,听命和服务于殖民政府。"乡村条例"的主要内容就是在乡村建立头人制度,在一个村子,配备一个头人,1916年后,殖民政府开始推行头人小组会议制度,以加强对乡村的治理和头人的控制。

民族政策和经济政策

英国殖民者把缅甸分为两个部分,即缅人居住区和少数民族山区,并对两个不同部分采取"分而治之"的殖民政策。在缅族居住区实行直接统治,一切由英国殖民者控制,所有的法律、法令都要通过英国政府,并极力废除缅甸封建国家政权机构和传统势力,而在各少数民族地区则实行间接统治,在保持英国最高统治权的前提下,基本上不触动甚至完全保留各民族原有的社会政治组织与经济体制,保留原民族上层统治地位和世袭权力,少数民族统治者则向殖民当局交纳一定数额的贡赋,并承担维持地方治安和秩序,保持贸易通道畅通的任务,殖民当局还在各少数民族上层中培植亲英势力,比如,在掸邦,殖民当局承认土司的传统地位,保留其司法、税收权；在军事上，英国殖民者利用山地民族剽悍的性格，征募雇佣军，按士兵的部落或民族成分分编和组建军事组织，英国人利用这支军队去镇压缅族和其他少数民族的反抗，以此加深各民族的对立，以便其互相牵制，比如，英国殖民当局不让缅人和掸邦接受军事训练，而只把这项特权给予钦人、克钦人和克伦人。

英殖民当局对缅甸的经济表面上奉行自由竞争的经济政策，实际上，在殖民当局的庇护下，英国公司控制了缅甸经济命脉，疯狂掠夺缅甸资源，缅甸成为英帝国主义的廉价商品倾销地、原材料基地。英国当局经济政策的本质目的是利用缅甸的丰富资源，使用大量廉价劳动力，来发展他们认为有利可图的、有高额利润的产业，尤其是以稻作业为主的农业、以柚木开采为主的林业、以石油和金属开采和提炼为主的矿业和以碾米、木材加工为主的加工业等产业，这客观上促进了缅甸殖民地经济较快的发展，在20世纪20年代甚至成为中南半岛经济发展水平较快的地区，在石油和金属开采、铁路和内河航运、大米产量等方面都处于较高水平，使缅甸成为英属印度重要的农业区和矿产区。但是，外国资本几近控制了缅甸的交通、银行、外贸、工矿等各个行业，农民丧失土地现象和农民生活状况恶化十分严重，农田的扩展到了尽头，缅甸工业发展领域未有新的拓展，缅甸民族资本主义工业发展也十分缓慢，种种迹象表明，缅甸经济结构的畸形和变态的发展模式十分严重，使得殖民经济危机四伏，1930—1933年世界资本主义经济危机也给缅甸经济以沉重的打击。

殖民统治对缅甸影响深远

英国殖民统治后，上下缅甸的经济发展、交通联系进一步加强，但英殖民当局在上下缅甸实行有区别的行政制度，使得上下缅甸之间出现了一些分隔。下缅甸在整个缅甸的地位，悄然发生了变化，缅甸的政治经济重心开始从以蒲甘和曼德勒为中心的干燥地带的上缅甸，转为下缅甸沿海湿润地区，下缅甸的农业、工商业和交通运输业发展较快，城市发展迅速。在英国殖民统治下，缅甸的居民成分变得更加复杂了，大量印度廉价劳动力的到来和英殖民当局大量使用印度人统治缅人，使得印度人在缅甸的数量大大增加，地位也提高了很多。欧洲人，尤其是英国人在缅甸大大增加。信仰佛教的居民比例下降，而信仰基督教、印度教和伊斯兰教的居民比例增加。教育也发生了重大的变化，原来寺院教育是下缅甸唯一的教育形式，但殖民统治期间陆续在仰光、卑谬、丹老、马都八、勃生、东吁、土瓦等地开办了一些西式学校和教会学校，其中著名的是1860年在勃固建立的圣·保尔学校和同年在仰光建立的圣·约翰学院，但从极少的教育经费可知，英属缅甸政府并不重视教育，殖民政府的教育政策使得传统的寺院教育衰落，一些农村地区既没有现代的西式学校，传统的寺院教育也没落，使得缅甸文盲增加、识字率下降，西式的教育也只是得到缓慢的发展。在下缅甸，缅甸的传统民族文化衰落，甚至到了青黄不接的地步。一些为殖民统治和当地西方人服务的技术传入使得西方科学在缅甸有限发展，殖民政府在各地设立了电讯机构，使得电报传入缅甸，仰光、勃生、丹老、第悦茂、东吁、实兑等地设立了气象站，在一些地方设立了水文站。西式医药传入缅甸，1854年，英国人在仰光开设了第一家西式医院。英国殖民统治改变了缅甸整个国家的原有既定轨迹，对缅甸的发展进程影响深远。

二、缅甸人民的抗争和民族独立运动

20世纪初，由于英国殖民者的统治政策，使得缅甸社会结构产生了新的变化，缅甸民族资产阶级、世俗知识分子出现，缅甸的反帝反殖民的独立斗争，经历了从封建王公贵族和僧侣组织的保卫皇权和捍卫佛教的旧式爱国主义运动，发展到由民族资产阶级、新式知识分子领导的近代民族主义运动。

保卫皇权与捍卫佛教地位的早期抗争

第三次英缅战争结束，攻占上缅甸后，缅甸全境都被英国殖民者占领，上缅甸的占领使得英国在缅甸统治压力陡增，原来零零星星的反抗演变为全国性的反抗。在第一、第二次英缅战争后，英国殖民主义者侵占的是缅甸封建王朝统治的沿海地区，这些地区人口稀少，传统封建统治和文化薄弱，殖民统治遭到当地人民的反抗是小范围的、有限的、可控的。英国吞并了整个上缅甸后，上缅甸以蒲甘—阿瓦为中心的干燥地区，自蒲甘王朝以来一直是缅甸封建社会的核心地区，地域辽阔，人口密集，缅甸封建社会的宗教、政治、文化传统根深蒂固，深入人心。而在这一核心地区的边缘地带，是掸、克钦、钦等少数民族聚居的山区，这些民族在缅甸封建王朝统治时期，就保持着程度不等的独立性，保留了各自独特文化和传统。贡榜王朝的坍塌，锡袍王被流放，缅甸并入印度，成为英国殖民统治下的一个省，使得封建统治的核心区上缅甸引起了强烈的震荡。第三次英缅战争后，在八莫、在掸邦高原南部、在锡唐河流域，到处出现有组织的反英斗争，甚至在曼德勒附近，也有反英武装的活动。在贡榜王朝的发祥地瑞冒，反抗斗争尤为激烈。这一时期组织领导反英斗争的人物主要是为王权而战的王公贵族和封建主，以及为复兴宗教和捍卫佛教地位的僧侣。

为王权而战的王公贵族和封建主。上缅甸人民认为国王是国家的象征和佛教的捍卫者，缅王被废除会导致"佛教的灭亡"，这一时期的抗英斗争的主要目的之一是恢复王权、复兴王室统治。在曼德勒到叫栖之间的封建时代的核心地区，敏东王的儿子明壮王子领导了反抗斗争，明壮王子自称是"阿朗帕雅（雍籍牙）王朝的子孙"，"第五代佛王敏东的儿子和继承人"，他的目的是"驱逐异教的、野蛮的、无法无天的外国人"，"恢复缅

第七章 独立之梦：英国殖民统治与缅甸人民的抗争（1886—1948年）

甸王权"；在实皆附近，有敏东的儿子密克耶王子的两个儿子苏耶南和苏耶邦领导的抗英武装，苏耶南也自称是"生命的主宰敏东王的孙子"，他的目的是"恢复王位和王权"，拯救"佛主的宗教"；加囊亲王的一个儿子昆岳在1885年12月占领瑞昌，在当地组织了一支2000多人的队伍；加囊的另一个儿子林彬则在1885年进入南掸邦，与当地的一些土司组成反英联盟。除了上述王子王公的反抗武装，上缅甸各地打着王室的旗号进行抗英斗争的地方封建主和佛教僧侣不计其数。

为复兴宗教和捍卫佛教地位而战的僧侣。英国对缅甸的吞并，改变了僧侣界的地位，剥夺了僧侣在佛教界的司法裁判权，欧洲式或混合式的世俗学校的建立，剥夺了佛教僧侣对学校和人民教育的垄断权，僧侣的社会地位和作用下降了。英国殖民者吞并整个缅甸之后，对缅甸佛教采取了所谓的"中立化"宗教政策，实际上就是想消除南传佛教在缅甸人民中的影响。吴欧德玛法师（U Ottama）是屏龙克（Pyilongyaw）寺院的一名僧侣，1886年，他在波瑞和敏巫地区南部举兵反英，由于僧侣在缅甸社会中占有特殊的地位，吴欧德玛法师很快就召集到了大批的追随者，但最终吴欧德玛法师领导的部队内部产生了分裂，1889年6月，由于吴欧德玛法师的养子加钮（Kya Nyo）的出卖，在距离敏巫地区西北50里的莱荆村（Iegaing），吴欧德玛法师被英国军队俘获，不久被英国殖民者处死。至此，吴欧德玛法师领导的反英斗争失败了。马延昌法师在距离锡当地区（Sittang）的马延昌村建立了总部，同时在苏巴纽村（Sutpanu）设立了后勤基地，并且取得了皎喀拉法师（Kyaukkalat）、派喀莱法师（Pekkaleit）和瑞莱法师（Shwehle）的支持。1885年12月15日晚，马延昌法师的追随者对锡当、温巴道（Winbadaw）和喀雅外（Karawe）同时进行了袭击。马延昌法师所领导的反英斗争影响巨大，以至于英国殖民政府提出了高达5000缅元的赏金来抓获马延昌法师。英国殖民者派兵攻占了马延昌村，但是马延昌法师早已将总部向北迁移到了距离锡当东北30里的雅当村（Yathaung），并重新召集了大约三百到八百人，但在英殖民当局的军事优势镇压之下，马延昌法师被迫转移到山区，他领导的反英斗争逐渐减弱。

上缅甸各地风起云涌的反英武装斗争，很快影响到了下缅甸地区。下缅甸各地重新燃起了反英武装斗争的火焰，在勃固、勃生、比林、锡唐、兴实达、礁拉瓦底等地，都有反英武装的活动。其中吴图利亚领导的起义，声势最为浩大，起义军明确提出了结束英国人统治的口号。下缅甸的起义使得英国殖民主义者感到惊恐不安。虽然下缅甸反英斗争的情况不完全同于上缅甸，但也没有能够摆脱复兴王室统治和保卫佛教为目标的局限性。英殖民当局在加强军事镇压的同时，还采取各种措施怀柔、安抚和拉拢社会上层人士特别是王室成员，利用地方封建主，分化和软化缅甸人民，安抚缅甸人的宗教政策，瓦解抗英斗争。这一时期的抗英武装力量分散在各地，没有统一的领导，彼此之间缺少合作，英国殖民侵略者则采用两手政策，即军事镇压和安抚怀柔双管齐下的政策很快奏效了，除了缅甸的山区，反英武装力量逐渐被镇压和瓦解了。

佛教青年协会与反对"不脱鞋"运动

1886年到1917年，是缅甸殖民地社会的全面形成时期，缅甸作为英属印度的一个省，在英国的殖民统治下，经历了巨大的变化。20世纪初，英国殖民者的统治直接导致缅甸社会结构产生新变化，缅甸民族资产阶级和世俗知识分子出现，形成了民族资产阶级和世俗精英阶层，新的社会阶级关系逐步形成。缅甸独立运动由旧式封建阶层的反抗，发展为世俗知识分子以维护传统南传佛教地位为核心的斗争，开启了缅甸近代民族主义运动。但新的社会阶级的不成熟性，决定了缅甸早期民族主义运动的特点。

19世纪末到20世纪初，缅甸知识分子以复兴佛教为旗帜，开始了早期的民族主义活动。1897年7月，在缅甸故都曼德勒出现了第一个由世俗知识分子建立的研究佛教的组织"曼德勒佛教复兴会"。1899年在毛淡棉，1902年在阿拉干，相继出现了类似的组织。1904年，仰光学院佛学会成立,从英国留学回缅甸的青年律师吴梅翁、登貌和貌布(后来的吴布)等都参加了协会。1906年在仰光成立了缅甸全国性的知识分子组织"佛教青年会",它的宗旨是"促进民族语言、佛教精神和教育"。"佛教青年会"的核心成员是受过近代西方式教育的青年知识分子,其会员中有青年教师、学生、殖民地行政机构中的缅甸人职员、退休官员、商人、经纪人等。1909年,佛教青年会编辑出版了英文周刊《缅甸人》和缅文、英文、巴利文月刊《巴利人》。1910年4月20日在仰光举行佛教青年会首届全缅会议时,"协会"成员已达346人,建立了22个分会,遍布缅甸各主要城市。这次会议决定成立"佛教青年会总会",指导各地的运动。

佛教青年协会是缅甸近代知识分子创办的缅甸近代历史上第一个民族主义组织,其建立初期是一个"超政治性"组织,职能主要涉及缅甸佛教徒在宗教、社会地位和教育方面的福利,所讨论的主要问题是佛教问题,诸如入寺仪式、婚丧嫁娶仪式、宗教供奉、良好的个人行为、为佛教学校提供经济上的资助等等。1908年,协会创办《缅甸佛教徒》报,主要起宣传佛教的作用。到1911年,协会成员吴巴佩和拉佩创办第一张全国性缅文报纸《太阳报》时,提出缅甸民族主义在社会、经济等方面的要求,吴巴佩还提出要由缅甸人担任殖民政府中一些重要职务,如土地登记部、移民部的官员和副专员。1915年,协会向殖民地政府请愿,要求鼓励缅甸人制盐。

1916年,协会少壮派集团公开表示,除了进行宗教、文化活动外,还要从事政治活动,佛教青年会在1917年召开的第五次代表大会,开始转向政治活动。此后,协会在"脱鞋问题"上发声,政治影响巨大。协会成员、来自卑谬的青年律师吴登貌向佛教青年会的50个分会提出,外国人进入缅甸寺塔,必须尊重缅甸人的习惯,像缅甸人一样脱掉鞋子,这个建议得到了广泛响应,激发了缅甸人民的民族感情,得到了情感上的共鸣。同年,全缅佛教徒代表在仰光朱比利教堂召开大会,要求殖民地政府在法律上对此作出明确规定。

尽管协会有着严重的局限性,但是佛教青年会是缅甸第一个近代民族主义组织，它的活动是近代缅甸民族主义运动的开端，协会聚集了20世纪初缅甸知识分子的精英，致力于维护缅甸人民在宗教、教育、社会和经济方面的应有权利，唤起了缅甸人民的民族觉醒，在组织上和思想上为20年代缅甸民族主义运动的发展奠定了基础。1920年9月，在缅甸中部卑谬举行的全缅佛教青年会年会上，代表们决定把佛教青年会改名为"缅甸人民团体总会"，佛教青年会的少壮派领袖吴漆莱和吴巴佩分别当选为总会的正副主席。总会的总部设在仰光，全国各地设分部。

抵制《仰光大学条例》学生运动

缅甸民族解放运动的兴起，使得活跃的缅甸大中学生加入到反英斗争的浪潮和洪流之中，成为缅甸人民反英斗争的重要力量，由学生发起的抵制大学条例运动，是缅甸学生首次卷入政治斗争，是近代缅甸学生运动的开端。

1920年，缅甸立法会议通过决议，把原来主要培养学生投考加尔各答大学的国立仰光学院和私立贾德逊学院合并为仰光大学，并于同年8月颁布了《1920年仰光大学条例》。条例中的条文十分不利于缅甸青年进入大学深造，伤害了其切身利益和民族感情，引发了学生们对高等教育学费高昂、入学困难和学校管理制度不民主的抗议和不满。1920年12月3日，仰光学院和贾德逊学院的学生在瑞金塔旁举行大会，决定采取行动，要求当局修改条例。12月4日，以吴巴宇为主席的抵制《1920年仰光大学条例》委员会宣告成立，并开始罢课。12月8日，抵制委员会发表《告缅甸人民书》，明确提出反对殖民主义的奴化教育，此份文件是缅甸近代史上第一份具有明确反帝主张的爱国主义文件。1920年12月17日，抵制委员会向缅甸省督递交了请愿书，要求取消寄宿制度和把流利的英语作为入学条件的规定，缩短取得学位的时间，并重新考虑校务委员会的人选。在要求遭到拒绝后，学生的罢课浪潮席卷全缅，政府教育系统陷于瘫痪，使得仰光大学当局不得不做某些让步，到1922年已经允许走读生进入仰光大

第七章 独立之梦：英国殖民统治与缅甸人民的抗争(1886—1948年)

学，反对仰光大学条例的学生运动以学生的基本胜利告终。这次学生运动唤起了缅甸人民的爱国热情和民族精神，在此期间多所国民学校建立起来，更多地强调缅甸的语言、文学、历史和传统，为新一代缅甸近代知识分子的产生奠定了基础，在缅甸近代史和教育史上具有重要地位。

如今的仰光大学

"咖咙会"与"萨雅山起义"

1930年至1932年，在缅甸沙拉瓦底（Tharrawaddy）地区爆发了缅甸历史上最大规模的农民反英武装起义，起义的主要目的是从英国殖民压迫下解放缅甸和恢复独立，起义者在誓词中明确写道，要"为宗教、民族和国家而献身"，领导者为萨雅山。萨雅山于1876年8月8日生于瑞冒县敏温村，幼年时入学寺院，年轻时为僧，后当缅医为生，著有《疾病之症候》一书，还懂得星象术，1920年参加过缅甸人民团体总会，从1929年开始，他着手建立秘密组织"咖咙会"。1930年10月28日，萨雅山沿袭缅甸起义者反抗中央政权国王的传统，在永盛县的东纽蕴塔，接受"咖咙王"的称号，并行了登基典礼，并在密林丛中的阿龙山上建立王都。咖

· 135 ·

咙在缅甸神话里是一种极具威力的神鸟，据传，"咖咙"神鸟能够在与龙神——"纳加"的决斗中击毙对方，他们以"咖咙"代表缅甸爱国志士，以"纳加"代指英国殖民者。萨雅山以此寓意来激励和号召农民起义，争取民族独立，其骨干成员许多为高僧，佛教寺庙成为咖咙会和起义的中心。萨雅山还建有军事组织，最著名的是"蓝衣军""鼠军""狮军""虎军""玫瑰军"等。

1930年12月22日，起义在沙拉瓦底县爆发。他们的策略是农村包围城市，然后解放全缅，但起义军使用的传统武器装备落后，最开始又采用正面进攻的战术，使得伤亡惨重，此后他们以深山密林为基地，采用游击战术，给敌方带来了巨大威胁。1931年6月和7月，起义军声势浩大，几乎席卷了全国，队伍发展到最大规模。他们迫切要求废除苛捐杂税和自由使用森林，于是杀死引起民愤的村长，毁坏护林所，杀死森林视察员，释放囚犯，打死警察，攻打火车站，破坏桥梁，起义者还冲击了富人，下缅甸农民纷纷响应。从1930年12月到1931年12月，有6个村务官、38个村长被起义军处死，250个村长受到袭击，农民起义蔓延到全国各地，使得殖民当局惶恐不安。殖民当局软硬兼施，一方面宣布在15个县减少10%的土地税，对投降者赦免，一方面调动一万多大军，对起义军进行镇压。1931年3月，英军攻占了萨雅山的永盛指挥部；8月，萨雅山在掸邦的小村庄被捕，15日在沙拉瓦底被判死刑；11月被绞死于沙拉瓦底监狱。群龙无首的咖咙会逐渐瓦解。1932年6月，起义被英国殖民者镇压下去，农民阶级的历史局限性使得这一运动以失败告终。

"我缅人协会"与"1300运动"

1930年5月30日，缅甸国内一群具有爱国热情的仰光大学学生以及社会青年知识分子聚集仰光，成立"我缅人协会"。该协会的成员以"德钦"作为姓名的前缀，因此，他们也被称为"德钦党"。我缅人协会提出

第七章　独立之梦：英国殖民统治与缅甸人民的抗争（1886—1948年）

的口号是："缅甸是我们的国家，缅甸语是我们的语言，缅文是我们的文字，我们要热爱国家，珍惜我们的文字，尊重自己的语言。"协会成立初期，举办的活动主要就是开展讨论会、发传单、贴标语，还有进行演讲、教唱"我缅人之歌"。协会的主要活动城市是仰光，在仁安羌、乔（油田）、勃生、毛淡棉、直通、勃固等城市建立了支部。1934年，"我缅人协会"在仁安羌举行第一次代表大会，德钦巴盛、德钦礼貌分别为正副主席，会议强调要加强学生运动与工人运动之间的联系。1935年3月30日至4月1日，"缅甸青年联盟"与"我缅人协会"合并为"我缅人协会"。此后，"我缅人协会"民族主义意识更加强烈，政治主张更为激进。

1936年1月，仰光大学学生会主席吴努在学生会议上批判校长D·J·史洛斯干涉大学生个人生活，学生会《孔雀呼声》的主编昂山刊登名为《地狱的看门狗又出来逞凶了》的文章，导致二人双双被校方开除，2月15日，仰光大学700多名学生参加了罢课运动，以抗议当局恶劣行径。这场大学生罢课运动，是"我缅人协会"的第一次政治行动。罢课运动最终迫使英国殖民政府恢复被开除学生的学籍，重新修订大学条例。之后，全缅学生代表在仰光召开会议，成立"全缅学生联合会"。学生罢课运动的胜利，使得大批的学生领导人进入到缅甸的政治舞台，并且逐步掌握了领导权。

1936年大学生抵制运动胜利之后，大批青年学生进入"我缅人协会"，其政治影响力迅速提升，学生中的一些精英有的进入领导层，他们中最有影响的是昂山和吴努。1937年4月到5月，缅甸出现了58个俱乐部和社会团体，其中18个带有政治色彩，10个是"协会"支部，而在1938年上半年涌现出了230个社会组织，其中有160个带有明显的政治色彩，不少组织同"协会"有联系，"协会"的社会影响力可见一斑。

1937年，在吴努、德钦丹东、德钦梭的倡议下，"我缅人协会"在仰光设立"红龙书社"，书社的宗旨在于"向缅甸人民灌输争取独立的思想，要求建立巩固多数人拥护的管理制度，主张人人享有最基本的生存权利"。书社出版了《资本论》《列宁传》等经典著作，创办《红龙杂志》半月刊，

· 137 ·

后又成立了社会主义书社,传播马克思主义和社会主义。"协会"的一些成员同印度共产党建立了联系。1938年和1939年间,印度共产党曾派孟加拉地区党组织的成员到缅甸,帮助缅甸共产党的建党工作。1939年8月19日,仰光的两个马克思主义学习小组,其中一个是缅甸人小组,另一个是印度人小组,合并为一个组织,成立了缅甸共产党。德钦昂山当选为党的总书记,德钦梭负责群众工作,哥索尔(德钦巴丁)负责秘密工作和组织工作,德钦巴欣负责学生工作,德钦拉佩担任司库。

1938年,"我缅人协会"领导了缅甸历史上著名的"1300运动"(1938年是缅历1300年),掀起了缅甸民族主义运动和反对英国殖民运动的新高潮。主要由以下三个运动组成:1938—1939年仁安羌和稍埠石油工人大罢工、"饥饿进军";1938年反穆斯林运动;1938—1939年学生抗议运动,史称"1300运动"。可以说"1300运动"是缅甸民族主义运动中最具影响力的一次运动。

1939年3月,在"协会"成员的运动之下,与缅甸其他反英政治性团体组成"缅甸自由联盟",制定了统一战线纲领,昂山担任联盟总书记,曾出任殖民地政府总理的巴莫当上了主席。1939年后,"我缅人协会"加强了对工人、农民的组织工作。1939年3月,"协会"召开全国第一次工人代表大会,决定成立全缅中央工会组织,德钦丹东当选为"协会"的劳工书记。5月,"协会"召开全缅农民组织会议,成立全缅农民组织,德钦妙当选为主席。1940年1月,协会在总部举行全缅工人阶级百人代表会议,大会宣布其最终目的是在缅甸建立社会主义国家。

1940年4月19日,德钦努(吴努)、德钦梭、德钦拉佩、德钦巴丁、觉盛在全缅工会大会总部计划发动"五一"示威游行,用缅、印、中三种文字印了10000份《五一宣言》。1940年上半年,游行示威几乎席卷全缅,示威者高呼"给予缅甸完全独立"。5月10日,"协会"在礁拉瓦底召开会议,当时"协会"成员已达10~20万人。从6月到8月,在缅甸的许多地区举行了反英群众大会和示威游行。英殖民当局断然采取镇压措施,大规模地逮捕"协会"的领导人。德钦礼貌、德钦丹东、德钦努、德钦梭、德

第七章 独立之梦：英国殖民统治与缅甸人民的抗争（1886—1948年）

钦妙等重要领导人相继入狱后，昂山遭到通缉，"协会"的领导力量遭受巨大打击，影响力和凝聚力被削弱，此后逐渐走向了瓦解。

"我缅人协会"是缅甸近代民族主义运动史上重要的一个政治组织，缅甸的民族主义运动在"协会"的领导下走向高潮，沉重打击了英国殖民统治，传播了马克思主义思想，领导了工农运动。

三、日本侵略缅甸及抗日斗争（1942—1945年）

"君子协定"与日本侵略缅甸

在英殖民当局与缅甸民族矛盾日益尖锐的情况下，一些没有被捕的"我缅人协会"领导人迫切寻找出路，于是，他们幻想利用日本帝国主义的力量来牵制英国殖民者，采用"联日抗英"的战略，最终实现缅甸独立，但他们没有料到，联日抗英的结果实际上是"引狼入室"。"协会"的总书记昂山认为，"谁出来反对我们的敌人，谁就是我们的朋友"。1939年成立的"人民革命党"里的一些原"协会"的成员也主张"联日抗英"，亲日情绪在"协会"的许多成员中滋长。

1940年8月，"协会"的总书记昂山带着缅甸共产党的介绍信前往中国，但日本特务机关早已紧盯其行踪，昂山在厦门就被日本特务机关软禁，已经打算与日本合作。1941年2月，昂山从日本秘密回到缅甸，与"我缅人协会"和"人民革命党"领袖开会，商量"联日反英"大计，经过协商后决定与日本合作，于是缅甸民族主义者与日本签订了秘密的"君子协定"，协定规定了如下内容：建立统一的秘密组织；建立一支军队，要任用日本总司令和日本顾问；在缅甸各个地区组织起义，日本政府保障起义部队的一切武器和物资；日本政府立即承认缅甸独立；日军在战时保卫缅甸；一旦丹那沙林收复，立即成立缅甸临时政府；从日本帝国政府以"重建缅甸基金"的名义拨付2亿卢比款项，缅甸给予日本贸易上的优惠待遇；将缅甸公路控制权移交日本等。

1941年3月，昂山等"三十志士"分批赴日接受军事训练，后来辗转到被日军占领的中国海南岛接受军事训练。训练结束后，又从海南到泰国，于1941年12月28日，在曼谷成立缅甸独立军，独立军中的指挥员很多都是"三十志士"成员。缅甸独立军为日军充当向导，筹集粮食，直接参与对英作战，使得日军侵缅异常顺利。以"协会"部分领导人和"人民革命党"为代表的缅甸民族主义者做出了错误的政治选择，走上了与日本军国主义合作的道路，双方互相算计、各有目的。

早在1940年，日本国策研究所就拟定了《对东南亚民族的政策：缅甸方案》，明确把缅甸纳入"大东亚共荣圈"的一部分。缅甸地处东南亚和中国的南部，具有重要的战略地位，日本进攻缅甸可以孤立中国，也可作为入侵印度的跳板和基地，而当时英国由于自身受到法西斯德国攻击，自顾不暇，无力在缅甸投入更多力量以进行有效防备和抵抗日本的进攻，这给了日本可乘之机。日本侵略缅甸的首要目的就是切断中国抗战对外联系的最重要的陆上通道滇缅公路，同时掠夺缅甸的大米和矿产品等战略物资，以完成其对整个东南亚地区的控制，巩固其野心勃勃的宏伟目标"大东亚共荣圈"。

1941年12月8日，太平洋战争爆发后，英国总督根据《1935年缅甸政府组织法》第139条，独揽了行政和立法的一切大权。1941年12月11日，日本开始入侵缅甸，12月15日，日军占领缅甸南端的维多利亚角，23日，日军飞机轰炸仰光，死伤近4万人。1942年1月，日本第55师从泰国南部出发，进攻缅甸，3月7日占领勃固，次日仰光被日军攻下。3月到4月间，日军北上深入缅甸腹地，企图切断滇缅公路。在英国的求助下，中国方面以杜聿明为代理司令长官，集合中国精锐力量的中国远征军约10万人向缅甸进发，中国第5军200师戴安澜将军与日军在东吁战役中交火，重创日军，但仍无力扭转整个战局。3月30日，日军攻下东吁，4月29日，攻占腊戌，5月1日，进入曼德勒，5月8日，北部重镇密支那失守。由于缅甸独立军的协助，日军侵缅一路势如破竹，仅仅半年时间整个缅甸就落入日本之手。

在日本侵缅战争中，虽然中国远征军在孙立人等将军的指挥下，在缅甸曾多次击败日军的进攻，拖住了日本的力量，但中英联合作战失败后，滇缅公路被迫中断，10万中国远征军经血战只有4万余人安全撤离，200师师长戴安澜率部突围时牺牲，原有的作战物资只能转而通过驼峰航线与中印公路输送。缅甸被日军占领后，日本封锁了国际援华运输线，打开了西攻印度的大门。

日本对缅甸实行法西斯统治

日本占领缅甸后，马上在缅甸实行法西斯统治，控制了整个缅甸的政治、外交、经济等所有事务。日本第15军（代号为林集团）还发布《林集团占领地统治纲要》和《林集团军政措施要领》两个文件，具体规定了在缅的殖民统治详细政策。

在政治和军事统治方面，日本侵略者利用完德钦党人和缅甸独立军后拒不履行诺言，不仅不准许缅甸宣布独立，还下令解散了缅甸独立军。1942年6月10日，缅甸独立军解散后，于7月31日被改编为缅甸国民军，人数从1.5万人裁到三千人，尽管还是由昂山任司令，但是在各分队中都必须设日本"顾问"，以监视国民军的一切行动。1942年8月，日本还在明加拉登建立缅甸陆军学校，培养亲日和为日服务的军官。日本在缅甸建立各种亲日组织和庞大的警察机构，还在缅甸建立了间谍和告密系统，严密监视缅甸民族主义者的活动，残酷镇压和屠杀爱国志士，日本企图利用这些组织来加强统治和镇压人民的反抗。

在经济统治方面，日本侵略者大肆掠夺缅甸资源和人民财产，全面控制和掠夺缅甸经济，将缅甸经济强制性纳入到为日本侵略战争服务的经济体制，还以"没收敌产"的名义，把英国在缅甸原有的资产、土地、工厂、设备等全部收为日本所有，除供日军使用外，还将保存下来的原料以及设备全部运回日本或日占区，还滥发军票、储蓄票、彩票，征收和增加名目繁多的税收，榨干了缅甸人民的血汗钱。日本还征用缅甸大量劳动力服军事劳役，为其修路、建桥、筑路、建机场，为日本对外侵略战争服务，大批战俘和劳工因此累死在工地上。

在思想教育和宗教文化统治方面，日本侵略者不遗余力地推行法西斯文化专制政策，宣传"日本是缅甸的解放者"以及"合力建设东亚共荣圈"，利用各种手段鼓吹法西斯思想，进行亲日奴化教育。日本侵略者制定了一系列的政策来控制缅甸教育，例如废除原有的英式教育制度，禁止使用英语教材，必须使用日本课程和教材，大量建立日语学校。1943年底，已有日语专科学校25所，学生已达数千人。日本侵略者还利用宗教来统治缅甸。在日本侵略者的鼓动之下，缅甸僧侣成立"缅甸振兴佛教联盟"，之后又在此基础上成立了"缅甸僧侣联盟"，在召开的第一届大会上，日本把"与日本进行合作""强化日缅之间的关系"作为会议的主体内容进行大肆宣传。

日本控制之下的缅甸"独立"

1942年6月，中途岛战役之后，日本在太平洋战场上的威风渐弱，逐渐转攻为守，在东南亚的统治开始岌岌可危，而此时在印度的英军企图夺回缅甸的统治权。日本为了稳住对缅甸的统治，允许缅甸获得"独立"。

1943年3月10日，日本大本营和政府联席会议通过了《缅甸独立指导原则》，指导原则的内容是：1943年8月1日，承认缅甸独立；巴莫为总理；只允许采取专制，政府各部门由日本顾问指导；外交上与日本合作，向英美宣战；军事上与日本进行全面合作，给予一切协助，缅军要由日军

第七章 独立之梦：英国殖民统治与缅甸人民的抗争（1886—1948年）

指挥；接受日本的经济政策。1943年5月8日，成立了以巴莫为主席的缅甸独立筹备委员会，副主席由驻缅日军副参谋长担任，成员共24人，筹委会主席巴莫既在缅甸民族主义者中有一定声望，又具有亲日思想和亲法西斯主义思想。1943年7月，缅甸独立筹备委员会提出《宪法》。

1943年8月1日，缅甸宣布"独立"。巴莫任国家元首兼总理，昂山任国防部长，吴努任外交部长，奈温为缅甸国民军总司令。"独立"后日本与巴莫政府签订《日缅合作条约》和《秘密军事协定》，协定规定：缅甸政府与日本在政治、军事、经济上进行合作，确保"大东亚战争"顺利进行；缅甸政府给予日军一切必要支援，确保日军在缅军事行动；向日军提供军用土地、战争物资、劳动力；缅甸交通运输、警察组织仍由日军控制；缅甸一切重要政府部门，都要设日本顾问；缅甸少数民族地区由日本在缅军事当局直接控制。由此可见，日本通过条约和协定，使得"独立"之后的缅甸实质上仍然被日本牢牢控制，其内政、外交全由日本掌控。事实上，所谓的"独立"，不过是日本在客观评估自身所处困境和面临的不利情势下，采取的相对获益的统治形式。

组成抗日同盟，赶走日本侵略者

日本在缅甸的法西斯统治和控制使得越来越多的缅甸有识之士认识到，只有把日本彻底赶出缅甸，才能实现真正意义上的独立。在缅甸共产党的发起和努力之下，1944年8—9月，分散的各派抗日抵抗组织的领导人齐聚吴努家，决定成立"反法西斯人民同盟"，1945年3月，改为"反法西斯人民自由同盟"，昂山为最高领导人，德钦丹东任总书记，会议一致通过了《驱逐日本法西斯强盗》的声明。声明中表示，同盟的目标是建立独立的缅甸政府，并提出抗日行动纲领，使得人民与同盟紧密合作，共同驱逐日本侵略者，之后再制定独立的缅甸宪法。

1945年，反法西斯自由同盟已经发展成为缅甸当时最大的抗日政治组织，组织中包括了缅甸的工人、农民、少数民族以及民族资产阶级等进步力量，几乎所有的政党都加入了同盟，各种抗日力量在同盟的组织下得到有效联合，抗日队伍逐渐壮大，到 1945 年 5 月，同盟成员达到了 20 万人，武装力量达到一万多人，缅甸国内人民争取民族独立的斗争也日益高涨，缅甸人民的抗日运动很快走向高潮。

世界反法西斯斗争转入全面反攻阶段，为同盟组织抗日起义活动提供了绝佳的有利的国际环境。1945 年 3 月 27 日，昂山将军率领国民军首先起义，各地抗日武装迅速响应，在日本投降前解放了仰光，收复了广大领土。到 1945 年 5 月，日本在缅甸的统治实际上已经坍塌了，中英美军队解放了仁安羌以北的地区，缅军和英军解放了南部的仰光等城市。1946 年 11 月初，反法西斯人民自由同盟发出声明，要求撤出缅甸的外国军队，在缅甸设立国防军，与其他国家建立外交关系等。反法西斯人民自由同盟的成立使得抗日各派力量得到了整合，团队的力量得到了充分的发挥，同盟的成立可以说是缅甸抗日民族解放运动史上重要的里程碑。

四、脱离英联邦，终圆独立梦

赶走卷土重来的英国殖民者

英军以盟军的身份企图重新占领了缅甸。1945 年 5 月 17 日，英国保守党政府公布了涉缅问题《白皮书》，试图恢复战前的政治、经济及文化制度。《白皮书》的发布使得缅甸人民群情激愤，1945 年 5 月 25 日，反法西斯人民自由同盟发表声明，拒绝英国政府的《白皮书》。

1945 年 9 月 7 日，缅甸反法西斯人民自由同盟主席昂山派出 11 人的代表团到锡兰的康提，与英军东南亚战区的最高司令——蒙巴顿进行谈判，

第七章　独立之梦：英国殖民统治与缅甸人民的抗争（1886—1948年）

在英军做出巨大让步的情况下，签署了《康提协定》，昂山和德钦丹东在协定上签字，同意将抗日武装由2万人缩减为5000人，并编入由英军司令部统治下的缅甸政府军内，并让抗日官兵大量复员。此后不久，以昂山为首的反法西斯人民自由同盟，将未被改编而分散在各地的抗日游击队，统一编成人民志愿军。1945年10月，英军事当局正式把政权移交给此前流亡印度的以多尔曼·史密斯为总督的殖民政府。

1946年1月，缅甸反法西斯人民自由同盟第一次全国代表大会作出决议，坚决要求缅甸完全独立，要求现政府辞职，建立民主联合政府，召开制宪会议。会后，全缅又掀起了民族独立的新浪潮。9月，缅甸各地不顾英国殖民当局的血腥镇压，再度爆发了大规模全国工人大罢工和农民武装反殖民斗争。1947年1月，英国政府被迫做出一定让步，在伦敦签订了《昂山—艾德礼协定》。

山区少数民族与《彬龙协议》

缅甸是一个多民族国家，英国殖民政府"分而治之"统治后使得缅甸本部与山区少数民族之间原本的差异性更加凸显，本就相对隔离的状态变得更为复杂。为了协调缅甸本部与山区人民之间的关系，联合各方势力，争取实现最终独立，同盟领导人昂山先后访问了克钦邦、掸邦和钦人居住地区、克伦人集中的丹那沙林地区。1947年2月9—12日，包括昂山在内的同盟领袖、掸邦土司、钦族、克钦族和缅甸总督执行委员会的代表（但以克伦民族联盟领导人为首的克伦族上层人士拒绝参加彬龙会议），在掸邦彬龙镇召开了具有深远意义的代表会议，经过多方协商后签署了著名的《彬龙协议》（the Panglong Agreement），其目的是联合缅甸本部以及掸联邦、克钦邦、钦邦等少数民族地区，从英国殖民者手中争取真正的自由和独立，同意建立统一的缅甸联邦。《彬龙协议》还赋予少数民族高度自治、民族平等的权利，各个少数民族地区在国家政治中享有充分自治，并且各

· 145 ·

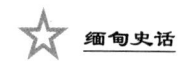

个少数民族地区人民享有民主国家公民所享有的各项权利和特权。

《彬龙协议》对后来缅甸的民族和解产生了巨大的影响,成为缅甸众多少数民族武装组织在争取民族自治等各项基本权利时的重要根据。然而自1948年独立后,缅甸中央政府同各少数民族在对《彬龙协议》的解读以及少数民族自治权等问题上发生了多次严重冲突,爆发了持续至今的武装冲突,该问题久拖不决,成为影响当前缅甸发展的巨大障碍。

尽管昂山在1947年7月19日被暗杀,但《彬龙协议》的原则还是在1947年9月24日通过的《缅甸联邦宪法》中得到了充分体现。《宪法》第一章第二条规定,作为主权国家的缅甸包括本部、掸邦、克耶邦和克钦山区以及钦族山区等地区,第一章第三条规定缅甸实行联邦制,第三条第一款规定了成立少数民族邦的7个条件,第四款规定必须承认少数民族在民族、语言、文化、历史传统等方面与多数民族有差别。《宪法》重视保护少数民族的权益,第十一章专门规定必须承认少数民族作为人的权利、与民族习俗有关的权利、文化权和自由交往权、派合适代表参加立法委员会的权利,并对这四项权利做了详细解释。例如,在人民院中必须按照该少数民族的人口比例为该少数民族留出议席;在民族院中,少数民族的议席可以超过按人口比例必须留出的议席。《宪法》第十二章规定,必须给予联邦邦区和自治邦区能从联邦分离出去的权利,但从加入缅甸联邦之日起,有关邦区在10年之内不能行使分离出去的权利;10年之后要从联邦分离出去,必须获得有关邦区2/3以上的立法委员会委员同意,并在有关邦区举行全民公决,根据有关邦区所有人民的真实意愿决定是否可以脱离联邦。

昂山将军遇刺与缅甸独立

昂山(Aung San),缅甸独立运动领导人、将军,缅甸反法西斯人民自由同盟主席,缅甸共产党创始人之一(之后退党),是缅甸著名的民族英雄。

1947年4月9日,缅甸举行制宪会议的选举,反法西斯人民自由同盟

第七章 独立之梦：英国殖民统治与缅甸人民的抗争（1886—1948年）

获得了173席，缅甸共产党获得7席，独立派人士获得2席，克伦人获得24席，其他2席位。反法西斯人民自由同盟获得压倒性胜利，组成以昂山为首的临时政府。会议通过决议，"宣布缅甸为独立的自由的共和国——缅甸联邦的庄严的、坚定的决心。"6月，会议又正式通过《关于缅甸独立的决议》，7月，昂山还发表声明说："除了完全独立，缅甸不同意任何东西。"昂山作为缅甸民族主义运动中最为重要的领导人，他发表的声明遭到了英国政府和缅甸国内右派政客的嫉恨。1947年7月19日，昂山、德钦妙等6人在其办公室开部长会议时，被缅甸爱国党主席吴素所派的杀手刺杀，这群暴徒正是英国殖民者与缅甸右派相勾结的产物，试图以此来引发缅甸内乱。昂山被刺是缅甸人民的巨大损失，其终生为独立而战的精神，至今仍然影响着缅甸国人，他在缅甸人民心中拥有极高的威望，被尊为"缅甸国父"。

　　昂山的遇害激起了缅甸人民极大的愤慨和爱国主义热情，各地人民纷纷开始举行抗议活动。全缅工人协会、全缅农民协会举行全国性运动，学生、教师、商人等都加入其中，声势浩大。1947年7月20日，英国总督兰斯请求同盟副主席吴努组织并且主持新的行政委员会。21日，新的委员会正式成立，其成员有吴觉迎、吴顶图、波力耶、德钦丁等。24日，英国首相艾德礼发表声明，英缅之间就"移交缅甸政权"、"英缅未来关系"的问题进行谈判。8月2日，缅甸临时政府成立，吴努任总理。8月29日，英缅签订《英缅防御协定》，英国意在移交政权后，尽快撤出英军，但必要时还可进入，并使用基地和设施，同时派出常驻军事代表团，协助训练军队等。9月24日，缅甸制宪会议一致通过《缅甸联邦宪法》，《宪法》规定缅甸为主权独立的共和国，称为缅甸联邦。《宪法》从法律层面宣布了缅甸国家和民族取得了独立。10月7日，《英缅条约》签订，英国政府承认了缅甸联邦共和国为完全独立的主权国家。1948年1月4日凌晨4点20分，在仰光市瑞达光佛塔广场举行了盛大的政权移交仪式，宣告缅甸联邦正式成立。总理吴努宣布缅甸独立时说："我们希望全世界的每一个人都能听到缅甸联邦成为独立主权国家的宣言。"此后1月4日成为缅甸的"独立日"。

第八章 国运多舛的新生联邦

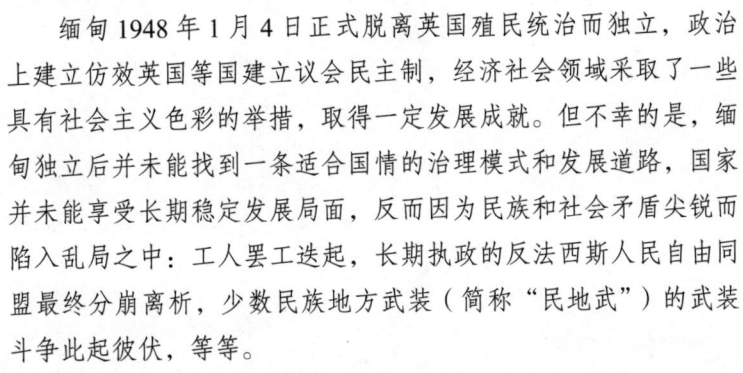

缅甸1948年1月4日正式脱离英国殖民统治而独立，政治上建立仿效英国等国建立议会民主制，经济社会领域采取了一些具有社会主义色彩的举措，取得一定发展成就。但不幸的是，缅甸独立后并未能找到一条适合国情的治理模式和发展道路，国家并未能享受长期稳定发展局面，反而因为民族和社会矛盾尖锐而陷入乱局之中：工人罢工迭起，长期执政的反法西斯人民自由同盟最终分崩离析，少数民族地方武装（简称"民地武"）的武装斗争此起彼伏，等等。

缅甸独立时饱受战争摧残，不具备建立议会民主制的经济社会条件，吴努（U Nu）等资产阶级精英从西方移植民主制度，而大众对此缺乏了解和参与经验，导致西方民主在缅甸水土不服，民选的吴努政府无法稳定濒临失控的缅甸局势，1958年10月，吴努总理将权力移交给奈温（Ne Win）将军领导的看守政府，一直到1960年2月举行新大选，在奈温政府管治下，国家秩序逐渐稳定。尽管吴努再次赢得大选而出任总理，但其却再度面临难解困境：执政党内矛盾重重，经济社会发展迟缓，佛教徒与其他宗教人士发生冲突，一些少数民族施压吴努政府扩大地方权力，甚至威胁退出联邦，等等。国家濒临分裂与失控，吴努已经无力回天，1962年3月2日，奈温将军发动政变，推翻吴努政府。缅甸被西方民主"撞了一下腰"，被迫从资产阶级民主转入漫长的军政府时期。

一、喜忧参半的新生联邦

缅甸独立时是喜忧并存。喜的是，1947年《宪法》规划国家发展蓝图，吴努政府也推进一些经济社会发展规划，缅甸独立迎来新的发展希望；忧的是，英国殖民统治的余孽未了，缅甸底子薄，经济社会百废待兴，这个新生国家的稳定与发展举步维艰，民族复兴之路必将坎坷。

先介绍一下缅甸独立之后的忧患局面。独立之前，缅甸经济凋敝，百废待兴，也就注定着其独立后发展之路必将艰难。缅甸1885年底沦为英国殖民地，尽管其经济有所发展，如铁路通车里程在19世纪末远超邻国，但其经济日益受控于英国，发展畸形，大米、石油等产业发展迅速，主要是为英国殖民者谋取巨额利益。二战时，缅甸沦为大国争夺的战场，1942—1945年被日本占领，1945年5月又被英国重新占领，直至1948年初独立。二战期间，缅甸经济遭受重创，很多经济设施、基础设施和城乡建筑被毁，英国殖民者战后又废止日本占领缅甸时期发行的纸币，缅甸人的财富大幅缩水。缅甸厄运叠加，殖民掠夺加上战争破坏，农副产品产量暴跌，从二战前曾经的世界最大大米出口国沦为独立前后的大米勉强自给，石油、柚木等曾经的出口优势产业也因战乱而凋敝，物资短缺，物价高企，民不聊生。

屋漏偏逢连夜雨。缅甸这个千疮百孔的国家，独立后非常需要一个威望甚高的强人领导着前进，但昂山将军独立前夕遇刺，被称为"国父"的他英年早逝，给新生国家蒙上了一层阴影，后来的历史证明，昂山那代缅甸领导层中的其他人均难以稳定和治理好国家，这也是缅甸后来命运多舛的原因之一。

吴努临危受命，继续领导缅甸独立进程和建立新国家。他 1929 年在仰光大学哲学系毕业并获文学学士学位，一度任中学校长，1934 年重返仰光大学攻读法律，1935—1936 年任学生联合会主席，1936 年与学生会领导人昂山等一起反对英国殖民奴化教育，参与领导罢课，被学校开除。吴努 1937 年参加重要的独立运动组织——"我缅人协会"，负责财务和宣传工作，同年与一些独立运动领导人一起创建"红龙书社"，翻译介绍马克思主义理论著作和出版进步书刊，曾亲自翻译发表《资本论》部分章节。1938 年，曾因参加反英大罢工和示威运动，而被殖民当局逮捕。二战爆发后，他一度为缅甸出路派组织（由"我缅人协会"和一些追求独立的党派组成）的领导成员，因从事反英宣传而再度被捕。吴努 1943—1945 年先后任日军占领下的巴莫内阁外交部长和宣传部长，与昂山等领导的反法西斯人民自由同盟一起秘密开展抗日活动。二战结束后，吴努任反法西斯人民自由同盟副主席，1947 年 7 月 19 日，昂山将军遇刺，吴努成为反法西斯人民自由同盟主席，7 月 21 日任缅甸行政委员会主席，8 月 2 日成为临时政府总理，后赴英国签订有关缅甸独立的《英缅条约》。1948 年 1 月 4 日缅甸独立，吴努成为首任内阁总理。

但吴努这个国家新舵手，担任缅甸最高领导人存在一定缺陷，威望略逊昂山将军一筹，政治手腕和控局能力也不行，这是缅甸独立后难以稳定发展的原因之一。昂山将军政治意志坚决，领导军队和民众开展长期的、艰苦卓绝的独立斗争，和军民打成一片，在军民中威望都非常高。吴努是学生领导人和文官，缺乏军事领导经验，在军中威望不高，而军队在缅甸独立过程中和独立后均发挥关键作用。缅甸独立前后，诸多党派和武装组织林立，各派的理念与利益不一，昂山将军威望甚高，手腕高超，算是可以基本统领各派力量谋求独立斗争，但也不是能百分百镇得住各派势力。昂山去世后，反法西斯人民自由同盟群龙无首，派系矛盾、政策分歧和利益之争日益凸显。

缅甸各路英豪和组织在追求独立的过程中，并未在斗争中建立系统的、科学的理论体系作为统一的指导思想，没有为新国家发展设计出非常完善的纲领和蓝图，而是，缅甸精英们在有关国家前途命运的思想理念里掺杂着社会主义思想、佛教主义、资本主义、实用主义等各种思潮。在争取国家独立过程中，各种思潮的核心目标是驱逐英国殖民统治者和后来的日本殖民者，摆脱殖民统治，各派那时能够做到求同存异，团结驱逐外敌，不太顾及彼此间理念的差异。当各派共患难实现独立目标后，大家想的更多的则是各自利益能否在新的联邦内得到保证了，各种理念分歧和利益纷争就浮出水面了。共患难行，同享福就难以实现了。加之吴努与英国政府达成缅甸独立协议时做了不少妥协，引发缅甸共产党等左翼势力的不满，后者指责吴努未能领导缅甸完全摆脱英国控制，指责吴努后来很多施政举措背离社会主义原则，导致缅甸共产党与吴努领导的反法西斯人民自由同盟关系闹僵。上述因素都是吴努后来统治不稳的重要原因。

下面再分析一下缅甸独立后"喜"的一方面。1947年《宪法》是缅甸独立建国的纲领性文件，缅甸独立后不久，吴努政府还采取诸多措施发展国家和社会，改善民生。昂山、吴努等独立运动领导人早就对英国殖民统治深恶痛绝，要尽力消除英国殖民宗主国对缅甸经济社会的深刻影响，要尽快改变缅甸经济社会落后状况。因此，吴努政府1948年就制定和颁布了《经济发展两年计划》，1950年还提出"愉悦国家"（pleasant country）和"福利国家"的口号，1954年又制定了《八年计划》。这两个文件提出要改变具有剥削性质的资本主义制度，逐步建立社会主义经济体系，改变国家落后状况。吴努政府采取国有化外资企业、与外资合营企业等方式，削弱外资对缅甸经济的长期影响，并出台支持政策，扩大国家投资扶持缅甸民族资本的发展，力图使之尽快成为国民经济的支柱。在贸易方面，吴努政府限制外国人插手缅甸进出口贸易，由缅甸企业或商人逐步控制国内外出口行业。吴努政府推进土地改革，力图废除大地主土地所有制，实行土地国有化，让更多农民"耕者有其田"，着力降低贷款利率，让农民"居者有其屋"，提高人民生活水平。吴努政府还与美国、苏联、印度、中国等扩大经贸合作，争取外资和外援，并获得日本两亿美元战争赔款，争取外部更多支持来发展缅甸经济等等。

从 1948 年 1 月吴努执政至 1962 年 3 月吴努被军事政变推翻前的 14 年间（含吴巴瑞、奈温等人短暂执政时期），缅甸经济社会发展取得一定成效，年均经济增长率在 4.5% 左右，部分经济社会指标逐渐恢复到二战前的水平，教育事业也有所发展，培养了一批批国家急需的人才。比如，1959—1960 年度，缅甸大米出口近 210 万吨，达到战后历史新高。但由于吴努政府管制能力不强、内战爆发等因素的综合影响，缅甸经济的多个发展规划难以有效落实，经济秩序时而比较混乱，总体仍未摆脱落后状况，农业仍是国民经济的支柱产业，民族工业脆弱，商人为谋取短期利益而贩卖进出口许可证给外商，商人参与投机倒把，哄抬物价，扰乱金融秩序。独立后的多年，缅甸贸易曾经多年顺差，此后，由于受到缅甸具有国际竞争力的工业品少、国际大米价格波动等因素的影响，缅甸外贸局面也有所变差，1960 年，缅甸贸易逆差达 3500 万美元。最终，吴努承诺的"福利国家"的目标落空，百姓并未从经济发展中获得多少实惠，吴努民望也受损。而如果横向比较的话，缅甸独立前后的经济状况和泰国差不多，有些方面还稍好一些，但独立后这 14 年的经济发展比邻国泰国有所落后了。

综上所述，缅甸终于赢得了来之不易的独立，成立了新的多民族联邦国家，但由于新国家建立时，底子极差，政治、社会、民族矛盾尖锐（下文将详述独立前后的民族矛盾），注定着这个新生国家未来的稳定与发展存忧，要在磕磕绊绊中前行。

二、民族矛盾激化，内战爆发

新生国家要发展，最需要的是局势稳定，而缅甸确是尚未来得及享受独立所带来的幸福感，却国运多舛，独立伊始便惨遭内战之苦。而且，至今，缅甸民族矛盾及其引发的武装冲突从未彻底平息，成为国家难以抚平的伤疤。那么，缅甸缘何1948年初刚成立多民族联邦之后旋即就发生失控的内战了呢？原因主要有以下几个：

一是，古代缅甸就始终未能成为一个长期统一的、多民族和谐共处的国家，即便出现过版图较大的"统一封建王朝"，其疆域也未覆盖独立后的缅甸这么大的疆域和这么多的民族，多个民族间的语言风俗差异甚大，不同民族间的矛盾尖锐，古代曾多次武力相向，历史积怨太深。

缅甸共有135个民族，缅族是较大民族，还有掸、孟、克钦、克伦等134个少数民族（或者说是族群）。古代时期，缅甸不同民族先后建立过一些国家，如掸国、林阳国（孟族建立）、呎舍离国（若开人建立）、骠国（骠人建立）、蒲甘王朝（缅族人建立）、东吁王朝（缅族人建立）、贡榜王朝（缅族人建立）等等大大小小的国家，但这些古代国家建立时，其疆域均未达到1948年1月缅甸联邦建立时的广阔疆域，古代国家也未能建立起囊括135个民族的统一国家，反而是，缅族与孟族等少数民族在古代由于政治管理体系不同、宗教文化习俗迥异、居住地分散、利益冲突等因素的综合影响，彼此往来不多，民族间的融合度较差，彼此经常发生冲突。缅族与少数民族间的恩恩怨怨持续数百年乃至延续至今，遇到现实利益冲突刺激，民族矛盾自然一点就着。

二是，英国长期殖民统治缅甸，其主要目的是弱化缅甸、控制缅甸，让缅甸发展为英国利益服务，绝不会真心让缅甸各民族加快融合而形成统一的国家。因此，英国殖民者对缅甸不同民族采取分而治之策略，以加深各民族矛盾，减少缅甸各族人团结抗英的可能性。英国人在缅族为主的地区实行直接殖民统治，按照英国管理体制来管制这些地区的事务，以更有力地压制缅族人起义。而在缅甸少数民族聚居区，英国人则保留当地山官、土司等封建体系，采取较为宽松的间接统治，恩威并举，想方设法拉拢少数民族上层和精英人士，并在大学教育、基督教传播等方面有意扶持少数民族，压制缅族的生存发展空间，比如，在仰光大学等高校，缅族（佛教徒为主）学生的比例低于缅族人在全国人口中的比例，克伦族（基督教徒较多）等少数民族学生的比例则远远高于其人口占缅甸人口的比例。而且，英国征集克伦、克钦等少数民族士兵来压制缅族人为主的独立运动。这样就加剧了缅族与其他少数民族的差异与矛盾，缅族认为少数民族联合英国来压制缅族人及其领导的独立斗争，而少数民族则认为缅族人联合日本打压少数民族。二战时，克钦、克伦等族与英国一起联合抗击日本侵略者，而昂山等人最初是联合日本驱逐英国殖民者（当然，二战结束前夕，昂山等人掉转枪口打日本法西斯）。

在追求缅甸独立建国的过程中，大缅族主义和地方少数民族主义的明争暗斗也一直存在。缅族人口多，其聚居区的经济社会发展水平总体要高于广大的山地少数民族地区，在追求缅甸独立的过程中，主要是昂山将军等缅族精英作为领导者，缅族人参与独立运动者也多，影响也大，其在追求独立的斗争中总体比其他任何一个少数民族发挥的作用都要大，因此，高人一等的大缅族主义在缅甸独立进程中就持续在部分人中滋长。昂山和吴努代表独立前的缅甸与英国谈判和签署独立协议时，代表团是缅族人，没有什么少数民族，这自然被少数民族视为是缅族在主导独立建国事务，不满自己处于"二等民族"的较低地位，不满其利益诉求在独立进程中难以获得应有保障。

独立前，缅族和几个少数民族最大的敌人是英国殖民宗主国，独立建国的目标压倒一切。加之昂山将军威望崇高，呼吁不同民族"求同存异"，展现极大诚意，如，他向参加彬龙会议的少数民族保证，如果缅族人获得一缅币，你们也会获得一缅币。他历尽艰难，终于说服多个民族暂时抛弃民族矛盾，有所团结，1947年2月达成了独立建国的《彬龙协议》。召开彬龙会议时，掸族、克钦族、钦族等少数民族尽管派出正式代表与会，但他们均对未来现代民族国家缺乏足够认同和支持，对其在新国家中的高度自治地位和利益保障存在一定疑虑。而克伦族高层不愿出席会议，克伦、孟、若开、克耶、佤等少数民族仅是派观察员与会。最后，缅族、掸族、克钦族、钦族等正式与会各方算是达成了未来民族关系的框架性协议。在当时历史条件下，协议在促成各民族团结，谋求独立方面功不可没，彬龙会议承诺未来给予少数民族高度自治等权益,这在后来的1947年《宪法》中得到确认。但《彬龙协议》以及后来的《宪法》存在弊端,如,《宪法》规定:此前称为掸族联邦和佤邦的领土构成缅甸联邦的一个选区单位,称为掸邦;此前称为密支那和八莫的两个地区构成缅甸联邦的一个选区单位,称为克钦邦;此前称为克伦尼邦即坎他拉瓦底、波拉克和杰波基地区构成缅甸联邦的一个选区单位,称为克伦尼邦(克耶邦)。《宪法》仅仅给予掸邦等少数邦拥有在缅甸独立10年后脱离联邦的权利,而若开族等族并未获得这种权益。《宪法》规定,设立钦特别区,包括钦山区和若开山地在内,其区域由新总统划定,而克伦族未来地位则交由新联邦决定,邦和区的行政地位不同,意味着其他这几个较大的少数民族未来就很难立即获得与掸邦等少数民族邦同等的10年后选择独立的权利了。上述这些规定客观上又把不同少数民族的权益给划分成了三六九等,让有些少数民族感到受到不公正待遇,为缅甸未来民族矛盾的激烈爆发留下了极大隐患。

三是,在有些国家,民族矛盾尖锐未必就会演变成为大规模内战,而在缅甸,内战却容易爆发。因为,自19世纪末开始,缅甸先后沦为英国和日本殖民地,二战时又成为美国、英国等盟军与日军激烈争夺的战场,因此,各种武装组织林立,武器泛滥,暴力犯罪猖獗。多个少数民族已经习惯了用武装斗争来争取权益的做法,随时可以揭竿而起。

综上所述,缅甸民族矛盾尖锐,独立之前,多个民族尚能暂时搁置一些矛盾,尽力团结驱逐英国殖民统治者,但独立之后,划分权益成为各族追求的核心利益,由于不同民族间的恩怨仍在,加上吴努政府民族政策失当,民族矛盾就立即上升为国家主要矛盾了。

1947年召开彬龙会议时,是昂山将军苦口婆心地劝服多个少数民族签署《彬龙协议》,联合建立联邦,是昂山将军在协议上签字,并向少数民族做出多种承诺。吴努在这个多民族团结建国过程中发挥的作用微乎其微,恐怕难以切身体会到其中艰辛,难以切身感受到当时缅族和多个少数民族高层之间的真实想法,也难以在少数民族中建立像昂山将军那样崇高的威望。昂山将军遇刺后，少数民族自然也难以相信吴努，吴努也难以镇得住各个少数民族势力。

缅甸1948年独立伊始，为安抚较大的少数民族高层，缓和民族矛盾，促进国家团结，掸族人在建国后出任首位总统，各方大致有个不成文的共识是：以后尽量让几个主要民族的人士在总统人选上"轮流坐庄"。同时，为促进军队团结，独立后初期，克伦人出任陆军和空军司令。但这种面上的权力分享格局很快就被打破了。吴努出任内阁总理（掌握国家实权）后，包括奈温1958年10月至1960年4月担任看守总理时期，其部分民族政策思路背离了昂山将军的理念和举措，处理民族关系失当成为导火索，迅速酿成内战全面爆发。而缅甸总统似乎应由多个民族人士"轮流坐庄"的制度，在缅甸独立后的10年左右时间一度得以实行，比如，前三位总统先后来自掸族、缅族和克伦族，但后来这种制度在奈温执政时期就被废止了，缅族人奈温等长期把持国家最高领导人职位，其他少数民族自然就长期不满了。

一是，吴努政府加强联邦的统一性，担心少数民族要求高度自治乃至分裂的言行会导致联邦分崩离析，遂在政治上剥夺了少数民族不少权益，强化对少数民族的管控，并未完全兑现《彬龙协议》精神和1947年《宪法》中的一些条款。如，原来掸邦等地区的少数民族土司等高层，在英国殖民地时期基本仍享有世袭、领地等权益，按照1947年《宪法》，其类似权益也应当受到一定保障，但吴努政府逐步取消少数民族高层的特权，包括奈温临时政府1959年取消土司世袭权，这就得罪了影响力甚大的少数民族权贵集团。同时，吴努政府又得罪了几个较大少数民族的全体人士，迟迟不愿建立克伦邦、孟邦和若开邦，限制掸邦等少数邦依据《宪法》在缅甸独立10年后决定是否独立的权力，这违背彬龙会议精神和《宪法》规定，于情于法，均不占理。而且，由于受到吴努政府扶持少数民族发展的主观意愿不强、缅甸成立后经济困难、少数民族山区交通不便等因素的综合影响，少数民族在缅甸独立后极少获得中央政府的政策和资金支持，难以与缅族一样享受到缅甸国民经济发展的成果，继续贫穷和落后。

二是，吴努及其政治团队中有不少大缅族主义者，吴努本人更是虔诚的佛教徒，而且，吴努在大选中为击败对手，也要极力争取占人口绝大多数的佛教徒支持。由于历史和现实的多种原因，很多少数民族对本民族语言、文化、习俗、宗教的认同要大于对缅甸联邦的认同，认为本民族利益高于联邦国家的利益，不仅缅甸独立伊始并未促使135个民族形成对国家的高度统一认同，即便到现在，也未实现这个目标。比如，像若开族等少数民族，其信奉佛教，但生活习惯上与缅甸中南部的缅族也有差异，克钦、克伦等少数民族中则有不少人信封基督教或其他宗教，这些少数民族的宗教信仰与认同根深蒂固，生活习俗各异，较难改变，而且对外来改变者的防范与抗拒心理很强。因此，吴努政府用缅甸语言文化和佛教企图同化诸多少数民族，在少数民族地区推广缅族语言文化教育，1952年将缅语规定为公务用语，在1961年将佛教定为国教，这些举措极大刺激了诸多少数民族的敏感神经，因为他们本身就非常担心自己的语言文化逐渐被边缘化、被同化，担心自身的民族特色逐渐消失，担心少数民族自治地位不保。一个巴掌拍不响，大缅族主义膨胀，少数民族自身的地方民族主义情绪强烈，两者剧烈冲撞。

综上所述，吴努政府得罪了很多少数民族高层和民众，这就导致后两者中支持中央政府和国家统一的人不多，很多人却坚定地联合反抗中央政府。掸邦等少数邦要求获得独立地位，而那些没有获得高度自治的少数民族则要求地方高度自治，两者的矛头都指向中央政府。缅甸独立仅仅两个月后，从1948年3月开始，"民地武"反抗新中央政府的内战便开始了，多个少数民族参与斗争，而克伦族人数较多，武装实力较强，对中央政府的不满也很强，因此，其武装斗争声势最大。此时的缅甸政府军（国防军）的陆海空军均较弱，正规军和辅助部队总计仅约4.3万人，而缅甸国土面积超过67万平方公里，山区多，海岸线长，这点兵力对于保卫缅甸海陆空安全而言是杯水车薪。尤其是，陆军基本是个步兵配置特色，缺乏重武器，主要能控制仰光等伊洛瓦底江下游地区，但少数民族武装斗争地区主要是广袤的农村和山区，地形复杂，陆军兵力不足，到乡村和山区作战必然吃亏。

1949年1月31日，在吴努总理支持下，奈温将军取代克伦族的史密斯·敦，成为缅甸国防军最高领导人，而军队中的克伦与克钦士兵则迅疾哗变，更是壮大了其他少数民族武装反抗中央政府的气势。

克伦族武装不仅宣布在东吁建立"国家"，1949年还打到仰光北部郊外的永盛镇，吴努政府一度岌岌可危。后来，吴努、奈温等想方设法从英国、印度等进口武器，扩充军备，加之多支"民地武"基本是各自为战，难以形成联军，其武器也不占优势，1950年，政府军把多支"民地武"武装斗争的高潮算是暂时给压下去。1951年10月，议会修宪，成立克伦邦，以缓和中央政府与少数民族的关系。

综合观察，在吴努政府执政前几年，缅甸形成一个非常怪异且危险的局面，由于缅甸共产党在农村坚持武装斗争，加上少数民族在边远山区的武装斗争，缅甸中央政府能有效管控的主要是仰光等少数城乡地区，并非是一个强有力的中央政府。尽管政府军在1950年击溃"民地武"斗争高潮后，上述局面有所改观，但"民地武"并未被全面击垮，并未放弃追求高度自治或独立的斗争，民族矛盾在后来多次激化，激烈内战多次引起爆发。1958年，如果依据《宪法》，掸邦有权通过民众投票来决定是否留在联邦内，但中央政府和驻掸邦的政府军丝毫没有让掸邦独立之意。而且，奈温将军在1958年10月至1960年2月领导看守政府时期，继续压缩掸邦等地少数民族土司的特权，当地武装反抗中央的斗争再度激烈，掸族武装与溃退当地的国民党残兵还联合反抗缅甸政府。1960年12月，钦族人士要求成立邦，而掸族领导人则提议弱化中央政府对掸邦的统治，要扩大掸邦地方财权等，或者直接让掸邦独立。这也是吴努政府多个国民经济计划难以顺利推进乃至搁浅的重要原因，导致缅甸独立之后错失部分发展机遇。

三、移植西方民主失败

缅甸独立后，吴努等缅甸精英盲目将西方民主体制移植到新生联邦，自然导致其"水土不服"，问题丛生。加之国内社会、民族矛盾尖锐，西方民主制在1948年1月建立后，一直跟跟跄跄前行，1958年10月至1960年2月，吴努政府面对失控乱局，被迫将政权移交给奈温将军领导的看守政府。看守政府结束后，再度举行大选，吴努一派再度胜选，1960年4月，吴努再度出任总理，但执政集团内部矛盾、朝野矛盾、民族矛盾仍十分尖锐，国家濒临分裂与动荡的危险，民选的文人政府已经无法控制局面，1962年3月，奈温领导国防军发动政变，推翻吴努政府，标志着议会民主制的失败。

其实，吴努等精英将议会民主制强行移植到新独立的缅甸，必然产生"水土不服"的窘境，因为其不符合这个新生国家的基本国情。欧美议会民主制历经两三百年的曲折发展，整个社会和民众发生了翻天覆地的变化，才发展到今天的程度，但西方民主自身也面临各种问题，并非放之四海而皆准的典范体制。中国古语讲："橘生淮南则为橘，生于淮北则为枳，叶徒相似，其实味不同。所以然者何？水土异也。"如前文所述，缅甸独立伊始，经济社会发展非常落后，资产阶级议会民主超越当时经济社会基础，两者自然无法对接好，反会矛盾丛生。缅甸文化传统也与西方社会迥异，殖民地时期的政治运作也与西方差异很大，英国自1885年底开始殖民统治缅甸，建立殖民统治体系，并对缅族和少数民族采取"分而治之"的政策，一直到1942年1月日本击溃英国而占领缅甸前，英国殖民统治的目标是控制和压榨缅甸，并非想在缅甸建立类似英国的资本主义经济政治体系。1942年1月至1945年5月日本占领缅甸期间，对缅甸则是进行残酷的法西斯统治。尽管日本曾在培训昂山等"三十志士"军事技能的同时，教授了这些领导缅甸独立的精英一些行政知识，但这种培训如蜻蜓点水，且独裁的日本法西斯政府能传授给缅甸精英多少正确的治国方法呢？二战结束后，英国殖民者又想恢复对缅甸的殖民统治，结果遭遇昂山将军领导的反法西斯人民自由同盟的反对，1946年9月，英国被迫让昂山将军出任新的行政委员会副主席兼国防部长和外长，吴努等反法西斯人民自由同盟部分领导人后来也参加行政委员会，但缅甸人在殖民统治机构中总体发挥配角作用。也就是说，从政治架构和官僚体系运作而言，缅甸独立前基本没有运行过真正的议会民主制，连政治精英都对此没有多少切身体会和实质参与，只能说是个别人对西方民主有些粗浅的认识。缅甸百姓长期处于被统治者地位，知识水平较差，更对西方民主缺乏基本了解，不具备参与西方民主的素质，更缺乏参与西方民主的实践。

当然，缅甸独立后仿效英美政体，也与缅甸独立后的发展仍有求于前宗主国英国有关，与吴努等人与英国长期接触甚多而与社会主义苏联直接接触少有关。不过，总体而言，上层精英未充分考虑缅甸经济社会情况而盲目施行西方民主体制，自然会导致西方体制与缅甸社会现实发生激烈碰撞。在亚洲，盲目移植"西方民主"而饱尝苦水的国家不少，缅甸的邻国泰国就是一例。而且，缅甸反法西斯精英层内部对缅甸发展路线的思路也各异，连高层都不团结。独立前后，社会主义思潮也是当时重要的政治社会思潮之一，影响也较大。从20世纪二三十年代开始，缅甸人愈发认识到英国殖民统治者给缅甸带来的人剥削人的资本主义制度的种种弊端，因此，社会主义思想在缅甸精英和社会中开始流传开来。昂山将军及其同仁奈温、吴努等人也受到一定影响。昂山将军曾经希望缅甸走既不同于资本主义也不同于社会主义的中间道路，但他在独立前遇刺，其思想理念并未得以在缅甸独立后推行多少。吴努最初也受到社会主义思想影响，并积极宣传社会主义。尽管1947年《宪法》中体现着一些社会主义的思想原则，如发展国有经济等等，但吴努等人领导缅甸独立后建立了议会民主制，吴努等缅甸独立后新政府的领导人却在很多方面背离了社会主义。奈温将军等人也希望独立后的缅甸采取一些具有社会主义色彩的政策举措。缅甸共产党则是主张彻底清除英国殖民者对缅甸的影响，希望缅甸独立后实行社会主义制度，因此，缅甸共产党不满昂山出任英国殖民者领导的行政委员会副主席，指责吴努与英国签订的《英缅条约》对英国妥协较多，并未使缅甸彻底摆脱英国殖民统治，最后，缅甸共产党与昂山、吴努一派分道扬镳，逐渐走上武装对抗吴努政府的道路。

昂山将军对缅甸社会、民族等问题的认识比吴努等人要深刻，曾设想着缅甸独立后建立强有力的一党政府来稳定局面，领导国家发展。而吴努等人并未遵从昂山将军遗志，推动建立的议会民主制缺乏国内广泛支持，政府不强大，施政困难，难以应对缅甸复杂的社会矛盾，难以有力稳定局势。比如，缅甸1948年1月独立后的首次大选在1951年才举行，因为反法西斯人民自由同盟内部矛盾显现、内战爆发等原因延迟了大选。而且，大选投票主要是在政府控制区域内举行的，投票率不高，同时，由于受到反政府武装影响和控制的大片地区没有参与选举，选民代表性也严重不足，这是不正常的选举。

执政的反法西斯人民自由同盟历经多次分裂，最终崩溃。反法西斯人民自由同盟是一个追求独立的诸多党派组织的一个联合体，而不是一个严格意义上的统一政党，以前，昂山将军的个人领导魅力对于维系同盟的团结至关重要，但他的遇刺对同盟的打击甚大，吴努等人的威望不如他，难以填补昂山将军离去后留下的威望真空和权力真空，同盟的凝聚力就开始下降，离心力上升。其实，早在缅甸1948年1月正式独立前，由于国家独立目标的逐渐实现，共同敌人英国在缅甸的影响力趋于减小，反法西斯人民自由同盟反而逐渐失去了统一的奋斗目标，内部的理念分歧和派系之争已经开始显现了，似乎也难逃脱"共患难容易，同享福困难"的怪圈。当反法西斯人民自由同盟从追求独立的斗争状态转变为独立后的执政者之后，一时难以完全适应，有些人开始背离独立运动时期的理想信念，以自己为国家独立受尽苦难为由，要求论功行赏，追名逐利，甚至开始滥用职权，走向腐化堕落。吴努最初的设想是，他从1948年1月独立后出任总理半年，然后将权力移交给副总理，专职担任反法西斯人民自由同盟主席，以解决同盟内部诸多矛盾，防止其走向分裂。但缅甸独立后国内矛盾复杂、内战爆发、工人示威和罢工迭起等混乱局势迫使吴努必须首先应对国家乱局，难以分身去专门处理反法西斯人民自由同盟内部的矛盾，难免顾此失彼。

独立后，反法西斯人民自由同盟高层领导间争权夺利激烈，施政思想路线分歧更是令这些斗争火上浇油，彼此斗争几轮后，最后分道扬镳，各立山头。当时，总统是国家元首，但其权力小于内阁总理，后者掌握国家实权，因此，总理职位的争夺异常激烈。如1951年大选后，吴努击败吴巴瑞、吴觉迎等同盟高级领导人，连任总理，但彼此之间都结下矛盾，总理之位的角逐后来一直持续多年。

祸不单行，反法西斯人民自由同盟后来持续分裂。一方面，缅甸共产党等同盟内左翼成员领导工农民众与吴努政府展开武装斗争。因为，吴努等反法西斯人民自由同盟的部分领导人开始背离同盟最初的核心指导思想理念——社会主义，其领导建立的政治体制和一些施政举措背离了社会主义，并且挤压左派人士，导致很多左翼人士退出同盟。吴努一派曾与缅甸共产党以及其他左翼人士和组织并肩战斗，谋求国家独立，建国前后，各方在理念和利益上的矛盾不可调和，吴努领导的反法西斯人民自由同盟和缅甸共产党决裂，后者组织多次工人罢工和农民斗争，遭到吴努政府打压，走上长期武装抗争政府的道路，与缅甸政府的斗争一直持续到20世纪80年代末。缅甸共产党从反法西斯人民自由同盟的关键力量之一，走上与同盟和吴努政府反目成仇之路，这是同盟成立以来遭遇的一次重挫，元气大伤。

另一方面，反法西斯人民自由同盟面临的其他政党的斗争压力也很大。由于同盟的一些人愈发不满吴努政府的内外政策而退出同盟，德钦漆貌等人成立工人农民党，司法部长吴埃貌成立正义党，两党结为"民族团结阵线"，与吴努领导的反法西斯人民自由同盟争夺执政权。1956年4月大选中，反法西斯人民自由同盟险胜由正义党和工人农民党联合组建的"民族团结阵线",继续执政,但吴努总理因领导同盟在大选中表现欠佳而被迫弃任总理,专任反法西斯人民自由同盟主席,由吴巴瑞代表同盟在1956年6月至1957年2月间短暂出任总理,其一度试图整顿吏治,稳定国家局势,但成效不佳,吴努随后再度夺回总理之位。

随着高层争夺领导权的斗争以及其他因素的综合作用持续发酵,1958年4月22日,存在了约14年的反法西斯人民自由同盟正式分裂,这个曾经领导缅甸独立运动和建国初期发展的组织退出了历史舞台。同盟分裂为两派,治国方略也截然不同:以吴努为首的一派称为"廉洁派",以吴巴瑞为首的一派则称为"巩固派",前者主张政府应该重视发展农业,后者则认为工业兴国。两派分立山头后继续斗争不止。吴努一派采取多种措施笼络人心,如,释放一批政治犯,让有些政党重新合法化,缓和少数民族关系;另一方面,吴努一派开始在政府、军队、警察中清理吴巴瑞一派的人士,以减少该派影响力,并力图降低该派在未来大选中的胜算,而吴巴瑞一派也是坚决斗争,该派内阁部长6月集体辞职,还组织针对吴努政府的抗议示威,在议会提出对吴努政府的不信任案,后者涉险过关。两派均谋杀对方的人士,政治斗争的血腥味上升。9月中下旬开始,政治危机逐渐升级,最后到了失控地步,而且,从法理上讲,到1958年时掸邦等个别邦依据《宪法》有权投票决定是否留在联邦内,吴努政府再度面临严峻的民族矛盾。缅甸局势像个要爆炸的"火药桶",奈温将军等领导的国防军早就对吴努在缅甸推行资本主义制度和政策不满,也担心其对少数民族让步太多而导致国家分裂,内心有所倾向支持吴巴瑞一派,而压制那些忠于吴努的警察,并向吴努施压,指责其滥用《宪法》谋取私利,等等。

上述多种因素叠加,是吴努执政时期长期难稳的重要原因。吴努政府已经无法控制局面,其拟举行的大选也泡汤,而且,其在任时期的政绩不佳,缺乏足够的民意基础来反击军方压力,最终,1958年9月底,吴努邀请奈温将军组织看守内阁以稳定局势,次月底,议会批准奈温出任看守内阁总理。奈温政府整顿经济秩序,打击社会犯罪,震慑少数民族,国家局势总体趋于好转。

不过，1960年2月，奈温看守内阁结束任期，吴努派再度赢得大选，该派组建缅甸联邦党。吴努选前曾许诺，若其再度执政，将推动佛教成为国教，此举赢得了大量佛教徒支持，这是该派在大选中击败吴巴瑞一派的重要原因。4月，吴努再度出任总理，4月5日，他在议会发表演说，重申国家除了选择民主之外别无选择，强调缅甸要巩固民主，其领导的联邦党尊重和欢迎采取建设性举措的反对派。但吴努的诺言因为受到多种因素冲击，难以兑现。如，执政的联邦党高层之间以及政府高层之间的矛盾始终难以解决，执政集团的分化与内耗严重，联邦党在赢得1960年大选后不久即陷入分裂；还有国内多支少数民族对抗中央政府的各种活动此起彼伏，国家局势动荡。

此时，吴努一方面急于要兑现竞选承诺，给佛教徒一个交代，另一方面，吴努政府此时风雨飘摇，政治矛盾、社会矛盾、民族矛盾等等交织，吴努几乎已经无法用传统政治方法解决上述矛盾了，力图用佛教来缓解一些社会矛盾，凝聚不同民族和派别。同时，佛教徒对1947年《宪法》赋予国民宗教信仰自由的做法已经不满多年，如果佛教徒群起闹事，国家必然乱上加乱。吴努1962年8月促成联邦议会两院以高票通过相关法案，修改《宪法》，确认佛教为国教。依据新法，政府必须大力弘扬佛教，修复受损佛塔，为僧侣建设专门医院，等等。结果事与愿违，在佛教被定为国教的前前后后，基督教徒、穆斯林等群起抗议，缅甸多次爆发宗教暴力冲突，局势紧张，国家更乱。

吴努总理治下，缅甸多种矛盾积聚，局势面临失控，国家面临分裂，1962年3月2日，奈温领导的国防军愈发对吴努一派不满，以稳定局势为由，发动政变，推翻吴努政府，标志着缅甸独立以来曲折运行的议会民主制暂告结束，开启了近半世纪的军人直接或间接统治时期。

四、活跃的中立主义外交

缅甸 1948 年 1 月独立后至 1962 年 3 月奈温将军发动政变推翻吴努政府的 14 年间，吴努政府执政总时间约为 12 年，吴努政府以及短暂执政的吴巴瑞政府和奈温看守政府的总体外交政策特色是独立自主、中立主义和不结盟，而且，这也是基本延续至今的缅甸外交政策取向。缅甸独立伊始奉行这种外交政策原则，有着复杂原因。一是，缅甸在封建时期曾经是中南半岛强国，独立后，其是中南半岛国土面积最大的国家，其民族自豪感较强，因此，不愿依附于美国、苏联等任何一个大国。二是，缅甸在封建社会末期，沦为英国殖民地，二战时期又被日本占领，成为日本与英国、美国等国的战场之一，二战结束前后又重被英国殖民统治，因此，缅甸独立后，对任何大国在缅甸的经济、政治等影响力的存在和扩张均十分敏感，不愿再度陷入大国博弈之中去。三是，当时美苏冷战正酣，世界上很多国家被迫"选边站队"，此举对中小国而言有些好处，但倒向美苏任何一个阵营就基本意味着和另外一个阵营对立，也会损害国家利益，有些中小国家"选边站队"是不得已为之。缅甸相对美国、苏联、中国、印度而言，毕竟还是中小国家，其最佳外交原则是尽可能在大国间左右逢源，不得罪任何一方，为国家发展争取最大的国际资源支持。而且，缅甸坚决不公开倒向美苏两大阵营的任何一边，而是尽量保持较为"超脱"的中立地位，反对美苏军备竞赛。除了国家利益主导吴努政府的外交政策之外，吴努年轻时曾接触和传播社会主义思想，但吴努出任总理后，领导缅甸建立资本主义制度，在经济政策上又采取一些具有社会主义色彩的举措，国内支持资本主义和社会主义的人士都有。这种复杂的意识形态因素和政治气候也在一定程度上影响当时缅甸的外交政策，恐怕也是缅甸当时未直接选择倒向美苏任何一个阵营的原因之一。

观察缅甸1948年1月独立至1962年3月军事政变前的缅甸外交，总体奉行上述原则。吴努政府内政方面的政绩总体不佳，但吴努政府以及吴巴瑞政府和奈温政府短暂执政时期，推行的是较为积极的"中立主义"，缅甸难得的亮点是外交较为活跃，尽量与更多国家交好，缅甸在20世纪50年代的国际地位较高，至少是在亚非拉国家中的国际道义地位较高。

缅甸是刚刚摆脱殖民统治的国家，其自身悲惨遭遇使之对其他亚非拉殖民地国家的命运感同身受，支持广大中小国家的反帝反殖斗争，支持他们的民族独立运动，重视与新独立的发展中国家的关系。吴努认同中国国家主席毛泽东和总理周恩来、印度总理尼赫鲁、印尼总统苏加诺的一些支持亚非拉国家独立和发展的外交原则。1953年和1954年，中国和印度同意把"和平共处五项原则"（互相尊重主权和领土完整、互不侵犯、互不干涉内政、平等互利、和平共处）作为指导两国关系的准则。1954年6月，周恩来总理与吴努总理会谈时，也同意将"和平共处五项原则"作为指导中缅关系的准则。吴努总理成为"和平共处五项原则"的积极倡导者，也与尼赫鲁、苏加诺等发展中国家领导人共同反对冷战时期西方大国搞的"新殖民主义"，在1955年5月举行的印尼万隆会议（29个亚非国家和地区的政府代表团在万隆召开的亚非会议）上，他呼吁与会国用该原则和《联合国宪章》来指导国际社会上国家之间的关系发展。吴努政府利用缅甸较为中立的有利地位，还在1953年组织召开有亚洲多国社会党参加的亚洲社会党会议成立大会，1954年还举办了第六届国际佛教大会，使得缅甸在亚非拉国家中的威望上升，成为亚非地区有影响力的国家之一，成为"不结盟运动"的重要参与国之一。

缅甸资源丰富，地缘位置重要，连接中国和印度，也是东南亚与南亚的陆路连接国，历来是大国激烈博弈之地。缅甸在殖民地时期和二战时期深受大国争夺与战争之苦，独立之后想更加自主，不想再被其他大国以某种方式控制，但客观而言，缅甸独立后，恰逢冷战大幕拉开，面临着极其复杂的大国关系和国际环境。

缅甸对美国等资本主义阵营的态度比较复杂。一方面，吴努政府在缅甸独立初期，领导缅甸建立资本主义民主制度，在扩充军备、争取国际支持平定"民地武"抵抗活动时，主要是求助于英国等西方国家，与欧美国家的关系较近。而且，缅甸与美国的关系最早始于1857年美国首个外交团组到访缅甸，此后，美国人便在缅甸长期开展教育合作、传教、医疗卫生援助等活动。缅甸独立后便与美国建交，曾一度获得美国援助，从1948年到1962年，缅甸断断续续接受美国各类援助共计约1亿美元。1948年4月，在美英支持下加入联合国，1961年，缅甸籍的吴丹开始任联合国代理秘书长，1962年11月正式出任秘书长。而缅甸也在有些国际场合支持美英等西方世界的外交举措，如，支持美国等西方国家在朝鲜战争时期的部分举措。不过，此时，缅甸与美国的经贸往来规模较小，贸易结构和数量也失衡严重，如1961年，缅甸向美国出口的主要是木材、矿石等初级产品，当年出口额仅为100万美元，而当年从美国进口额达700万美元，主要是进口机械设备等工业品。缅甸对日本的感情很复杂，有些人痛恨日本法西斯统治，不少人则认为日本毕竟是亚洲人，曾经"帮助"缅甸驱逐英国这个西方国家的统治，因此，1945年日本军队在缅甸战败逃亡时，溃不成军，有些缅甸人帮助日本人逃离英美军队的追捕，日本在缅甸陆续建立阵亡士兵纪念设施。缅甸独立后，日缅关系逐渐恢复和发展，1954年，两国签署《和平协议》，日本在未来10年内以实物等方式向缅甸提供2亿美元补偿款，同时，另提供5000万美元用于双方建立合资企业。

但另一方面，缅甸顶住美国让其参与反共阵营的压力，并对美国向缅甸施压的举措表示不满。如，1949年，部分国民党残余部队逃入缅甸北部掸邦等地，并受到美国支持。这些国民党残军在缅北掸邦等地区建立地盘，扩充军力，并开展护毒、贩毒等犯罪行为，与缅甸政府对抗，还多次武装袭扰新中国。他们危害缅甸国家安全与统一，危害中缅边境安全，这引发缅甸高度不满，吴努政府1953年向联合国提出抗议。缅甸1954年拒绝加入美国与菲律宾等国拼凑成立的东南亚条约组织，强调缅甸的中立主义外交原则，当然，这并不表示缅甸极力反对该组织，或者极力反美。不过，个别时候，缅甸人对美国危害缅甸安全的行为还是非常反感的，如，

1960年底和1961年初，缅甸军队在清剿国民党残军时，缴获大批美式军备，缅甸民众抗议美军支持国民党残军危害缅甸安全。

吴努政府对社会主义国家的态度也比较复杂，一方面存在一些提防心理，另一方面还发展与苏联、中国的关系，这与缅甸中立、平衡、广泛交友的外交策略有关系。1955年底，苏联领导人赫鲁晓夫访问缅甸，承诺苏联将援助缅甸搞经济建设与发展，而缅甸则将向苏联扩大出口大米。不过，当时，缅甸与苏联、东欧国家的经贸往来不多。

中缅两国山水相连，共享2210多公里的边境线，边境两侧生存着十几个跨境民族，两国"胞波"（兄弟之意）情谊源远流长，而在缅甸语中，只有把缅中友好关系称之为"胞波"。1948年1月至1962年3月，不管是吴努执政，还是吴巴瑞和奈温短暂执政时期，缅甸与中国的关系总体处于较好状态。

缅甸独立后对华心理比较微妙，双方对彼此都存在一些误解，存在对彼此的负面认知，双方尽管在1950年6月8日就已经建交，但双边关系一直到1953年总体还是平平，没有达到非常友好的程度。1949年10月1日，新中国成立后，缅甸面对一个统一且日益强大的巨邻，加之，缅甸国内有众多华侨华人，其掌握一定经济资源，随后国民党残军又溃退缅甸掸邦等地区，搞武装扩张，与缅甸政府对抗，部分国民党残部士兵甚至还换上克伦武装的服装参与后者反抗缅甸政府的军事行动，导致缅甸难免对中国有些误解，存在提防心理，尽管新中国绝对没有欺压乃至侵略缅甸之意，但缅甸相对中国是个小国，天然对中国这个巨邻有提防心理。而中国当时对缅甸独立后仿效西方建立议会民主制并与美欧日关系较为密切有所提防，因为新中国成立伊始，资本主义阵营和社会主义阵营对峙，美国在中国周边采取发动战争、拉拢多个亚洲国家结盟等方式压制新中国，而缅甸此时与美国、英国、日本等国开展合作，与西方关系比与社会主义国家要好，使得西方国家在缅甸的影响力较大。中国云南边疆安全此时形势严峻，担心西方国家借助缅甸从西南方向围堵中国。

但邻居是搬不走的，邻国之间必须搞好关系。缅甸作为一个中小国家，必须和中国、印度等邻国搞好关系,尤其是与中国这个大国搞好关系。而缅甸领导人也希望通过发展对华友好关系来塑造彼此信任,减少两国发生利益冲突的可能性,因为,一旦两国关系闹僵,缅甸作为小国,其受到的利益损害相对中国而言可能更大,更难承受。而新中国当时的周边外交形势十分严峻,美国等国的军队入侵朝鲜半岛,严重威胁中国安全,美国还与亚洲多国结盟,围堵中国,中国需要与缅甸搞好关系,在西方围堵中国包围圈的西南方向打开一个缺口。因此,中缅领导人均抛弃意识形态差异等因素的负面影响,从两国国家利益出发,着眼于造福两国和地区人民,克服一些不利因素,积极发展两国友好关系。

其实,两国发展友好关系也有一定的基础。吴努年轻时就接触和传播过社会主义思想,与中国早就有些渊源,1939年12月12日参加由吴巴伦率领的缅甸访华友好代表团,回国后写了《战时中国》一书,还用缅甸语翻译过斯诺的《西行漫记》,介绍中国。吴努政府1949年12月16日宣布承认新中国,是最早承认新中国的非社会主义国家之一,两国于1950年6月8日正式建交,但此后一直到1953年,由于双方存在政治理念上的差异,以及对彼此存在负面认知、交流渠道少等因素的综合影响,两国关系最初并不密切。当时,缅甸作为一个中小国家,从地缘政治角度考虑,当然担心中国这个巨邻侵略它,担心中国向缅甸输出革命,也担心逃往缅甸的国民党残余军队扰乱缅甸国内局势,等等。总之,缅甸当时对华存在较大的误解与疑惧心理,缅甸当时急于承认新中国,也有借此防范中国侵略的考虑。而在资本主义和社会主义两大阵营对立、冷战正酣的国际格局下,中国当时看到缅甸与美国、英国、日本等资本主义阵营的国家交往也比较密切,接受西方的援助,甚至有些国际媒体还造谣称美国将与缅甸一起扩建仰光机场,仰光机场可能会有服务美国军事行动的功能,这引发中国高度戒备。不过,中国也需要在缅甸方向减少西方的安全与外交压力,搞好对缅关系也是明智之举,否则,和缅甸关系搞僵,就可能让缅甸更加与西方友好。缅甸担心其与美国关系的发展触怒中国,则向中国澄清称,仰光机场扩建是缅甸自己的事情,也不会让美国军队使用仰光机场。双方在政治上彼此误解和疑虑较多,而且,双方经贸交往也是寥寥。当然,在此期间,缅甸也在关键物资上帮助中国,在1950—1953年的朝鲜战争期间,顶住美国要求缅甸配合其实施对华贸易禁运的压力,对华出口战略物资或急缺物资——橡胶、汽油、轮胎等。

从1954年开始,两国关系开始热络起来,两国领导人互访密集,缅甸也成为新中国打破美国和部分亚洲国家封锁的重要突破口。当时,中国在东北亚、东南亚面临着美国及其盟国的封锁,西南方向的邻国缅甸是西方围堵中国的缺口,对中国的外交拓展有着重要意义。而吴努政府当时也面临国内经济困难、社会不稳、在缅甸的国民党残兵威胁缅甸稳定等难题,也需要中国多方面支持。因此,两国对彼此需求的增多,双方关系明显改善的时机到了。1954年6月,周恩来总理访问缅甸,与吴努总理共同倡导"和平共处五项原则",周总理平易近人、高瞻远瞩的外交家风范,感染了吴努总理等缅甸领导人,让缅甸领导人大大缓解了对华疑虑,对华信任与好感明显增加。缅甸成为东南亚首个公开倡导该原则的国家,并且积极帮助中国参加1955年举行的万隆亚非会议,帮助中国打破美国以及部分亚洲国家的对华封锁,中缅关系迎来从冷淡走向热络的转折点。此后,两国领导人你来我往,双方"胞波"情谊犹如走亲戚般,越走越亲。1956年12月,正在缅甸访问的周恩来总理与缅甸吴巴瑞总理从缅甸北部经中国畹町陆地边境口岸进入中国,这是周总理一生中唯一一次从陆地口岸步行回国。12月15日,两位总理在下榻的芒市宾馆亲自种植了象征中缅友谊长存的友谊树——缅桂花树,两棵树迄今历经60多年风雨,依然枝繁叶茂。

1957年底,陈毅副总理写了《赠缅甸友人》的诗句,真切地描述了中缅两国人民之间的友谊:"我住江之头,你住江之尾,彼此情无限,共饮一江水。……彼此是亲戚,语言多同轨,团结而互助,和平力量伟。"而且,中国领导人毛泽东、周恩来在同吴努等缅甸领导人会晤时,多次表示,鼓励在缅甸的华侨加入当地国籍,反对"双重国籍",希望缅甸华侨不要参与当地政治活动,这也减轻了缅甸对华疑虑。吴努政府1958年10月将政权移交给奈温将军领导的看守政府,奈温执政至1960年2月,他也奉行对华友好政策。

上述这些友好因素加快了中缅边境遗留问题的解决进程,最终,两国本着友好协商、互谅互让的精神,圆满解决历史遗留的边界问题,为国与国之间解决边界问题树立了典范。1960年1月,中缅签订了《中华人民共和国和缅甸联邦之间的友好和互不侵犯条约》和《中华人民共和国和缅甸联邦政府关于两国边界问题的协定》。同年10月,周恩来总理和吴努总理签订《中华人民共和国和缅甸联邦边界条约》,解决了两国边境划界问题,有助于维护边境稳定,以鲜活事例证明新中国奉行睦邻友好政策,消除了缅甸一些人的对华误解与疑虑,增强了两国战略互信。中缅边界问题是新中国成立以来首个成功解决的边界问题,也是首个与中国签订《友好和互不侵犯条约》的非社会主义国家。

1960年底和1961年初,中缅两国军队开展联合行动,合力围剿盘踞在中缅边境的国民党军队残部,迫使其撤至老挝和泰国的边境地区,或者撤回台湾,消除了中缅边境的一大不稳定因素。几乎同时,1961年1月,周恩来总理再度访缅,受到热烈欢迎,再度让中缅关系亲上加亲。从1954年中缅关系明显热络到1967年缅甸发生排华事件前,中缅关系维持总体友好发展的态势,中国在经济、安全等方面给予缅甸支持,这对于缅甸而言非常重要。而缅甸也在外交、安全等层面给予中国帮助,成为帮助中国突破西方封锁的关键国家之一,是中国与美国及其盟友之间的缓冲国之一。中缅国际航线开通后,中国领导人前往东南亚、非洲、欧洲等地区访问时,通常停经缅甸,再前往目的地访问,这些都说明缅甸在新中国成立初期外交格局中的重要作用。

中缅两国经贸关系也在发展,中国不仅继续从缅甸进口橡胶、棉花等物资,还在不缺大米的情况下于1954年签订合同,进口缅甸大米,帮助缅甸缓解国内大米过剩和经济困难的状况,受到吴努总理多次公开感谢。中国同时向缅甸提供了大量经济技术发展援助,向缅甸出口机械设备、日用百货、工业制品等缅甸需要的产品,并派出专家赴缅甸支援缅甸发展。在此期间,中缅两国的经贸合作日益热络起来,文化交流也日益丰富起来,当时中缅人文交流曾有过短暂的高峰期。比如，1960年中国国庆期间，缅甸吴努总理率领由文化、艺术、电影代表团组成的400多人的友好代表团访华，在北京举办"缅甸文化周"。1961年1月缅甸独立节期间，周恩来总理率领由文化、艺术、电影代表团组成的530多人的代表团回访缅甸，在仰光举办"中国电影周"。两国领导人率如此庞大的友好代表团互访，成为两国人文交流史上的佳话。这一时期，吴努政府对待华侨华人的态度总体较好，华文报刊、华人社团、华校等机构均可以基本自由活动。当然，由于华人在缅甸经济领域影响较大，缅甸独立后的民族主义情绪日益滋长，缅甸本土人和企业要主导经济的倾向日益明显，华侨华人资本受到持续打压，生存环境有所变差。

第九章 奈温26年的强人统治

　　1958年10月至1960年2月，奈温领导军人看守政府的执政经历可谓是军人后来长期掌权之前的"小试牛刀之举"，尝到了执政甜头，其政绩也获得国内外一定认可。不过，由于当时军人长期执政的条件尚未成熟，奈温领导军人在结束看守政府任期后暂退幕后，伺机而动，终于在1962年3月2日，"以控制混乱局势为由"发动政变，建立军政府。此后，一直到1988年9月18日，缅甸新军人领导层发动政变之前，奈温为领导的军人集团执政长达26年半，大致可以分为几个阶段：第一个阶段是1962年3月至1974年1月，为奈温将军领导的军政府时期，当然，在这期间，1972年4月20日，奈温从军队退役，但其实仍是他领导军人集团在执政；第二个阶段是1974年1月3日至1988年9月18日，为奈温等退役高级军官领导的社会主义纲领党政府时期，形式上似为文人和政党执政，但实际仍是退役和现役军人主导政权。因此，学界通常将奈温这26年统治称之为军人统治时期。

　　从吴努主政时期的文官政府统治到奈温时期的军政府统治，缅甸政治、社会、经济、外交等等方方面面都发生了深刻变化，综观奈温26年统治，这种"长官命令式的治理方式"对缅甸弊大于利。奈温军人执政集团最初在稳定局势、避免国家分裂方面确实发挥了一定作用，但从其26年整体执政表现看，奈温执政对缅甸的负面影响很大，其领导的"缅甸式社会主义"违背和扭曲了社会主义，走入歧途，陷入困境，缅甸从大米出口国沦为进口国，并沦为"世界最不发达国家之一"。而且，奈温政府采取"竹幕"式的统治理念，意思就是缅甸躲在"竹幕"之后，因此，相对于前吴努政府时期的活跃外交，奈温领导的缅甸长期奉行消极、封闭的外交政策，与国际社会愈发割裂，导致缅甸在外交上也十分孤立。奈温军事政变之后，就断断续续有人发起抗议示威活动，到1987年和1988年，国家内忧外患，政治、社会、民族等领域的矛盾大爆发，奈温执政后期遭遇国内民众强大抗议，1988年7月底被迫辞职。其继任者吴盛伦在7月27日至8月12日之间短暂执政便下台，奈温另一亲信貌貌博士8月19日执政，但局势失控，貌貌政府9月18日被新军事政变推翻，标志着奈温集团执政的结束。

一、奈温军人统治的建立

奈温军政府上台有其偶然性,但更多的是历史必然性,当时,军人执政具备一些主客观有利条件。从主观层面而言,军人有维护其集团利益和国家利益的政治使命感,也有夺取政权的政治野心,而且,当时也就是奈温能领导军人发动政变掌权。奈温 1911 年出生,在仰光大学读书时便参加反对英国殖民统治者的运动,后与昂山将军等人一起共同领导民族独立运动,是领导独立运动的"三十志士"之一,尤其是他与昂山将军等人在缔造缅甸现代军队方面功不可没。昂山将军 1947 年去世后,吴努尽管 1948 年出任总理,但其从未真正领导过军队,在军中的威望与根基较小,奈温 1949 年初开始长期担任缅甸军队最高领导人,他在军中的威望比吴努等文官领导人高很多。而且,奈温将军等领导缅甸独立的军事领导人,早年接受日本法西斯的军事训练,没有树立西方"文官至上"的文官政府和军队关系的理念。军人一直是缅甸独立运动的关键参与者,在缅甸独立后,在协助吴努政府平定"民地武"的武装斗争、维护国家稳定和统一方面功不可没,文人政府对军队的依赖较大。1958 年 10 月至 1960 年 2 月,吴努政府无法掌控局势,让奈温领导看守政府,军人更直接参与政治,在稳定社会、发展经济、改善民生方面,做出一定成绩,在官员和民众中也树立了一定威望。相比政党而言,军队的组织纪律性要强很多,行事效率更高,行动力更强。而且,缅甸军队在国家 1948 年 1 月独立时仅有 1.5 万人左右,此后逐渐扩充规模,到 20 世纪 60 现代初,军队规模已经超过 10 万人,力量非常壮大,早就对政权垂涎三尺的军人领导们跃跃欲试,想伺机夺权。

吴努一派赢得1960年大选后，力图削弱军方的政治影响力。1960年初，吴努让警察脱离军方管辖，并企图削弱军队在大型企业和经济领域的影响力。1961年2月7日，吴努政府未公布相关解释，便改组军队高层，要将7名高级军官派驻国外出任大使或驻外武官，要让5名军官退役去参政或经商，这也引发军方对吴努政府的更多不满。当奈温及其领导的军队看到吴努等文官领导的政府软弱无力，国家出现危机时，军人强烈的政治使命感便愈发强烈，加之军人曾经尝到短暂执政的甜头，也具备执政的一些基础和经验，政治野心受到极大刺激。

从客观层面而言，在吴努最后一次执政后期，政治、经济、社会、民族等诸多矛盾交织，国家局势混乱。确实需要军事强人来稳定局面，如果严格按照1947年《宪法》的规定，缅甸1948年1月独立10年后，应给予掸邦等少数民族邦投票决定是否留在联邦内的权利，但吴努政府和奈温临时政府在1958年并未兑现之。因此，民族矛盾愈发激化，特别是到了1961年，民族和宗教矛盾更加交织在一起，面临爆发和失控的危险。当年8月，吴努总理推动议会通过修宪案，定佛教为缅甸国教，立即引发克钦族、克伦族这两大基督教徒较多的民族的反弹。掸族尽管主要信奉佛教，但对其在联邦的地位不满，希望扩大地方高度自治权，在国家经济资源、外援等方面，希望能获得更多份额。掸族30多位领导人开会，合力施压吴努政府，要求扩大少数民族地方自治权，并若中央政府再不应允，其就要走上脱离联邦之路。面对威胁，吴努政府作出妥协，1962年3月1日与30多个掸族代表在仰光开会，磋商相关事宜。面对乱局以及国家分裂危险，奈温等人意识到，资产阶级议会民主制这种模式在缅甸已经破产，局势已经失控，他们也愈发不满吴努等文官领导人的很多举措日益背离社会主义。因为在独立运动时期，昂山将军、奈温、吴努等缅甸精英在探索缅甸未来发展道路时，曾经比较推崇社会主义的一些理念。当时，国际环境对奈温发动军人政变总体也是有利的，20世纪五六十年代，缅甸邻国泰国以及亚非拉很多国家均出现了军人政权，奈温军政府或多或少也受到国际环境的"鼓舞"。而且，美苏冷战正酣，两个超级大国均想将缅甸拉入己方阵营，对缅甸政权的形式和性质并非十分介意。缅甸地缘位置重要，资源丰富，又靠近社会主义中国，美国自然想方设法拉拢之。而苏联以及部分东欧国家对奈温执政后宣称建设"缅甸式社会主义"更是表示欢迎，予以支持。

1962年3月2日上午，奈温将军就逮捕吴努以及与会讨论掸邦未来地位的掸族代表，扣押吴努政府其他高官、最高法院大法官等等可能制约政变的人士，解散国会和选举委员会，宣布成立联邦革命委员会，后来称之为革命政府，行使职权，稳定秩序。奈温发布的政变宣言很简单，他向国民宣布，由于联邦形势急剧恶化，军队掌握权力，担负保卫国家安全的职责。整个政变过程较为顺畅和短暂，没有造成大规模流血事件，仅仅造成一人死亡。当然，也有不少人一开始就不认同奈温军人政变的做法。

二、奈温建设"缅甸式社会主义"

奈温政府初期，集行政、立法、司法等大权于一身。部分学者把奈温领导的军人集团1962年至1988年的26年执政分为两大阶段：第一个阶段是军人统治时期，从1962年3月2日军事政变开始到1974年1月2日，当然，在这期间，1972年4月20日，奈温等多位高级军官从军队退役，以改善政府形象，但其实仍是他领导军人集团在执政；第二个阶段是1974年1月3日政府公布《缅甸联邦社会主义共和国宪法》至1988年9月18日奈温亲信貌貌领导的政府被新军人政变推翻前，缅甸国名改为缅甸联邦社会主义共和国，由于奈温等高层领导人早在1972年4月就从军中退役，从形式上转成文官，因此，1974年3月2日成立的新政府是以奈温为总统的退役将领领导的政府。不过，学界一般认为，奈温政府不管形式上如何转换，执政集团高层是穿着军装还是平民服装执政，本质上仍是军人执政。因此，本文将奈温26年的统治综合起来叙述和分析。

1962年政变后，奈温政府已经不再像1958年10月至1960年2月时的看守政府了，而是立志要长期执政，要按照他领导的军人集团的意志和方式来建设国家，从理论体系、政治架构、经济基础等层面建设缅甸式社会主义。

一是，奈温政府推出系列社会主义理论文件，宣传和推进"缅甸式社会主义"，为政府合法性提供重要的理论支撑。1962年4月30日，奈温政府发布《缅甸式社会主义道路》这个指导性文件，抨击议会民主制度的诸多弊端，抨击议会民主制度给缅甸带来的诸多害处，指出，要在缅甸复兴社会主义，要建立社会主义民主，要消灭人剥削人的经济制度，建立合理公正的社会主义经济制度，要让民众丰衣足食，建立幸福和富足的社会主义社会。1963年1月17日，奈温政府又提出《人与环境相互关系的理论》，将其作为执政党的指导思想体系，也为"缅甸式社会主义"做注脚。这个理论体系是马克思主义、佛教主义和缅甸一些传统思想文化的杂合体，忽视历史决定论、辩证唯物主义等理论和分析问题的方法，忽视客观环境对国家经济社会发展的影响，而是过分强调个人的作用，强调唯心主义。这些其实都与马克思主义的哲学体系和科学社会主义的理论体系有很大出入，甚至是背道而驰的。奈温政府宣称要建立社会主义民主，但在其26年统治中，本质上是独裁统治，与社会主义民主南辕北辙，相去甚远。

二是，奈温政府1962年7月4日组建缅甸社会主义纲领党，该党最初不是一个由大量民众党员参与的大规模政党，而是一个小而精、由奈温等政府少数高层领导组成的政党。奈温维持这个"袖珍党"大概9年，他1971年决定把纲领党扩充为一个在全国各地都有分部的全国性政党，有利于扩大1974年3月成立的共和国新政府的执政基础，有利于执政党控制全国各个地区。不过，在20世纪70年代初，该党成员扩充的主体对象是现役和退役军人，当时，该党正式党员超过7.3万人，其中，军人占近六成，远远超过其在人口中的比例，而其他阶层的党员少。这表面有利于奈温控制执政党和军队，但党员阶层比例失衡明显，会引发民众不满。

而且，一个非常怪异的现象始终贯穿奈温26年统治的始终，贯穿着奈温长期推动建设"缅甸式社会主义"的始终，那就是：奈温政府不仅没有邀请缅甸共产党参与执政，反而与缅甸共产党长期为敌，想消灭缅甸共产党及其武装，双方进行着长期武装对抗。这种现象在其他社会主义国家几乎是不可想象的，基本上是不存在的。

为改善政府形象，1972年4月，奈温政府21名高级将领卸任军职，从形式上转为平民身份，奈温等人按照缅甸民间习俗，在名字前冠以尊称"吴"（缅甸人有名无姓，吴是对男性的尊称，相当于"先生"），以显示其是文人政府统治，但其实是换汤不换药。1974年1月3日，奈温政府主导推出的《缅甸联邦社会主义共和国宪法》正式生效，将缅甸国名从缅甸联邦改为缅甸联邦社会主义共和国，3月召开新一届人民议会，组建新政府。时隔近12年，奈温政府才结束没有正式宪法的局面，在形式上建立起社会主义民主架构，不再是军人统治国家，但实际上，这些政治架构形式大于内容，名不副实，国家权力还是牢牢控制在奈温等少数退役或现役军人手中。奈温在1974年3月至1981年11月，既是缅甸社会主义纲领党主席，也是国务委员会主席（即总统）。1981年，奈温专任党主席，辞去国务委员会主席职务，同年11月至1988年7月，奈温亲信吴山友担任国务委员会主席（总统），但奈温牢牢控制党政军大权。在1974年3月缅甸建立新一届人民议会后，议会也举行换届选举，但基本就是奈温政府施政需要合法性授权时的橡皮图章，无法发挥实质监督政府的作用。

三是，在经济领域，大力推进国有化，加强政府对经济的控制。1962年3月2日，奈温政府建立时，昂季准将担任工业部长，主导政府经济政策，并在政府主抓经济国有化事务，他主张奉行温和与适度的经济国有化政策，他希望在工业及进出口等领域保留一定的私有制，也注意吸收外资来发展经济，以保持经济活力。昂季鼓励内外资企业注重生产缅甸民众需要的日用品，以减少进口过多导致的外汇支出压力。但是，好景不长，奈温强调缅甸要实行大范围的经济国有化。从1962年底开始，昂季在政府内逐渐"靠边站"，奈温在经济政策方面更加倚重在国有化方面比较激进的丁佩。1963年2月，昂季辞去在军政府的职务，1965年6月，昂季被捕。丁佩逐渐掌管奈温政府的经济大权，他出任商务部长、财政委员会主席等要职后，根本不顾经济发展规律，在工业、农业、进出口业、销售业等诸多领域开展了轰轰烈烈的国有化运动，出现的问题不少。

此外，如果从当时的缅甸经济社会发展情况看，奈温政府当时大规模推进经济领域的国有化，不仅仅是为了实现"缅甸式社会主义"，还有着更为现实的考虑，就是奈温等带有强烈民族主义色彩的军方高层要让缅甸政府绝对控制缅甸经济，减少英国人、印度人、华人等外国人或非本土缅甸人对经济的影响。除了采取大规模国有化的方式之外，奈温政府还在1964年5月采取废钞行动，使得掌握大量现金资本的外商、印度裔商人、华商等"非本土"商人手中的现金沦为废纸，资产大幅缩水，有些印度人、华人在奈温政府打压下多次大批外逃，他们对缅甸经济的影响自然就小了。

奈温政府的大规模国有化过程持续了10年左右，商店、邮局、轮船公司、石油公司、贸易公司、工厂、医院、学校、出版社、报社等成千上万的企业都被国有化。因为激进国有化运动造成的社会震动太大，引发的民怨甚多，国家经济面临的难题增多，1973年，奈温政府停止对私企的大规模国有化进程，但覆水难收，巨大负面影响已经无法挽回：国企效率低下，大多亏损，解决就业不理想，而私营企业发展受到严重挤压，市场物资供应匮乏，物价高企，黑市和走私猖獗，国民经济陷入恶性循环之中。

客观地讲，奈温政府执政26年，也不断投资发展工业，经济有一定发展。政府从1971—1972财年开始，实施了五个四年发展规划，第二个和第三个四年计划实施效果还算可以，但第一个和第四个四年计划实施效果很差，第五个四年计划因为1987年和1988年局势大动荡和奈温政府垮台而被迫中断。

综合观察奈温统治26年的经济发展，尽管官方公布的数据称，1962—1986年间，缅甸年均经济增长率近7%。然而，实际情况正好相反，奈温统治时期，缅甸经济总体是倒退的。早在1965年，奈温政府就意识到"经济一团糟糕"，到了20世纪80年代，经济最终出现危机了，1987

年更是出现负增长。而且，奈温统治时期，缅甸年均人口增速基本等于或略大于年均经济增速，意味着缅甸经济增长被人口增长基本给稀释掉了。缅甸1987年沦为世界最贫穷的10个国家之一，人均GDP跌至197美元，要接受联合国等国际社会大量援助。缅甸沦落到"捧着金碗要饭、乞求国际援助"的悲惨境地。1988年3月，缅甸政府公布的外债数额达40亿美元，而当时缅甸外汇储备处于近乎枯竭的状况。这被民众视为莫大耻辱。在殖民地时期曾经是"世界粮仓"——产量最大的大米出口国，但由于奈温政府政策失误，缅甸1964年丧失世界最大大米出口国的地位，甚至后来到了几乎无米出口的窘境。缅甸物资供应不足，很多军官和官员则通过黑市贩卖紧俏物资而大发横财，黑市经济、走私猖獗使得缅甸经济畸形发展，民众苦不堪言。祸不单行，奈温此前就搞过废钞运动，却迷途不知返，盲目认为"9"是他的幸运数字，1987年9月5日，政府再度突然搞废钞运动，废止币值100、75、35、25的钞票流通，仅保留45元和90元的纸币，而且不对百姓做任何补偿，百姓生活雪上加霜。

三、奈温强硬政治统治

奈温在1962年3月政变之后的初期，因为统治尚未稳固，需要争取各方理解和支持，对媒体、民众、"民地武"等不同社会群体曾经一度短暂采取少量柔和的执政举措，但这些柔和举措转瞬即逝，有些作秀成分。总体而言，奈温26年统治总体是高压式的，基本不愿听从各方意见，持续打压异见人士。物极必反，他在全国树敌甚多，后者最终汇集成流，1988年推翻了奈温统治。

奈温个人权力欲望极强，而且，他自己是靠军事政变上台的，也非常担心哪天自己的部下如法炮制，推翻自己的统治。因此，奈温对政治的控制很强，想方设法打击异己，维护个人的绝对政治权威。奈温政府设立国家情报局和军事情报局，不管是对待高级军官，还是对待普通军官和官员，都采取严格监控，绝对不允许他们挑战奈温权威，坚决打压与奈温理念和政策不一致的官员，严格限制官员的言行，给他们上了一个个的"紧箍咒"，打压了一批异议官员。1976年和1977年，各发生一起部分军官试图刺杀奈温、山友等政府高层的事件，原因就是底层军官不满奈温政府的统治。在统治集团外部，奈温政府对缅甸社会主义纲领党以外的其他政党、学生、僧侣、异议人士等可能危及其统治地位的主体予以严厉打压，对社会各个领域都控制得极为严格。

奈温等高层领导早就认为缅甸此前实行的议会民主制和多党竞争制度是导致缅甸混乱的重要原因，而且，奈温政府建立后，号召一些政党支持政府，却没有获得响应，甚至被有些政党批评，因此，奈温政府对多党存在的状况愈发不能容忍，决定建立缅甸社会主义纲领党一党统治。1963年8月和10月，奈温政府两次较大规模抓捕社会主义纲领党以外的其他政党人士和民间政治人士，理由是这些人反对政府、反对社会主义、破坏和平进程等等。1964年3月，奈温政府通知多个政党，告知他们政府不再允许他们存在。奈温政府多次逮捕和关押民间政治活跃人士，坚决防止异议人士势力壮大并威胁其统治。国家只允许社会主义纲领党一个政党合法存在，只允许宗教组织等少量社会组织存在。

奈温严控在野政治人士活动，与军人之外的各界精英的关系很差，经常打压社会异议分子，长期关押前吴努政府时期的高官和部分异议分子，如果其中有些人不再反抗奈温政府，奈温政府就会释放他们，如，1963年，奈温政府释放过一批政治犯人，1966—1967年也释放过一批重量级政治犯人，如吴努、吴巴瑞、吴觉迎，等等。这些人获释的条件是，保证不再重新参政，不再重新运作政党。但如果他们反抗政府，奈温政府则会立即再次逮捕他们。社会各界经常爆发反对奈温政府的抗议活动，政府打压示威在奈温政府时期是家常便饭。

奈温政府释放的政治犯人中，最知名的应该是前总理吴努等人了。吴努最初承诺获释后不再从事反对奈温政府的活动。1968年12月，吴努等人被纳入奈温政府建立的33人国内团结顾问委员会中。但这个委员会的很多人是前高级政要，曾经受到奈温迫害，他们东山再起的政治欲望难以遮掩，建议重新恢复议会民主制。吴努权力欲望也很强，又开始从事政治活动，借助在全国多地参与佛教活动等方式扩大影响力，开始威胁奈温政府统治。奈温此次并未再度关押吴努，而是让其赴印度就医，但吴努在印度、英国、泰国、美国等国开展政治活动，批评奈温政府独裁、滥权等种种弊端，号召国内民众反抗政府。吴努等反政府人士还在缅泰边境组织反政府武装，但无法推翻奈温政府统治，吴努也长期流亡国外。吴努之外的其他一些社会异议人士，如原国防部长波力耶等一些算是有分量的反政府人士，也曾组织一些武装力量抵抗奈温政府。一些反政府人士还与缅泰边境的克伦武装等"民地武"进行反抗奈温政府的合作，但这些合作只是某一两个或者几个反政府力量之间进行合作，难以撼动奈温政府的统治。

奈温严控学生运动，学生则频频开展反政府示威。奈温本人在仰光大学读书时是学生领导人，领导过反对英国殖民统治的学生运动，仰光大学学生会所在的楼房是昂山将军、奈温将军、吴努总理等大批缅甸独立运动领导人曾经"战斗"过的"大本营"，因此，其社会政治地位很高。但奈温执政时，从1962年6月中旬至1988年7月底，仰光大学、曼德勒大学等多所学校的学生发动了大约15次大规模反对奈温政府的示威，政府则严厉打压学生示威，多次打死打伤学生，多次暂时关闭大学。其中，1962年6月，政府镇压学生示威时，炸毁仰光学生会大楼。此事对奈温政府在学界和社会的声誉损害极大。1974年11月25日，缅甸籍的联合国秘书长吴丹去世，吴丹是缅甸知名外交家，1961年至1971年任联合国第三任秘书长，同时也是第一位来自亚洲的联合国秘书长。奈温政府担心吴丹回国下葬后，在国内引发混乱，因此，吴丹遗体空运回仰光时，奈温政府采取"冷处理"，不派高级官员迎接，也不给予吴丹"国葬"等礼遇。吴丹葬礼于1974年12月5日举行，数十万民众和学生不顾奈温政府禁令，上街参加葬礼，还发生奈温政府与学生抢夺吴丹遗体的事件，学生在仰光大学学生联合会旧址建立吴丹纪念陵墓,并再度掀起反对奈温政府的抗议浪潮。12月11日,军队从学生手中抢走吴丹灵柩,双方发生激烈流血冲突。上述事件造成9人死亡、74人受伤,1800多人被捕。

缅甸85%以上的人信奉佛教,僧侣是缅甸社会的重要力量,也是一支强大的政治力量。佛教僧侣在20世纪初反对英国殖民者的斗争中也发挥了较大作用,独立后,不管是哪届政府执政,很多文官、军官、平民都要参与佛事活动。但是,奈温领导的军人集团对佛教并未像此前的吴努政府那么尊重,不仅不把佛教视为国教,还限制僧侣参与政治,严格管理寺庙和僧侣活动,这些举措招致僧侣反抗。

奈温政府建立了强大的情报系统和军警队伍。奈温政府对待平民,更是采取绝对高压政策,严格限制民众的言论与集会自由,禁止5人以上的集会。在文化等领域,奈温政府逐渐控制了出版社、电影院等文化机构,取消选美比赛,取消赛马比赛,禁止赌博活动,禁止西方舞蹈演出,认为这些资产阶级生活方式有伤风化,破坏社会秩序。政府对欧美在缅甸的文化办事处等等也基本清除殆尽,在大学教育中,外国教员、外国教材也基本被清除出高校。奈温政府逐渐加强对媒体的管控,不允许媒体和记者肆意批评政府,并开始在国内培训媒体人士,以灌输奈温政府的宣传理念。一方面,政府自己创办了一些官方媒体,并专设新闻管理机构,如,1963年7月创办缅甸新闻局,随后建立其他多个监管报纸等媒体的机构,管理新闻出版事务,管理缅甸私营媒体与西方知名媒体和通讯社的新闻合作,以尽量减少西方新闻在缅甸媒体的比重,减少西方对缅甸的影响。另一方面,从1962年开始,奈温政府就开始颁布相关法律,严格限制媒体及记者们的言论,管控国内电影制作和播放,管控外国电影进口,并严格限制外国驻缅使领馆在缅甸发布出版物、播放电影和宣传片等。从1963年3月开始,政府对私营媒体,或者采取关闭,或者采取逮捕媒体人士,或者采取国有化,等等方式,将其置于政府管制之下。到1969年初,缅甸私营媒体不是被国有化,就是被彻底关停,国有媒体新闻内容都大同小异。上述举措导致民怨越积越多,比如,1965年,奈温政府邀请各界人士提出中肯意见，不料，诸多人士因为经济恶化、物资供应匮乏等，强烈指责政府。这种局面反而更刺激奈温政府打压社会言论。

在民族问题上，奈温后来发现怀柔政策难以奏效，谈判和解不成，应者寥寥，因为奈温将"民地武"缴枪作为和谈主要前提条件，只有克伦族的个别武装和少量武装分子向政府投诚，政府与少数"民地武"达成的停火协议也是基本缺乏约束力，有些就是废纸一张，双方签了协议后，照样是冲突不断。而且，奈温领导的军人集团主要代表缅族利益，其1962年3月政变时的一大目的就是防止掸族等少数民族分裂联邦，因此，在奈温政府统治的26年间，总体是更加收紧中央政府和军队对各个少数民族的管控，中央政府与少数民族的矛盾总体较为尖锐，军队与约30支"民地武"（共计4万多人）长期陷入内战，奈温执政时期也是缅甸独立以来，内战持续时间最长、规模最大的时期。当时，政府军无法消灭所有"民地武"，反而是有点越剿越多的意味，而"民地武"不管是追求独立，还是追求高度自治，也难以获得相应权益，因为所有武装难以形成对政府军的统一战线，或者是即便部分武装形成统一阵线，如克伦民族联盟、若开解放党、克钦独立组织等13支武装组成全国民主阵线（The National Democratic Front），但也因为阵线内部组织松散、协调不力、实力不强等原因，无法战胜政府军。奈温政府构建多民族对国家统一认同的努力失败，长期战乱导致国家不稳，还迫使奈温政府开支的1/4乃至更多用于军费，这就导致政府对经济发展、民生改善、科教文卫的投入长期不足。缅甸越打越穷，哪能发展好呢？

此外，由于奈温政府和军队难以应对那么多"民地武"的反抗，就允许一些亲政府人士和组织组建"自卫队"，帮助奈温政府打击"民地武"。奈温政府为了拉拢这些自卫队，便允许自卫队贩毒来扩大财源，筹措军费。恰巧20世纪六七十年代，大批美军在东南亚驻扎，从事越南战争，对毒品需求骤增。这些因素叠加，导致缅甸出现了罗星汉、坤沙等大毒枭领导的大型贩毒武装集团。缅甸北部、东南部地区成为"金三角"的核心地带，成为世界闻名的毒品产销地之一。而当这些自卫队成员多为少数民族人士，靠贩毒而坐大后，有时听从奈温政府调遣，有时则"尾大不掉"，谋求建立"独立王国"，与政府对抗，让内战更加火上浇油。

四、奈温被推翻

奈温26年统治时期，其权术确实玩得非常娴熟，其执政团队的高级军官被频繁更换，这样做的结果就是几乎没有人能够有威望和机会推翻奈温。

尽管奈温军人集团雄心勃勃，但是，一方面，军人需要花费较大精力去打击"民地武"，另一方面，军人治国无方，甚至胡乱折腾，业绩很差。如，1964年、1985年和1987年以打击不法商人、打击黑市、稳定物价等理由突然采取多次废钞行动，令很多人的财富化为乌有。

缅甸是一个各种矛盾纷繁复杂的国家，因此，该国人有句俗语"缅甸有16000个问题（或者说是难题）"，来形容缅甸难题成堆的状况。奈温政变后雄心壮志地想解决这些问题，但最终，在一些错误思想体系的指导下，国家反而更加落后和衰败，最终导致"缅甸式社会主义"走向失败，败坏了社会主义的声誉。到了1987底和1988年上半年，经济、社会矛盾出现总爆发，全国民众发动此起彼伏的大示威，最终促成奈温下台。

1988年民众大示威是奈温26年统治矛盾的总爆发，而其导火索主要来自1987年。1987年，奈温政府的弊端尽显，国家在多方面已经陷入严重危机。8月10日，纲领党主席奈温对党和政府官员表示，必须顺应形势，进行改革，乃至可以修改宪法。不过，军人统治意味着政策不受约束，奈温又十分迷信，两者加在一起势必酿成灾难，而且，这最终加速了奈温政府的倒台。奈温盲目认为"9"是他的幸运数字，1987年9月5日，奈温政府废止币值100元、75元、35元、25元的钞票流通，仅保留45元和90元的纸币流通，而且当局不对百姓做任何补偿。这恰逢学生交学费的日子，很多百姓因为不相信政府和银行而常年把现金放在家里，顷刻之间，百姓的大量积蓄几乎化为乌有，学生交不起学费了，百姓生活也是雪上加霜。

仰光的大学生经常是反对奈温政府的"先锋"与生力军，1987年开始的反对奈温政府的示威也不例外，学生再次冲在最前面，因为他们的切身利益受到当局接连侵害。缅甸古都、第二大城市曼德勒也爆发僧侣、工人等烧毁政府建筑物、国营商业企业的抗议行为，尽管政府极力淡化国家发生骚乱的消息，但还是通过学生等的口耳相传，迅速扩散开来。同年10月，学校复课，但仰光、曼德勒等地的小规模学生抗议示威仍此起彼伏。屋漏偏逢连夜雨，同年12月，缅甸又被联合国确定为"世界最不发达国家之列"。这被缅甸人视为耻辱，有人讽刺性地称，缅甸是个"捧着金碗要饭"的国家，因为缅甸资源非常丰富。曾经是奈温政府高官的昂季准将早在1987年7月就曾公开谴责政府未能推动经济改革，称相较于东南亚其他国家的发展而言，缅甸就是"一个笑话"。同年底，因为政府让农民低于市场价出售大米，也引发了多次农民抗争。

一波未平，一波又起。1988年3月12日，仰光理工学院的学生在一个茶馆与几名辍学青年在要求茶馆播放音乐的选择上发生口角。一名打伤大学生的青年被捕后又被迅速释放，因为其父亲是政府官员。学生怒不可遏，与防暴警察发生流血冲突，一名学生被打死。随后，愤怒的学生示威继续发生，规模越来越大，与军警的冲突也越来越多，伤亡也在增加，很多学生被捕、被打死，又传出一些女学生被士兵强奸的消息。学生和军警陷入"以暴易暴"的恶性对抗之中，逐渐形成全国性的反对奈温政府的示威浪潮，局势失控。6月13日，当局阻止学生举行纪念在3月示威中死亡人士的集会，随后开始在仰光等地实施宵禁，6月30日才解除。到六七月份，示威浪潮从仰光蔓延到曼德勒、密支那、勃固、实兑、木各具等多个重要地区，强烈要求实行多党制，军警与示威者的暴力冲突持续不断。

7月23—27日，纲领党召开特别代表大会，1062名代表参会，面对严峻的国内危机,党主席奈温表示认识到其执政存在问题,前几个月的流血示威事件显示民众对政府高度不信任。他说,以前就曾经提出过辞职和退休,但被同僚拒绝,这导致其深陷政治漩涡,他已经77岁了,再次提出辞去党主席职务,并提议就缅甸实行一党制还是多党制尽快进行全民公投,以搞清楚大多数人和少数人的民意倾向,如果民意支持多党制,那就要修改宪法,选出议会,再重新制宪,如果未来的议会不愿意看到纲领党的机构继续存在,后者将毫不犹豫地交权。党代会同意奈温辞去党主席职务,但不同意举行政治公投,因为纲领党政府应该首先解决经济问题。不过,奈温在告别演说中还是向抗议者发出威胁称,如果发生动乱,军警就要开枪,就要死人。

缅甸人们相信,奈温辞职是个缓兵之计,试图以退让换取局势的缓和,其实,他仍在幕后操控大权,其选定的政府领导人便是强硬人士盛伦。盛伦随后接替奈温出任纲领党主席,接替吴山友出任总统,而盛伦是多次参与指挥平息学生和民众示威的人,他否认国家危机是纲领党政策导致的,而是一些"坏官员"造成的,遂撤换多名高官,逮捕"三十志士"(领导缅甸独立的核心人物)中幸存11人中的两人以及其他异议人士,接着采取严厉打压民众的措施。学生则通过散发传单、演讲等方式批评盛伦,号召举行全国性大罢工,以实现多党制,实现民主。示威在8月份走向了最高潮。1988年的全国性民众示威不仅促成了奈温下台,也促成了缅甸政坛另一件具有转折意义的大事发生——昂山素季登上了历史舞台。

五、昂山素季在政治上的迅速崛起

昂山素季乃缅甸"国父"昂山将军之女。1947年7月19日,昂山将军与6名临时政府的部长被刺杀,这一天被定为缅甸的"烈士节"。此时,距离缅甸真正独立建国也就剩下半年时间，昂山素季也刚刚两岁，她对父亲几乎没有多少印象。昂山素季1945年6月19日出生于缅甸前首都仰光。缅甸人有名无姓，昂山素季（Aung San Suu Kyi）的名字由其几位长辈名字的部分用词组合而来，昂山来源于其父亲（Aung San），素（Suu）来源于祖母名字的一部分，季则来源于她母亲名字中的一部分（Khin Kyi）。后来，1948年初，缅甸独立，与昂山将军曾并肩战斗过的吴努总理执政时，政府划拨给昂山素季一家一套别墅，即大家现在熟知的仰光大学路54号别墅，坐落于著名的茵雅湖畔，按照现在时髦的话讲，算是"湖景房"，现在已经成为缅甸国内外人士频频拜访之地。此外，昂山素季也早已成为倍受尊敬的名人，其名字前被冠以Daw（汉语翻译为"杜"），该词是缅甸语中对女性的尊称，现在也有人经常亲切地称她为"素妈妈"，显示其在缅甸民众中极高的人气。

昂山素季青少年时曾经长期在异国他乡求学、工作，生活轨迹上似乎离祖国愈发遥远，但她一直深爱着缅甸。1964年，成绩优异的昂山素季进入牛津大学圣休学院学习，1967年，她在牛津大学获得哲学、政治学和经济学学士学位，后来曾在伦敦大学亚非学院（也有译作东方和非洲学院）担任过研究助理。1969年，在缅甸籍的联合国秘书长吴丹推荐下，她在联合国担任了3年的助理，从事行政、预算方面的事务，这又拓展了她的国际视野。

昂山素季在英国求学时，结识了研究西藏文化、佛教文化的英国青年学者迈克尔·阿里斯。不过，两人的恋情与婚姻最初是难以获得昂山素季母亲和国内传统人士认可的，因为，缅甸是个亚洲国家，并且曾经长期被英国殖民统治过。1972年元旦，昂山素季与英国学者迈克尔·阿里斯正式结婚，尽管其举办了具有缅甸民俗特色的婚礼，但昂山素季母亲及其家人拒绝出席两人的婚礼。

婚后，昂山素季过了多年钻研学术、相夫教子的平静生活，和缅甸政治基本挂不上边。这种平静幸福的生活一直持续到1988年她回国照料生病的母亲，随后卷入政治，此后，她的学术研究与博士梦想戛然而止，她的生活已经天翻地覆，其与家人也长期天各一方。

1988年3月31日晚，正当全家准备就寝时，仰光朋友打过来国际长途，告诉昂山素季，她母亲病重，已经住院。面对晴天霹雳，昂山素季赶紧收拾行李，第二天一早，她从牛津转道伦敦机场，飞到曼谷，再转机到仰光。这也许是历史的巧合，也许是命中注定，昂山素季的生活和命运来了个"180度的急转弯"，这次，昂山素季家族的命运再度与国家命运紧紧联系在一起了。昂山素季回国后，在照料母亲的同时，从高度关注国内此起彼伏的反对奈温政府的民众运动，到逐渐参与和领导这场运动，从普通妇女一跃成为声名显赫的政治人物，在阿里斯1999年去世前，一直未能回到英国与家人团聚，只能是阿里斯和两个儿子多次短暂去仰光与昂山素季团聚。其中，在1999年之前，阿里斯只有5次短暂访问仰光会见软禁中的昂山素季的机会，最后一次是1995年的圣诞节。长期远离家人是昂山素季这一生中的一大缺憾，也是件痛苦的事情。

前文评述了1988年7月底前的示威。尽管7月底掌权的盛伦采取更严厉的军事管制措施，自8月3日起，晚上8时至早晨4时实行宵禁，并禁止5人以上集会，但从4日起，示威活动向全国200多个镇区蔓延，学生、教师、农民、工人、医生、部分政府职员和军人、僧侣等等阶层纷纷上街。历史似乎有着惊人的巧合，50年前的8月，昂山将军及其他独立运动领导人也呼吁全国百姓举行反对英国殖民统治的罢工。8月8日，失望而愤怒的民众再度掀起反抗政府的全国性大规模示威，数十万人涌向仰光市中心，学生号召全国工人大罢工，工人也积极响应，9日，示威蔓延至全国多数城镇，这是缅甸历史上最大的示威，持续不止。很多示威者希望"菲律宾民众把马科斯独裁政权推翻"的模式在缅甸重演，然而，奈温当局并未妥协，也未采取安抚措施，而是以更强硬的方式压制示威。比如，从银行提出大量现金，提高军人、官员及国营企业工人的工资，力图巩固执政基础；关闭各类学校，试图增加学生聚集难度；出动坦克、装甲车形成路障以组织示威者前进，空军出动飞机散发传单威胁称要空袭示威者，官兵在现场继续武力压制示威者，还有传言称有军人在仰光总医院开枪杀人。官民对峙，暴力相向，伤亡增加，8月12日，另一位军事强人盛伦辞职，纲领党8月19日推举该党中央执行委员会（党的领导机构）中唯一一位文职官员貌貌博士出任党主席和总统。貌貌博士学识渊博，是法律专家和作家，长期作为奈温的参谋人士，为奈温执政涂脂抹粉，实际上也是奈温军人集团推出来的代理人。貌貌政府做出巨大妥协，解除宵禁，不准士兵向和平示威者开枪，释放昂季准将；放开舆论和媒体管控，承诺任何一个人都不会因为自由表达观点而受到惩罚，并征集民众关于政治改革的意见和建议；纲领党9月12日将召开特别党代会，讨论就国家实行一党制还是多党制举行全民公投的事宜。貌貌还威胁称，如果纲领党大会拒绝举行全民公投，他和纲领党全部执委将辞职并脱党；等等。但是，对奈温军人集团充满怒火和仇恨的示威者的目标是促成纲领党政府下台，推动多党制，发展民主。

1988年回国之初，昂山素季并未直接而深入地卷入政治之中。不过，她一直在关注示威发展和国家局势变化。其实，昂山素季在国外生活时，作为缅甸"国父"昂山将军的女儿，她一直怀有对祖国强烈的责任感，一直保留着缅甸国籍，不过，昂山素季也担忧国人对她跨国婚姻的误解，担心国人将此视为她疏离祖国的举措。在奈温军人集团与示威者对立时，她曾经试图凭借昂山将军的影响力和昂山家族的人脉关系网络来说服奈温军人集团放弃镇压示威者，调解双方的冲突。她为此做了多种尝试，曾经与奈温军人集团的人士会晤，在前总理吴努等政界元老支持下，在8月15日发出公开信，提议当局成立由执政党之外独立人士组成的协商委员会，负责征集民意，协商出和平解决危机的方案，并监督推进多党制和民主进程。然而，这些努力均告失败。

各地的冲突与混乱的局势仍在持续，国家危机仍在继续。昂山将军曾是缅甸现代军队的奠基人，领导缅甸独立，国人原本寄望昂山将军能领导独立后的缅甸重现古代辉煌，但未料他32岁便遇刺身亡。缅甸人尊称昂山将军为"国父"，对他的崇敬与哀思之情持续至今，而且，随着人们对奈温政府统治的不满日益增加，对昂山将军的怀念之情更是愈发强烈。而昂山将军之女昂山素季1988年4月回国后，缅甸越来越多的人将国家发展的新希望寄托在她身上，当时，反对奈温军人集团的示威运动在全国此起彼伏，但缺乏有威望的、能够统一领导全国各地示威的领导人，各方对昂山素季"出山"振臂一呼的渴望到达了顶点，一些知识分子、学生领导人频频敦促昂山素季"出山"领导民主运动。

昂山素季也深感事态之严重，其担负的责任也愈发重大，愈发感到不能置身事外，逐渐介入政治。她与貌貌政府的高官会晤，表达要举行较为温和的大众演讲的意愿，希望当局能解除宵禁，当然，她也同意官员要求，演讲时不"攻击"奈温本人。8月24日，因为大学基本被关闭了，只有仰光总医院等个别医疗机构还算是开放之地，同时，示威导致的伤亡者源源不断地进入医院，正在照料母亲的昂山素季深受触动。因此，她在当时群众示威的重要集中地——仰光总医院门口发表了首次公开但短暂的政治演讲，很多民众涌来聆听。她表示，希望能看到缅甸尽快建立民主体制，并向听众传达了将向群众发表重要演说的信息。同日，貌貌政府解除宵禁，命令军队撤出仰光市中心，次日释放部分反政府领导人。但民众则继续示威，其斗争目标就是尽快实现多党制选举。

26日，昂山素季在仰光地标建筑——大金塔发表演讲，因为缅甸85%以上的人信奉佛教，因此，大金塔也是缅甸多数人的精神圣地。而且，昂山将军也曾在大金塔发表过反对英国殖民者的演讲，他的墓地也坐落在塔旁。早就在此恭候的听众有数十万，有人甚至称有百万之众，导致昂山素季的车子在去大金塔的路上行驶极为缓慢。尽管当天关于爆炸与暗杀的传言满天飞，但昂山素季执意成行，并拒绝穿防弹背心。很多人事先对她的演讲表现心里没底，但现场有人发现，昂山素季的相貌与言谈举止极像昂山将军，演讲非常成功，现场气氛热烈。下面是她这次演讲的重要内容摘要："这次集会的主要目的是将缅国民意志昭告全世界：我们热切渴望有一个多党的民主政治体系，因此，民众必须自律、团结、和平地向民主目标迈进，各民族也要团结，并向世界展示这种形象；应该感谢学生做出的牺牲，这些学生了不起，全体与会者向死去的示威者默哀一分钟；我长期生活在国外，嫁给外国人，但这些从来不会减少我对国家的爱和奉献的热诚，我也一直关注祖国政局，不能对国家局势熟视无睹；我曾远离政治，但这次又深深卷入政治，因为时局紧迫，国家面临生死存亡关头，身为昂山女儿，不能漠视这一切；国家的这次危机可以叫作'缅甸的第二次独立斗争'（第一次斗争是脱离殖民统治），这次斗争起源于国民对多党代议制民主体制的深切渴望，因为现行政治体制并不尊重人权，貌貌总统还说要讨论是否要对多党民主制进行全民公投，已经没有必要了，因为现政府有责任推动建立多党民主制，亟须要做的是举行自由公平的选举，我们需要一个能给国家带来繁荣和强盛的政府；家父是缅甸现代军队的缔造者，希望军队被民众敬重、热爱和依靠，然而，当前，军队和民众有矛盾，权力强大之人要对弱势者展现忍让，不希望双方对立。"当然，她在演讲中还是对军队表示敬意，因为她从小受到过军人的照顾，这次演讲时并未直接而尖锐地批评政府，不仅是对与他会晤过的官员有所回应，也担心引发政府对示威者更大的武力打压。在这次集会上，与奈温政府分道扬镳的前军队总参谋长和国防部长吴丁乌、昂季准将等人也在集会上呼吁尽快举行多党制大选。

尽管昂山素季的演讲并未咄咄逼人地攻击奈温本人和文官貌貌领导的政府，还一再呼吁强大的军方要对示威者有所忍让，呼吁示威者要和平斗争。但是，对政府充满愤怒与仇恨的全国各地示威者群情激愤，直接要求结束奈温军人集团的统治，因为貌貌政府也是奈温军人集团的代理人。8月底和9月上中旬，缅甸局势失控到无法收拾的局面了。一是，示威者向貌貌政府下达最后通牒，要求其在9月7日前下台，但遭到拒绝。9月8日，全国总罢工开始，国家运转瘫痪。貌貌尽管9月1日曾公开承认纲领党存在问题，后来却指责示威者触犯法律，使仰光民众"不能继续生活在和平与安全之中"了。当局释放万名囚犯，这些人有的参与示威，有的与示威者发生流血冲突，有的又去犯罪，令混乱局势火上浇油，这被外界视为政府有意为军方介入制造借口。同时，政府从银行取走6亿缅币现金来支付给军人，力图确保他们的忠诚度。二是，9月10日，纲领党开会决定取消公投,三个月内将举行自由、公正的多党制大选,选出议会,议会再组建政府,再对宪法进行必要的修改,为此,政府要恢复社会秩序,确保民众生活稳定。军队将保持政治中立,不被允许支持任何政党。12日,五名成员组成多党民主大选委员会。然而,民众对当局"一而再、再而三"的缓兵之计失去了耐心,昂山素季、吴丁乌、昂季等反对派领导人也拒绝了纲领党的大选提议。同时,81岁的前总理吴努做出了更冒险的举措。9月9日,他召开国内外记者会,称只有1947年宪法才是缅甸唯一合法的宪法,依据宪法,他宣布成立"平行政府",他仍是缅甸合法总理,是将被奈温夺走的权力夺回来,因为,1962年3月,奈温发动政变推翻民选的吴努政府。不过,此举遭到昂山素季等政治人士的反对,昂山素季表示,要由民众决定反对派政治前途。

9月中旬,示威导致政府运作和国家运作基本瘫痪,而且,军方内部的分裂日益明显,不仅是吴丁乌、昂季等前军方将领成为反政府示威的重要领导人,很多现役士兵也加入示威队伍中,示威者还包围、冲击国防部大楼、央行大楼、仰光市政厅等重要政府机构,与士兵发生流血冲突。前期示威已经迫使奈温和盛伦两大军事强人先后倒台,纲领党政府面临垮台的危机,军政一体,唇亡齿寒,军方在过去20多年绝对主导国家,形成庞大的利益集团,享有很多特权,现在却权威扫地,似要失去对局势的掌控,但奈温等军方强硬派还力图绝地反击,扳回一局。

大金塔演讲之后,昂山素季开始成为缅甸反政府力量的团结者了。此后至1989年7月被政府软禁之前,她共在全国发表演讲千余次,不惧怕有人散播的要刺杀她的谣言,驳斥奈温军人集团散布的"民主不适应于缅甸"的言论,称自己尽管不喜欢政治,但已经参加了,就不能半途而废,要坚持到底。她所到之处,万人空巷,民众充满尊敬和憧憬地聆听她的演讲,她已经成为政府畏惧、民众热爱的全国民主运动的领导人。昂山素季领导的政治活动,加速了奈温集团的倒台。

六、奈温政府的封闭外交政策

吴努政府时期，缅甸外交活跃，国际影响力较大。但奈温统治26年时期，缅甸成为国际社会中躲在"竹幕"后的国家。奈温政府奉行前任政府的"不结盟"政策，严守中立，试图在美国和苏联主导的冷战格局中尽量不选边站队，以避免得罪哪方。总体而言，奈温外交却更为消极，不仅不依附于任何一个大国，还对外采取较为封闭的政策，较为孤立于国际社会，与国际社会的交往有限，在国际重大事务上采取消极中立乃至回避的政策，1979年因为反对古巴与苏联结盟、不满苏联力图主导亚非拉发展中国家事务而退出"不结盟运动"。奈温上述外交举措的重要目的是：防止西方等国际社会对缅甸国内政治体制、经济发展、社会文化、民众思想等造成较大影响，尤其是尽量减少国内各种反对派与国外联合反对奈温统治的可能性，减少缅甸经济和百姓生活对外部世界的依赖，因为奈温等人曾经领导推翻英国和日本殖民统治的独立斗争，民族主义情绪强烈，对外国在缅甸的影响力过大十分敏感。外交是内政的延续，奈温政府尽管带有孤立主义色彩的外交政策是巩固其统治的重要一方面，然而，这种消极外交政策过分强调国内的自给自足，导致缅甸愈发与世界割裂，是缅甸国家发展与世界发展潮流脱轨的重要原因，是缅甸持续落后的重要原因。不过，奈温统治时期，有个比较滑稽的事情值得一提。奈温严格限制国家和国民与外界的交往，但他自己却多次出国旅行，出国度假，游山玩水，用国家有限的外汇享受异域生活。

奈温统治时期，美苏冷战正酣，形势比较复杂。当然，奈温政府出于不同时期的利益需要，对美国政府也采取了比较复杂的政策。

奈温政府与美国的关系时好时坏，但绝不投入美国的"怀抱"，不甘愿成为美国的棋子。

一方面，奈温政府当时反对西方的思潮明显，极力清除美国等西方世界在缅甸的影响，夜总会、选美、赌博、板球运动、西方电影、书籍报刊等均被取消或受到严格限制，西方媒体在缅甸的活动也严格受限，西方人入境缅甸比较困难，停留时间很短，甚至有时西方外交官等在缅甸开展公务活动的人员的签证办理都非常不便。美国的福特基金会等机构撤离缅甸，美国、英国等在缅甸的一些教育培训项目也被取消，缅甸青年精英赴西方留学也非常困难，这与吴努时期源源不断地派遣精英赴西方深造的局面完全不同。在20世纪60年代，缅甸与西方世界的关系总体比较冷淡，矛盾较多。奈温1966年访美，是两国关系发展的重要事件，但两国关系并未进入密切时期，奈温不支持美国侵略越南的战争。他一直不满美国与在缅甸边境地区非法活动的国民党残余军队有着联系，后来还严重不满美国1973年允许吴努在美国进行政治避难并开展反对奈温的活动。

不过，到了20世纪70年代中后期，奈温政府面对国内经济社会日益严重的困境，开始更多接受美国、欧洲、日本、亚洲开发银行、世界银行等西方国家和国际组织的援助，以缓和国内矛盾，稳固统治。因此，在20世纪七八十年代，缅甸与西方的关系有了改善，各种交往与合作有所增多。在1972—1975年，美国联合日本、西德以及其他西方国家联合给予缅甸3.78亿美元的援助或贷款。

禁毒方面，在20世纪六七十年代，缅甸（尤其是北部掸邦、克钦邦地区，乃至东南部的克伦邦都有所波及）成为世界重要毒品产销国，缅甸北部地区成为赫赫有名的"金三角"的核心组成部分。大批美军在越南作战，大批美军驻扎在菲律宾、泰国等东南亚国家的军事基地，使得美军人员对毒品的需求骤增。同时，缅甸毒品产销增加也与当时国内形势有关，多支"民地武"出于与中央政府进行武装斗争的需要，需要大量经费，由于他们辖区大多难以从事正常的农业和工业经济活动，"以军护毒、以毒养军"，便成为"民地武"的重要生存方式。同时，部分国民党残军为了生存，也大肆开展制贩毒活动。此时，美国高度重视应对缅甸毒品的威胁，1974年起与缅甸开展禁毒合作。其实，在奈温政府时期，美国与缅甸的安全合作也时断时续地进行着，因为美国希望拉拢缅甸，使之不要与苏联、中国等社会主义国家关系太近，并且希望缅甸与美国合作禁毒。而缅甸奈温政府面临国内约 30 支"民地武"的武装斗争，也面临着保护国家安全的任务，需要美国安全援助。为了回应美国等国际社会针对缅甸的禁毒压力，奈温政府 1974 年出台禁毒法律，打击毒品制造与贩卖，有些贩毒重刑犯可以被判处死刑。但奈温政府配合美国禁毒也有自己的"算盘"，用禁毒合作来实现自己的一些目的，比如，争取美国等西方国家给予缅甸更多经济和军事援助，一定程度上帮助奈温政府缓解国内民众在经济民生方面的不满情绪，更重要的是，奈温以禁毒合作名义，争取到美国援助缅甸政府数十架各类直升机，用于运输、禁毒等目的，而缅甸政府则利用一些直升机用于打击"民地武"，引发部分"民地武"对美国的不满。

当时，尽管日本也属于美国反对苏联的西方阵营，但日本毕竟是亚洲国家，还曾是缅甸的殖民宗主国，对缅甸的感情特殊，对奈温这个政治强人并非印象很坏。而且，日本一直是缅甸最大的外来援助国，给予缅甸大量援助，对缅甸进行一些投资。同时，在缅甸独立运动时期，奈温作为缅甸"三十志士"之一接受过日本的军事培训，在日本军政界有广泛人脉。因此，缅甸与日本的关系，比缅甸与美欧等西方世界的关系还算密切。奈温本人四次访问日本，日本有五位首相在奈温统治时期访问缅甸。缅甸与日本的高层互动密集程度是缅甸与所有美国为首的西方阵营国家中最多的。1962 年，日本与缅甸达成对缅增加战争赔款的协议，日本的赔款、援助等源源不断地进入缅甸，对奈温政府缓解国内统治困境而言，非常重要。

奈温统治时期，缅甸与意识形态相似的苏联和东欧国家的关系还算可以，但缅甸也绝不因为意识形态相似因素而彻底倒向苏联阵营，不是苏联反美阵营中的一员。奈温政变上台后，宣称建设"缅甸式社会主义"，受到苏联和东欧国家的欢迎与支持。苏联和东欧国家在政治、经济、外交、文化等层面支持奈温政府和缅甸社会主义建设。奈温政府重视与苏联、东欧国家的交往，向这些国家学习社会主义建设的经验，派遣记者等精英人士赴东欧学习。因此，奈温政府在消除西方文化影响的同时，苏联和东欧国家的关于马克思主义的书籍在缅甸可以公开销售，苏联和东欧国家的社会主义思想可以在缅甸传播。

吴努时期，缅甸外交活跃，是东南亚较有国际影响力的国家。而奈温时期，外交较为消极，缅甸与东南亚的关系也不紧密，地区影响力也明显逊色。东南亚国家联盟（东盟）1967年8月成立，但奈温政府认为东盟具有一定的结盟性质，且东盟及其成员国与美国关系密切，泰国、菲律宾等东盟国家还允许美国在其领土驻军，东盟与苏联、中国、越南等社会主义国家的关系很差，甚至有些敌对关系。因此，缅甸当时也不加入东盟。

缅甸与泰国这两个中南半岛强国经常不和，在古代就曾发生过战争，两国不管是官方还是民间，对彼此的印象均不佳。奈温政府与邻国泰国保持着一定程度的交往，但两国关系总体不太友好，起起伏伏。从20世纪五六十年代开始，缅甸和泰国的边境也是缅甸克伦等少数民族组建的"民地武"、吴努等倡导西方民主的反对派武装力量等反政府力量的重要所在地，吴努甚至还在泰国进行政治避难多年，在泰国开展反对奈温政府的活动。因此，奈温政府与泰国政府的关系总体不是很好，对泰国的疑心较大，1977年，泰国在掸邦重要城市景栋（靠近泰国）的总领馆也一度被关闭。

缅甸与印度这个大邻国的关系也是时好时坏。一方面，由于历史原因，在英国殖民统治缅甸时期，大批印度人移民缅甸，在缅甸诸多领域的影响力很大，尤其是在经济领域，印度人掌握了大量财富，还垄断了仰光等地区的一些产业发展，而缅甸很多民众却很贫穷，贫富悬殊引发了缅甸人对印度人的仇恨。因此，奈温政府国有化的重要目标之一是清除外国人对缅甸经济的影响，举措之一就是，从1961年2月开始，缅甸开始没收印度人的企业和财产，却不进行补偿。1964年5月，奈温政府废除50元和100元缅币的纸币，对持有大量现金的印度人而言，绝对是当头一棒，大批财富瞬间化为乌有。到20世纪七十年代，共有数十万印度人陆续逃离缅甸。另一方面，尽管缅甸"排印"浪潮打击了两国关系，但是，两国毕竟是邻国，双方政府出于利益需要，还是保持了一定的交往，两国磋商一些经贸和战略合作，并在 1967 年达成边境划界协定。奈温多次访问印度，如 1964 年奈温出席印度尼赫鲁总理的葬礼，1965 年、1966 年、1980 年等年份也访问过印度，讨论双边的边境安全、经贸等领域的合作。1969 年 3 月，印度总理英迪拉·甘地访问缅甸，讨论两国处理印度武装分子在两国边境猖獗活动的问题，并且，印度与中国在领土、外交等层面存在斗争，力图说服缅甸能在外交上更多支持印度，但缅甸拒绝在中国和印度 1962 年边境冲突等问题上做出支持任何一方的表态。1987 年，印度总理拉吉夫·甘地访问缅甸，尽管双方讨论一些合作，但由于当时奈温统治出现严重危机，两国关系当时没有大的实质性提升。

自 1950 年中缅建交以来，中国始终本着不干涉内政的原则，从两国国家利益出发，尽力发展与缅甸的友好关系，毕竟，两国有着 2210 多公里的边境线，邻居是搬不走的，必须尽力搞好关系。在奈温政府统治的大部分时间里，中缅关系还是保持友好合作的，但 1967 年也发生缅甸极端排华事件与中缅断交，这是 1950 年中缅建交以来，唯一发生过的一次断交事件，可见当时中缅关系遭遇过巨大危机。

缅甸独立伊始，从吴努政府时期开始，缅甸对中国这个大国的疑虑始终就存在着，在奈温时期，以及缅甸此后的历届政府时期，概莫能外。缅甸对中国外交中，既交往又提防的心态始终存在着，只不过是，在不同时期，这两个方面的表现程度有所差异。在 20 世纪五六十年代，在缅华人资本对缅甸经济的影响力较大，这也是奈温政府比较疑忌的。1964 年，奈温政府将在缅甸的中国银行分部和交通银行分部国有化，次年，便开始将缅甸华人学校国有化，限制华人对缅甸经济社会的影响，减少中国对缅甸的影响。1967 年 6 月，缅甸更是发生了罕见的排华浪潮，让中缅关系一度断交。这次排华事件的发生，有着多方面的原因。一方面，当时中国的"文化大革命"的一些思潮和做法也传播到缅甸华人中，一些华人学生在学校也佩戴毛主席像章，拿着"红宝书"，模仿中国人参与"文化大革命"的一些集会等活动方式在缅甸搞些类似公开活动，宣传毛泽东语录，华人不管是否入籍缅甸，确实存在不妥和过激行为。另一方面，奈温政府在国内也面临着较多经济、社会问题，面临民众的诸多不满，也有意借助华人的事件来转移国内矛盾，减轻执政压力。同时，奈温也担心，在缅甸的华人受到"文化大革命"的影响，组织性变强，活动增多，会在缅甸政治和社会上掀起更大的风浪。排华事件后，两国关系降至冰点，互撤大使，断绝外交关系。所以，在奈温统治时期，华人处境总体悲惨，大批华人逃离缅甸，或者返回中国，或者逃往泰国、马来西亚、新加坡等东南亚国家，甚至远赴西方国家避难。留在缅甸的华人则谨小慎微，夹着尾巴做人，仰光等地的华人不仅在公开场合不敢说汉语，有些人甚至在家里都不敢大声说汉语，以防被打压。这也是现在仰光的一些华人及其年轻后代不会说汉语或者汉语说得不好的原因之一。

后来，因为在20世纪60年代，奈温政府同时对英国等外国资本、在缅甸的印度人和华人资本进行国有化，导致缅甸外交环境一度急剧恶化，尤其是，奈温政府同时得罪了中国和印度两大邻国，这是缅甸较难承受的。因此，奈温政府也尝试改善对华关系。同时，中国也在有所调整"文革"时期外交上的错误，也想借助改善与邻国缅甸的关系来展示与周边及其他地区国家发展友好关系的诚意。而且，中苏关系当时已经在中国东北和西北边境发生少量武装冲突，苏联对中国安全的压力很大，中国与西南方向的邻国缅甸搞好关系的迫切性又上升。在上述多种因素的综合影响下，1971年3月，两国复交。同年8月，缅甸最高领导人奈温访华，标志着两国自1967年7月中断的高层交往得到恢复，他与毛泽东主席、周恩来总理等中国领导人会见。

1971年，缅甸也支持联合国恢复中华人民共和国的合法席位，而缅甸籍的联合国秘书长吴丹也发挥了重要的推动作用。此后，两国高层的互动又开始密集起来。比如，1975年，奈温再度访华，1977年，中国全国人大常委会副委员长邓颖超访缅，受到缅方高规格接待，同年，奈温将军再度访华。1978年，中国国务院副总理邓小平访缅，同年，缅甸国防部长觉廷访华。此后，奈温在1980年、1985年等年份访华，1984年缅甸总统吴山友访华，中国国家主席李先念1985年访缅，中国国务院副总理乔石

1987年访缅，等等，中缅多个领域、多个层级的高层互访不断，双方多领域的合作也在增加。比如，在经贸领域，中缅经贸关系在1967年至1970年间受到断交的影响而规模很小，但1971年复交后，两国经贸合作开始有所转好，1973年至1984年间，中缅每年贸易额基本稳定在三五千万美元左右，此后，中缅边贸也大幅增长，带动中缅总贸易也大幅增长，到了1988年，中缅总贸易接近2.6亿美元。此外，中国还给予缅甸发展援助，帮助缅甸发展基础设施建设，提供设备和技术援助，并派遣专家赴缅甸现场指导和帮助缅甸进行国家建设。

综合观察，尽管自1950年两国建交至1988年奈温下台，中缅关系也是经历了起起伏伏，甚至还发生过断交事件，但在大部分时间里，两国关系还是总体友好，两国高层领导人互动密集，其中，周恩来总理九次访缅（包括奈温执政时期的四次访缅），以及奈温将军12次访华，成为中缅"胞波"友好关系的有力证明。

第十章

新军人政权艰难推动国家渐进转型

1988年，国际社会正在经历着苏联、东欧剧变带来的格局性调整，缅甸政治发展也迎来重要转折点。军事强人奈温1988年7月被迫下台后，缅甸多地的民众示威仍然是此起彼伏。加之，缅甸"国父"昂山将军之女——昂山素季迅速成为民众抗争军人的领导人，全国性示威运动更加声势浩大。据说，是被迫下台的奈温指挥军人集团再度夺权，因为是曾经为奈温军人集团成员的苏貌（Saw Maung）将军等人1988年9月18日领导军人再度发动政变，平息国家乱局。之所以称苏貌军政府［1992年开始由丹瑞（Than Shwe）领导军政府］为新军人政权，是因为，其与奈温军政府本质上一样的，苏貌将军等军人绝对掌控从中央到地方的权力，不过，苏貌以及丹瑞先后领导的军政府核心成员逐渐提拔了一批"新人"，其内政外交很多政策较之奈温政府也有很多"新意"。

此后20多年的缅甸政治发展史，基本是军政府与昂山素季领导的民盟的博弈展开的，这个漫长的过程可谓跌宕起伏，民盟赢得了1990年大选，但军政府否定大选结果，继续执政至2011年3月。其间，昂山素季断断续续共被军政府软禁15年，民盟很多核心成员也是被军政府抓了关、关了放、放了再抓，政党运作长期瘫痪。不过，表面强势的军人政府其实面对着国内强大的民意压力，除了昂山素季领导的民盟的抗争外，2007年缅甸又爆发了僧侣领导民众上街的大规模的"袈裟革命"。而且，西方世界也声援昂山素季和民盟的政治斗争，对缅甸军政府实施了20多年的制裁。军政府在内外压力之下，开启漫长的制宪进程，2003年推出"七步民主路线图"，但排斥民盟等参与军方主导的政治转型进程。2007年"袈裟革命"后，国内外要求民主化的压力骤增，军政府被迫加快推进"有纪律的繁荣民主"进程：2008年推出新宪法，结束长期的宪法真空局面；2009年又开始推动整编多支"民地武"，力图在新大选前统一军队和国家，结果引发了震惊国际社会的掸邦果敢冲突、克钦邦冲突、克伦邦冲突等等，形成大量战争难民；2010年11月7日，缅甸举行大选，仍被软禁的昂山素季领导民盟抵制大选，军方扶持的巩发党胜出。2011年3月30日，军政府解散，民选的吴登盛（U Thein Sein）政府上台，新政府由丹瑞军政府的退役军官主导，军人成功实现了"换装执政"，因为吴登盛政府的绝大多数官员不再向前军政府官员那样穿着军装了，但政权还是在军方手里。

丹瑞主导的漫长政治转型也是波澜迭起，一度险象环生，但最终总算还是实现了政权的平稳交接。同时，昂山素季在2010年11月13日，即大选后一周获释，重新自由参政。缅甸政治又揭开了新的历史篇章。

对于缅甸军人推动的民主转型进程要有客观评价，一方面，其确实存在一些问题，国内的反对派不断抗争；另一方面，在缅甸这样一个民族、宗教矛盾复杂的国家里，在一个1948年独立后就内战不断的国家里，军人的强力控制对于避免国家分裂是必要的，可控的渐进式民主转型是有一定积极意义的。东南亚多个领导人就公开表达对于军政府被突然推翻的担忧，担心缅甸像前南斯拉夫那样陷入内战，分崩离析，影响地区稳定。

一、军人再度政变与1990年大选的失败

1988年，昂山素季领导的民主运动持续风起云涌，面对如此对军方不利的危局，9月18日，奈温将军的下属、国防军总参谋长兼国防部长苏貌将军领导军人发动政变，推翻貌貌领导的纲领党政府，接管政权，建立军人组成的"法律与秩序建设委员会"（后来改称"国家恢复法律与秩序委员会"，简称"恢委会"，1997年更名为国家和平与发展委员会，简称"和发委"），用武力逐渐平息示威，实行宵禁，禁止民众集会等，并派兵包围昂山素季住所，切断其与外界的通讯联络。苏貌将军随后出任总理（后改称"恢委会"主席）、国防部长、外交部长，用更强硬的军人将领团队来取代手足无措的军人集团代理人——文官总统貌貌。这就是学界通常称之的新军人政权，因为，苏貌政府也是与奈温政府渊源颇深的军政府，其执政的首要目标是维护军人集团利益，尤其是对政治的控制权，不过，其执政后采取了很多有别于奈温政府的政策。

一是，宣布"恢委会"四项紧急任务，力图安抚民心：建立法律、秩序、和平与稳定；保证交通顺畅；为百姓提供食品、衣物、居所等生活必需品；举行多党制民主大选。

二是，力图改善形象，并贬低其他党派形象。"恢委会"表示，其并未有胁迫行为，逮捕的只是触犯法律的罪犯，没有关押政治犯。"恢委会"表示，只要媒体遵守出版行业规定，负起责任，允许恢复媒体自由。"恢委会"组织人员向媒体写稿宣传其政策，在大街小巷张贴支持政府的宣传材料，并告诫人们不要反抗当局。

三是，继续实施宵禁，严厉打击示威，以高压方式维护社会稳定。从

1987年到1988年，一年多的示威频频遭到军方镇压，但最终总的伤亡人数，即便到目前，谁也给不出一个确切的数字。众说纷纭。

四是，大幅调整纲领党政府时期的"缅甸式社会主义"的政策。政治上，1988年10月19日发布法令，将国家名称从"缅甸社会主义共和国"（The Socialist Republic of the Union of Burma）改为"缅甸联邦"（Union of Myanmar），并将缅甸的英文名称从"Burma"改为"Myanmar"，理由主要是，"Burma"是英国殖民者起的名字。经济上，"恢委会"改变奈温时期僵化、封闭的经济体制与政策取向，宣布推行市场经济制度，扩大对外开放，试图与国际经济发展接轨。为扩大吸引外资，1988年12月1日，"恢委会"颁布《缅甸联邦外国投资法》。当然，这些经济改革是初步的、有限度的、渐进的，尽管推动了宏观经济的增长，但也滋生了军人集团的腐败，百姓真正获益不大。民族政策方面，新政府放弃奈温时期以武力围剿为主来打击诸多"民地武"的做法，在对有些顽固抵抗的武装采取武力打击的同时，更加注重推动与少数民族的和解与合作，20世纪80年代末和90年代初，政府与多支武装达成了口头或书面的停火协议。这样，就稳定了全国很大一片区域，因为，134个少数民族居住的总面积约占全国国土面积的2/3，多支"民地武"形成了事实上的武装割据，尤其是在边境地区。

到1989年初，"恢委会"软硬兼施，基本稳住局面，示威基本消失了，但尖锐的社会矛盾仍在，民间对"恢委会"的不满情绪仍很强烈。1989年1月2日，病逝的昂山素季母亲举行葬礼时，尽管"恢委会"百般限制，甚至出动卡车阻挠民众参加葬礼，但仍有超过10万人参加了葬礼，这也从侧面说明民众支持与"恢委会"斗争的昂山素季，是在向"恢委会"展示"民意"。民间要求"恢委会"尽快实现民主的压力依然很大。更有甚者，军人1988年9月政变后，成千上万的学生和部分民运人士跑到缅泰边境的克伦民族联盟的武装营地，接受庇护和武装训练，试图武力推翻"恢委会"，建立民主政府，但因为实力悬殊，未能成功。

"恢委会"最引人注目的政治举措便是决定在1990年5月举行"自

由、公正"的大选,以缓解国内外高压,但也绝对错估了民意,认为军方扶持的民族团结党(由纲领党转化而来)比其他政党拥有很多优势,可以胜出,军方以民主方式继续掌权应该没有问题。"恢委会"1988年9月27日出台《政党注册法》,取消保证纲领党一党执政的《民族团结保护法》和《领导国家的缅甸社会主义纲领党资助法》,允许多党制。政府此举目的是希望出现尽可能多的政党参加新大选,来分散选票,增加民族团结党的胜算。截至1990年5月大选前,共有235个政党到民主大选委员会注册。1988年9月27日,昂季、昂山素季与吴丁乌等志同道合者组建民盟。截至1989年春,民盟称其成员猛增至300万人,成为缅甸最有影响力的政党。

"恢委会"多管齐下,准备大选,但其组织选举和选举计票过程中的举措相互矛盾。一方面,对政治和社会采取强硬管控措施,限制政党开展选举造势活动,力图确保军方扶持的民族团结党胜出,维系权力的延续性。"恢委会"1989年7月20日以危害国家安全和引导民众厌恶军队为由,软禁昂山素季和吴丁乌,以威胁解散民盟的方式迫使民盟解除昂山素季的党职,并逮捕成千的民盟人士,使很多民盟高层人士不能参选议员。但此举反而刺激了昂山素季支持者对政府的不满情绪。另一方面,1990年5月27日大选是1960年大选之后的首次多党制大选,共有93个政党参加,其中有19个少数民族政党,这也是缅甸独立以来参选政党最多的一次大选。大选投票率为72.59%,也是缅甸独立以来投票率较高的一次大选。据说,大选日期是"恢委会"挑选的"良辰吉日",和奈温信奉的幸运数字"9"有关系,因为2+7=9,5月27日是5月的第四个周日,5+4=9。军方加强打压其他党派,却又想让大选展现"自由、民主"的一面给国内外看看,大选投票和计票过程基本是自由公正的。大选是长期主导政局的军人势力和新兴民主势力的一次激烈对决。选举结果却令各界大吃一惊,成立仅8个月的民盟获得压倒性胜利,赢得近60%的选票,赢得392个席位,略超过总议席的80%,这主要是因为选举制度不是采取按照各政党全国得票率多少来分配议席的原则,而是采取"得票最多者在该选区胜出"的原则,而民盟的议员候选人在大多数选区都得票最多,其总席位的比例就比得票率高出很多了。民盟胜出主要靠的是昂山素季的极高人气,其实,很多民众并不了解民盟具体候选人的详细情况,也确实对民盟这个新党的执政能力有所担忧,但大批民众知道昂山素季,看到民盟的竞选标志,就投给民盟候选人了。而民族团结党惨败,尽管其赢得了21.2%的选票,但由于只得到了10个议席,议席数位居第四,让军人们大跌眼镜。该党席位还少于名不见经传的掸邦民族民主同盟(23席)和若开民主同盟(11席)。

这种一边倒的选举结果反而造成了政治困境。"恢委会"自然不肯服输,不愿交权。而民盟刚刚成立,未曾料到会如此大胜。双方难以商量出彼此满意的权力分配方案。军方提出,新政府成员要通过军方审核,新政府不得干预军务,不能审判奈温等退役和现役军方将领,要保证军方利益,比如,增加军费。然而,选后,占议会多数席位的民盟与非民盟议员投票决定由民盟召开新议会,这就等同于要求军方下台。有些民盟"少壮派"议员甚至提出要审判奈温、苏貌等军方高层,这令军方更是担心交权后的人身安全。军方与民盟的权力争斗矛盾激化,6月逮捕民盟代主席吴基貌,7月发布法令称,只有"恢委会"拥有立法、司法和行政权,要求选举产生的议员必须在召开新议会前起草新宪法,才能组建政府。民盟大批当选议员抵制军方法令,组建"平行政府"。"恢委会"则更严厉地打击民盟,将昂山素季的软禁期再增加5年,抓捕民盟成员和学生。

二、丹瑞主导的"有纪律的繁荣民主"转型进程

1992年4月23日,苏貌因为健康原因辞职,丹瑞出任"恢委会"(1997年更名为国家和平与发展委员会,简称"和发委")主席,一直执

政到 2011 年 3 月底"和发委"解散。丹瑞推动建设"有纪律的繁荣民主",其特色是军方主导,是确保军人利益的渐进式民主转型,而非一蹴而就的激烈民主变革。尽管民盟里的少数人、部分学生领导人与边境的"民地武"曾经一度合作武力抵抗政府,但昂山素季仍强调她以及民盟奉行"非暴力"原则,要避免示威者与政府间发生更多流血冲突。

丹瑞高明之处就在于,他提出了建设"有纪律的繁荣民主",是因为他深刻总结了吴努和奈温时期国家发展与转型失败的原因,要走一条相对可控、稳妥的转型与发展之路,但这是非常曲折、漫长的。

继续稳局,巩固权力

丹瑞要推动其设计的"有纪律的繁荣民主"转型进程,最关键的是稳定国内局势,巩固其个人权力。

第一,丹瑞执政后,软硬兼施,采取了一些缓和军民矛盾、缅甸政府与国外矛盾的举措,在维护稳定方面取得一定成效。在社会层面,丹瑞取消 1988 年以来便实施的戒严与宵禁令,减少民众的不满情绪,增加民众生活便利度。他执政最初几年,一度放松对反对派的压制,多次释放政治犯,允许昂山素季家人赴缅探望她,有限度地允许记者赴缅采访,1994 年 9 月 20 日,丹瑞和军方高级将领钦钮还首次与昂山素季会晤。这些举措旨在减少国内外压力。在教育层面,丹瑞政府让高校复课,但随后几年又将高校校园分散迁至郊区,缩短学生上课的时间(经常将 1 年课程缩短至三四个月上完),减少学生接触时间,增加学生聚集的难度,这也是丹瑞此后执政近 20 年学生再未领导起义威胁军人政权的重要原因,不过,这造成了缅甸精英人才长期而严重的断档,成为缅甸发展的致命短板。1997 年 11 月 15 日,丹瑞将"恢委会"改称为"和发委",旨在改善政府形象,适应国内外复杂形势发展的需要。在少数民族问题层面,丹瑞政府继续缓和与"民地武"的矛盾,出台政策、加大投入帮助少数民族地区发展,与近20支"民地武"达成停火协议或者和解，在20世纪90年代中期，暂时基本结束大规模内战局面。

第二，巩固政府的权力与丹瑞本人的权威，清除异己。在苏貌执政时期，缅甸就开始扩充军队，丹瑞执政后，政府优先保证军费开支，持续加强军力、军备建设，在1989年、1993年、2000年、2005年等年份多次提高军人及公务员待遇，到20世纪末，缅甸军队总人数约50万，加上军属、退伍军人等两三百万外围支持力量，再加上公务员及其家属，政府的核心支持者（或者说是迫于生计需要而支持政府者）增多，估计有四五百万，占全国人口约十分之一。同时，丹瑞执政初期，身兼多职："恢委会"以及后来的"和发委"主席、总理、国防军总司令和国防部长，集军政大权于一身。丹瑞逐渐清除掉奈温及苏貌对政府的影响力，逐渐将"前朝"要员撤换掉，换上新一批亲信。2003年8月25日，为了应对此前政府支持者与民盟支持者发生流血冲突引发的国内外高压，丹瑞将内外政策取向相对灵活的钦钮从"和发委"第一秘书长任命为总理，加之钦钮此前就是军情局长，大有功高震主之势。他这个"和发委"三号人物与"和发委"一号人物丹瑞及二号人物貌埃的矛盾激化，2004年10月19日，丹瑞宣布钦钮以健康原因退休，随后提拔"和发委"第一秘书长梭温为总理，将登盛提拔为"和发委"第一秘书长，随后调整了多名内阁成员。10月22日，政府撤销国家情报局，将其所属的机构拆散并入国防部、内政部、各大军区等，逮捕或调整大批军官。2005年7月21日，法庭以贪腐等罪名判处钦钮44年监禁，当然，外界认为他是被长期软禁了，并非直接入狱服刑。2007年10月12日，梭温总理因为患有白血病而去世，登盛继任总理，丁昂敏乌出任"和发委"第一秘书长。此后，缅甸"和发委"的核心权力架构基本延续至2011年初"和发委"解散：主席丹瑞、副主席貌埃、三军总参谋长瑞曼、总理登盛、第一秘书长丁昂敏乌。

第三，2005年11月6日，丹瑞政府突然宣布将首都从仰光迁都到新建的内比都，至次年2月16日，政府部门全部迁往新首都。迁都原因，众说纷纭，大致有这么几个：一是，缅甸封建王朝有迁都习惯，前首都仰光是英国殖民统治时期发展起来的大城市，丹瑞也想通过迁都奠定其历史地位，载入史册，因为内比都的意思就是"首都、皇都"，风水好。二是，仰光地处南部海边，当时缅甸与西方关系恶劣，担心西方军队从海上进攻缅甸，而内比都地处缅甸中部地区，周边山区较多，便于防御。三是仰光市人口密集，当时约有500万人，并持续增长，城市空间有限，近年来仰光堵车、污染严重。而内比都占地是仰光市的数倍，空间富足，人口相对稀少，发展空间大，核心行政资源的北移，也有利于发展较为落后的中北部地区。四是，从维护国家统一角度而言，迁都也有利于中央政府和军队加强对缅北多支"民地武"的威慑，加强对北部地区的控制。当然，迁都负面效果也有不少：内比都生活不便，因为迁都突然，公务员猝不及防，怨言不少，连外国驻缅使馆、国际机构也是至今仍基本留在仰光，国内外很多人和机构要经常往返于两大城市之间，联络不便。

笔者2015年10月访问内比都时的照片：背后是号称世界上最宽的马路，但路上车辆却是寥寥，显得非常空旷。

第四，在民族团结党难以帮助政府拓展民意支持基础的情况下，丹瑞政府1993年9月15日专门组建"缅甸联邦巩固与发展协会"（简称"巩协"），这是一个明显受到军方支持色彩的"民间组织"，由丹瑞任巩协名誉主席，后来，貌埃、瑞曼、登盛、丁昂敏乌等政府核心高层也是巩协的核心领导层，合作社事务部长吴丹昂任总书记（相当于秘书长，后来，农业部长泰乌出任秘书长），政府多个部长任中央执委和秘书处领导。该组织的宣传口号与政府的政治口号极为相似，其实是为拓展军人执政在民间的支持基础，帮助政府管理一些社会事务，并在将来军人2010年扶持成立新的"联邦巩固与发展党"（巩发党）奠定基础。由于巩协有着军方资源的支持，非常容易地广泛吸收群众加入，因为，巩协成员，尤其是其领导干部，在资源稀缺的缅甸，可以优先获得国家经济社会资源分配和补贴。在2007年，该组织号称其成员达2400万人，接近缅甸总人口一半，当然有很多人"是被入会的"，并非是军人的铁杆支持者。巩协一方面借助政府资源在农村和基层社区做了很多民生工作，确实服务了国家发展，获得了一些好评，另一方面，巩协成员接受政府的理念指导和军事训练，经常搞些支持政府的集会和行动，散发抨击民盟的传单，组织一些人员抗议民盟，显示民间也有不少人反对昂山素季。巩协经常与昂山素季领导的民盟发生一些摩擦乃至发生流血冲突，比如，2003年5月30日，巩协成员和昂山素季支持者就发生了严重的流血冲突。2010年5月8日，政府在巩协基础上成立巩发党，该党赢得同年11月大选。

第五，苏貌将军执政时期，就开始了初步的市场经济改革，丹瑞1992年执政后，采取更加灵活、力度更大的经济发展政策，共颁布或者修订了数十个促进经济发展的法律，发展基础设施，发展少数民族地区，建设工业园区，壮大两个巨型军人企业集团——缅甸联邦经济控股公司和缅甸经济公司（集团），扩大吸引外资，扩大出口，到20世纪90年代中期，缅甸经济发展水平比奈温执政后期有了明显起色。丹瑞政府公布的数据称，缅甸多个年份的经济增长率在10%左右，甚至更高，但国际机构认为，缅甸经济增长率约为官方公布数据的一半，甚至更低，宏观经济确实有所增长，但底子太差，民族工业弱小，畸形发展，出口主要是石油、天然气、玉石、矿产、粮食等初级产品。而且，由于缅甸当时被认为是腐败严重的国家，裙带关系盛行，少数权贵很富，但百姓很穷。根据联合国2008年的数据，缅甸人类发展指数（涉及GDP、国民寿命、教育、生活质量等指标）的排名在统计的177个国家中位居132位，当年，缅甸人均收入仅仅300美元，百姓70%的收入用于食品开支。

艰难推进"七步民主路线图"

制定新宪法，推进实施"七步民主路线图"是丹瑞建设"有纪律的繁荣民主"的核心部分。从1993年政府主导召开讨论制宪的国民大会，到后来的宪法制定、全民公投、宪法实施的过程中，可谓一波三折，丹瑞与昂山素季等朝野各方争斗不断。

1988年9月，苏貌军人集团发动政变，掌握政权，废除1974年宪法，缅甸自此开启了长达20年的宪法真空时期。在1990年大选中，军人支持的民族团结党惨败，昂山素季领导的民盟获得压倒性胜利。政府拒绝承认大选结果，提出"先制宪、再交权"，长期软禁昂山素季。1990年10月，政府提出要召开国民大会制定宪法，但拖延未开，1992年4月丹瑞取代苏貌执政，实质开启了制宪进程，以缓解压力，并通过制宪过程来将1990年当选的议员以及各界群体代表置于军方主导的政治进程之中。1992年10月成立国民大会召集委员会，1993年1月9日，702名代表召开首次国民大会。部分与会代表来自1990年大选选出的议员，但只有99名了，其中民盟议员有81名，因为很多议员或者入狱，或者出逃了。其余参会人员是军人挑选的公务员、工人、农民、少数民族政党及"民地武"、学者等群体的代表，负责召开会议的大都是军人。各界对制宪充满期望，但逐渐大失所望。制宪大会开开停停，军方表面允许各界代表畅所欲言，但实际上严加控制，政府其实已经把宪法核心条款给准备好了，代表们的意见很少被最终采纳。1993年，制宪大会两次休会，次年又开了三次。军人迫使代表们逐渐接受其提出的宪法原则。

军方制宪过程及其理念遭到昂山素季和民盟更强烈的反对与抗争。1995年7月，在日本斡旋下，缅甸政府同意被软禁6年的昂山素季获释。她力图重振已经瘫痪运作多年的民盟，此时的民盟基本散架了，总部和很多分支机构基本瘫痪，迫于政府压力，昂山素季和吴丁乌已经多年不是民盟中央执委了。民盟在1990年大选时的当选议员以及其他部分骨干，或者入狱，或者流亡国外，或者迫于当局打压而放弃政治活动，或者因看不到斗争前景而像平常人一样去工作和生活。不过，昂山素季获释还是使得民盟很多成员从各地赶赴仰光的民盟总部，昂山素季等民盟高层再度组织民盟的政治活动，向外界宣传政策，再度活跃起来。国际媒体也纷纷报道昂山素季获释及民盟再度焕发生机的新闻。当然，当局还是派人在民盟周围监控人员往来与政治活动情况。

当时，不管是"和发委"还是昂山素季均未抓住昂山素季获释带来的机会，双方未能举行进一步的政治对话，反而很快又发生激烈斗争。1995年11月，因为不满当局主导制宪大会，民盟有些人员拒绝参会，而当局随后宣布将民盟参会的议员驱逐出去。1996年5月，民盟热烈庆祝1990年大选的胜利，9月又庆祝建党8周年，并再次要求"和发委"承认1990年大选结果。同时，昂山素季经常发表公开政治演讲，她和民盟的影响力再度骤增，也再度出现了一些学生示威。"和发委"监控民盟活动，并在5月逮捕256个民盟议员，也一度短暂关闭了一些高校。11月9日，昂山素季、吴丁乌、吴基貌在仰光进行政治活动的车队遭遇约200名暴徒的袭击。国民大会于1996年中断进程，一直到2004年才复会。

1997年7月17日，"和发委"第一秘书长钦钮与民盟主席吴昂瑞会晤，但会晤无果而终。民盟面对当局持续打压，其抗争举措再度触及政府的利益底线。1998年5月27日，民盟召开党代会，再度敦促当局承认1990年大选结果，并在60天内召开议会。8月，民盟又"威胁"称，如果军方再不召开议会，民盟将自己开会。当局则再度抓捕民盟成员，9月，民盟成立由民盟及少数民族政党成员组成的委员会，代表人民议会。"和发委"和巩协软硬兼施，迫使更多民盟成员退党，估计退党者有10万人。有些民盟的骨干分子，则被捕入狱关押。有些对民盟失望或者不满的人士，则被"和发委"用来揭批民盟。随后，民盟运作再度陷入困境。昂山素季急于改变民盟运转困境，扩大基层影响力。民盟还表示要自己起草宪法，这明显是对抗政府主导的制宪进程。2000年9月，昂山素季违背政府对其的行动限令，力图坐火车从仰光到曼德勒开展政治活动，但被"和发委"阻止，并被再次软禁。在内外压力之下，2002年5月6日，缅甸政府释放昂山素季。

然而，双方在根本立场与利益上的分歧导致再次发生严重冲突。昂山素季获释后，到全国各地展开政治巡游与演讲，重新开启民盟地方办事处，人气高涨。政府再度担忧昂山素季的重新崛起会冲击其执政地位。2003年5月27日，民盟庆祝在1990年大选获胜13周年，并敦促政府承认大选结果，召开人民议会。同月30日，昂山素季车队在缅甸中部勃固省偏远地区做政治旅行时，政府支持者与昂山素季支持者发生暴力冲突，当局说4人死亡，数十人受伤，但目击者估计死亡人数可能更多。昂山素季被先后带到仰光郊外著名的永盛监狱和军队营地，在9月做了一次手术后，再度被软禁在家。民盟元老吴丁乌也受伤，在监狱待了数月之后，2004年2月开始再被长期软禁在家。这次流血事件不仅在缅甸引发轩然大波，也引发国际高度关注，联合国秘书长安南，西方很多政要、社会精英、媒体舆论，纷纷高调声援昂山素季，要求缅甸当局释放昂山素季。西方国家以及一度恢复援助的日本，也都再度加大对缅甸制裁力度。缅甸政府再度面临内外高压，必须以加快政治改革的方式设法缓解，8月30日，政府总理钦钮公布民主化进程的"七步路线图"：第一步，重启中断的国民大会，完成制定宪法的基本原则；第二步，成功召开国民大会，逐步推进真正的、有纪律的繁荣民主；第三步，按照国民大会制定的原则起草宪法；第四步，举行全民公投来通过宪法；第五步，依据新宪法举行自由公正的议会选举；第六步，依据新宪法召开由议员组建的议会；第七步，由议会选出的国家领导人带领建设一个现代、发达和民主的国家，同时，议会组建政府和其他中央机构。但钦钮并未明确实施政治路线图的时间路线图，不论如何，如果这个路线图能够完成，也就意味着从法律上否定了1990年大选结果，否定了民盟的执政诉求，因为新议会要重新选举产生。在这个路线图完成之前，"和发委"就可以继续执政，一直到了2011年3月底才交权。

政府公布路线图后，一度有所放松对民盟的控制，停了8年多的国民大会在2004年5月也再度召开，代表从1993年的702名增加到1081名。不过，因为昂山素季、吴丁乌等民盟元老仍被软禁，民盟继续抵制大会。掸邦民族民主同盟等在1990年大选中获胜的少数民族政党也不满政府主导国民大会和制宪原则，也抵制大会。政府邀请一些与之达成停火协议的"民地武"新代表与会，但少数民族提出的高度自治诉求没有得到政府多少回应。2005年2月初，掸邦民族民主同盟成员、掸邦的一些"民地武"代表，以及其他掸邦名望人士开会讨论掸邦前途问题以及"民地武"在国民大会中的作用等问题。政府抓捕与会者，判处他们75年或以上的徒刑。此后，国民大会还是开开停停，但密度有所加大。2005年2月中旬至3月底，国民大会再度开幕，但掸邦多个"民地武"组织因为不满多名掸邦人士被捕而抵制大会。2005年底和2006年初，国民大会再度召开，另一个重要少数民族政党——新孟邦党只是派出观察员，表示对当局忽视少数民族诉求的抗议。2006年10—12月，国民大会再度复会。

从制宪进程来看，1993年以来，国民大会开开停停，而多次重大政治危机是加速宪法出台进程的"催化剂"，尤其是，2003年5月政府支持者与昂山素季支持者的流血冲突，2007年8—10月间的"袈裟革命"，都大幅加快了制宪进程。2007年大示威是1988年9月军人掌权以来最严重的政治危机。危机起源于长期的民生艰难与民怨累积。缅甸政府长期对燃料实施补贴，国内油气价格远远低于国际价格，但由于财政赤字长期高企、油气价格持续上涨等原因，政府对补贴不堪重负，8月15日，政府突然宣布提高燃料价格：柴油和汽油提价幅度66%~100%，液化天然气价格提高500%。尽管缅甸国内油气价格仍低于国际价格，但燃料价格骤增大幅增加了百姓生活、工业生产、交通运输的成本,日用品物价高涨,百姓也坐不起公交车,自顾不暇,更难以给上街化缘的僧侣供应食物了。而缅甸僧侣地位崇高,总量数十万人,是庞大的宗教与政治力量。8月19日开始,学生领导人、民众等在仰光示威,抗议物价高涨,民生艰难。示威向其他大中城市蔓延,僧侣也开始加入示威队伍,成为重要参与者和领导者,示威队伍途经昂山素季住宅,她仍被软禁,在门口短暂露面,接受僧侣的祝福,并向示威者致意,以示支持。9月24日,仰光示威者估计有10万人,全国至少25个城市同时在示威。示威者的目标与口号从最初抗议物价高涨,到声援昂山素季,并要求释放政治犯,推动国家和解,针对当局的政治意图愈发明显。政府感到极大威胁,在警告示威僧侣言行不要"越界"无效后,9月25日开始强硬驱散示威,并搜查多个寺庙,抓捕部分僧侣。10月初,示威基本平息。官方公布的死亡人数是13人(含1名日本摄影记者),大批人被抓。

示威事件引发国际社会高度关注。9月24日,美国总统布什在联合国大会发表讲话时表示,美国对缅甸领导人采取单方面制裁(财政部此次确定涵盖丹瑞等14名缅甸高官的制裁名单),并号召其他国家也参与制裁。欧盟、加拿大等西方组织和国家的政要和舆论也谴责缅甸政府使用暴力对付示威者,敦促其释放被捕者,与昂山素季等在野力量开启对话。欧盟、加拿大、澳大利亚等在既有的武器禁运、财产冻结、贸易禁运、拒绝签证等制裁基础上,强化对缅甸高官的针对性制裁,如,增加冻结缅甸高官在国外的银行账户,禁止进口其玉石、木材等产品。9月、10月,联合国缅甸事务特使甘巴里多次赴缅甸斡旋各派和解,会晤了缅甸政府最高领导人丹瑞、代总理登盛以及多位部长,并两次会晤昂山素季,要求缅甸政府与昂山素季建立顺畅的关系。

缅甸政府开始向国内外做出妥协,不仅陆续释放民盟党员等一批政治犯,还与昂山素季展开对话。10月8日,政府任命吴昂基作为政府与昂山素季的部长级联络官。10月25日,双方举行首次会谈,次日,官方媒体头版图文并茂地刊发了两人会谈的照片与新闻,官方媒体并未再使用"阿里斯夫人"等称谓,而是非常尊重地使用了"杜昂山素季"的称呼。11月3—8日,联合国缅甸事务特使甘巴里再度访问缅甸,会见缅甸总理登盛,"和发委"第一秘书长丁昂敏乌、宣传部长觉山等官员,敦促缅甸释放昂山素季,与之继续对话,希望缅方确定落实路线图中起草新宪法和全民公决等安排的时间表。觉山说,吴昂基已经同昂山素季举行过一次会晤,双方还将继续进行接触,但觉山明确拒绝了甘巴里提出的举行吴昂基、昂山素季和甘巴里三方会晤的建议。8日,甘巴里会晤昂山素季,他此次对推动政府与昂山素季会谈起了一定作用。9日,昂山素季和吴昂基再度会晤,昂山素季授权甘巴里在新加坡发布一份声明,指出,欢迎政府委任吴昂基与之对话的举措,两人上月的对话具有建设性。她还表示,期待与政府举行经常性对话,可能与丹瑞对话。从2007年10月到2011年3月缅甸丹瑞政府解散之前,外界所知的昂山素季与吴昂基的对话共有7次。这些对话具有一定的建设性,取得一些共识,但双方在政治理念与利益方面的根本分歧难以弥合,民盟不可能放弃其反政府立场,政府则希望民盟能配合其"七步民主路线图"的推进,双方在执政权的争夺问题上是"零和游戏",因此,双方达不成实质的妥协,无法开展实质合作。

2007年"袈裟革命"迫使缅甸政府加快制宪步伐。2007年9月3日,制宪国民大会结束,确定了制宪基本原则和细则,"七步民主路线图"第一步顺利完成。10月18日,政府成立由54人组成的宪法起草委员会,成员包括官员、法官、律师、教授、商人等。2008年2月,宪法草案出炉,可谓"15年磨一剑"。2月9日,政府宣布将于5月10日举行新宪法公投,并将依据宪法在2010年举行大选,这是政府20年来首次给出"七步民主路线图"大致的完成期限。2月19日,宪法起草委员会宣布完成新宪法草案起草工作。

缅甸政府组织新宪法公投。当局在4月10日向社会公布宪法草案,但由于当时的印刷、媒体、交通、通讯、财力等条件的限制,没有多少人在公投前对宪法内容有多少了解。民盟、"88年代学生组织"等反对派抨击宪法,认为是军方力图通过宪法来继续掌权,呼吁其支持者抵制公投,连停火武装组织——新孟邦党也抵制公投。不过,也有一些理性人士认为,宪法有很多不足,但有宪法总比没有好。

天有不测风云,宪法公投之前的5月3日,强热带风暴"纳尔吉斯"袭击了仰光省、伊洛瓦底省等地区,这是缅甸迄今为止遭遇的最严重灾害,而且是令忙于准备公投的缅甸政府措手不及的。缅甸部分人士和西方国家认为,缅甸政府不应该在民众还深受纳尔吉斯风灾之苦、得不到及时救援的情况下举行新宪法草案公投。因为截至5月10日公投日,风灾至少造成6.5万人死亡或失踪,约200万人流离失所。灾情非常严重,当局救灾缓慢已经遭受国内外诟病,国内外要求推迟公投的呼声高涨,呼吁当局先救灾。不过,当时除部分重灾区的47个镇区推迟到5月24日公投之外,政府坚持举行新宪法全民公投。政府最终公布的数据是,两次公投的全国投票率为98.12%,最终结果是赞成票率为92.48%,共有超过2700万合格选民投了赞成票。5月29日,丹瑞签署新宪法。缅甸将于2010年举行新大选,这也就意味着从法律程序上否定了1990年大选结果,官方媒体多次呼吁民盟要参加依据宪法举行的新大选,去知晓大众投票意向,而不要再对抗政府,搞反政府活动。但宪法公投结果被西方媒体批评为"政府设计好的,缅甸很多民众在投票日充满愤怒"。缅甸国内外的反政府力量和西方媒体认为公投存在舞弊,竭力贬低新宪法的合法性。

新宪法是丹瑞政府建设有纪律的繁荣民主的关键保障,具有一定的进步意义。它毕竟是缅甸1947年宪法、1974年宪法以来的第三部宪法,结束了1988年军人废止宪法以来的宪法真空局面,是指导缅甸从军政府向民选政府转变的根本大法。宪法确立缅甸未来民主制度、国家体制、民族自治等一些大的原则。在政府制度方面,宪法规定,主权来自国民,要发展真正的、纪律严明的多党民主制度,进一步弘扬以公平、自由、平等为内涵的社会思想,立法权、行政权、司法权尽可能分立并相互制衡。在国家制度方面,宪法规定实行联邦制,联邦议会由人民院和民族院两院组成,总统既是国家元首又是政府首脑,国家公务员必须脱离政党政治,组建宪法法院和各级各类法院。在民族事务方面,宪法规定保持民族团结不破裂,保护各民族和各群体权益，授予少数民族地方自治权。宪法还有很多对国家各项事务的明文规定，至少从形式上而言，宪法指导着国家前进与社会发展，具有历史进步性。只有宪法出台后，相关的政党与选举法律才得以出台，使缅甸 2010 年 11 月有章可循地举行多党制民主大选，并在选后实现丹瑞政府向民选的吴登盛政府的平稳权力交接，吴登盛政府随后加快推进国家民主转型与发展。从这点而言，2008 年宪法可谓功不可没。当然，宪法存在先天缺陷，引发的争议很大，可以说，除了军人集团之外，其他主要政治力量均不满意。这就为日后多方推动修宪埋下了伏笔。

三、2010 年大选迈出政治转型关键一步

新宪法公投后，新政府另一个重要的目标便是希望在 2010 年大选前完成对约 20 支"民地武"的整编工作，将其改编为受国防军统一领导的边防部队，真正实现"军队与国家的实际统一"，防止这些武装在大选前后制造混乱。而此举导致 2008 年下半年开始，政府军与多支"民地武"的关系愈发紧张，2009 年 8 月 8 日，政府军以清缴非法武器为名，与缅北掸邦的果敢同盟军发生激烈冲突，政府军随后控制果敢地区。此后，缅甸政府军与掸邦、克钦邦、克伦邦、孟邦等地的"民地武"的关系持续紧张了多年，多地再度爆发冲突。一直到丹瑞领导的"和发委"2011 年 3 月 30 日解散，也未完成对所有"民地武"的整编工作。

昂山素季的命运在 2009 年再度出现出人意料的变数。本来，依据法律，她的软禁应该在 5 月到期，却横生枝节。5 月 3 日，一位名叫耶托的美国 53 岁男子游过茵雅湖，潜入昂山素季别墅，要与昂山素季对话，耶托后来在法庭上称他"此行"目的是告知昂山素季有人要暗杀她。昂山素季要求他离开，但耶托表示精疲力竭，需要食物和休整，5 日早晨，他游

泳穿越茵雅湖时被缅甸政府逮捕。缅甸外交部长吴年温宣称"这是一次国内外反政府势力的密谋"。法院以昂山素季违反软禁法令为由，判处昂山素季5年监禁，因为政府不允许她在软禁期间会晤外国人。丹瑞将昂山素季刑期改为18个月的软禁。耶托的行为让人无法理解，这个奇怪事件让昂山素季的软禁期跨越了2010年11月7日的大选，她再次失去了宝贵的参政机会。

2010年11月7日全国大选是"七步民主路线图"的重头戏，据说这也是个精挑细选的日子，与军人非常喜欢的幸运数字"9"有关，7+1+1=9。这是1990年大选失败后的首次多党制大选，政府稳妥推进。2010年3月8日，政府正式颁布大选法和政党组织法，包括《联邦选举委员会法》《政党注册法》《议会人民院选举法》《议会民族院选举法》和《省邦议会选举法》等，标志着大选筹备工作出现重大进展。其中，根据《政党注册法》，包括缅甸最大反对党民盟在内的当时的共10个合法政党必须在5月7日前重新登记，其他人也可依照该法成立新党。政党在发展党员方面，不可吸收公务员、宗教人士、正在服刑人员等人士，不参加大选的政党不能继续合法存在。这也就意味着民盟要重新注册、参加大选，必须将昂山素季开除出党。而如果民盟不依法重新注册，不参加大选，其存在将非法。

民盟在新的历史关头，再度处于两难之中。昂山素季领导民盟不再重新注册成为政党，抵制大选。因为：第一，参加大选就等于承认宪法；第二，昂山素季仍然处于被软禁当中，民盟很多成员及其支持者认为这是明显将昂山素季再度排除在大选之外；第三，民盟要依法重新注册为政党，需要将昂山素季等曾经被政府软禁过或者拘捕过的诸多骨干开除出党，因为这些人被政府界定为"违法之人"，而民盟人士则认为他们是被迫害者。昂山素季等反对派人士曾呼吁民众抵制大选，但未能奏效。民盟还是有部分人愿意参加大选，因为他们认为不能丧失这次通过选举争取政治权益的机会，因此，民盟再度发生分裂。民盟的吴钦貌瑞、丹宁博士、温奈博士、吴登纽等4名中央执委，以及吴盛腊乌、吴梭温、吴丹温等3名中央委员在内的 28 名民盟前成员另立新党——全国民主力量党。

"和发委"任命新选举委员会，组织新的强大政党参选，以免失败。2010 年 4 月 29 日，登盛、泰乌等高级军官退役，仍保留"和发委"职务，成为文职官员。政府在其扶持的民间组织巩协基础上，5 月 8 日成立巩发党，该党继承了巩协中的公务员等公职人员以外的大多数成员，其党员号称有 1800 万（也有数字说有 2400 万，但外界怀疑数字存在水分），资金也非常充裕，有政府、官方媒体的扶持，成为第一大党。登盛等退役将领成为党的核心领导层，其中，登盛任党主席，泰乌任总书记（相当于秘书长），领导该党备战大选。2010 年 8 月，瑞曼等一批军官也退役，准备参加大选。

这次大选共有 37 个政党参选，数量仅为 1990 年大选时 93 个参选政党数量的 40%。全国 2900 万合法选民当中，有超过 60% 的选民参加了选举投票。由于拥有强大民意支持的昂山素季及其领导的民盟未参加大选，加之其他中小政党中有些是在大选前仓促组建或者重新注册而合法活动的，资金、人员、运作等均存在缺陷，军方支持的巩发党自然就成了最有实力的政党。对于 1962 年以来就未能举行过成功的多党民主大选的缅甸而言，民众对 2010 年大选的看法也不一，有些人认为这毕竟是 1990 年 5 月大选失败后的首次大选，是政治转型的关键一步，尽管存在瑕疵，但不能苛求完美，还是去投票了。有些人则认为，昂山素季和民盟仍受到政府打压，大选不太公平，不去投票。

2010 年大选的竞选与投票过程，不到三个月的时间，政党准备仓促，民众对大选也知晓不多。当时仍处于丹瑞政府时期，社会不是很自由，交通、通讯极为落后，媒体很少且以官方媒体为主，因此，政党及候选人的竞选造势活动稀稀落落，几家官方媒体发布一些关于选举的公告，鼓励民众去投票，但表示，选民也可以弃权，但不能煽动其他人抵制大选，否则会受到法律惩罚。大选投票过程也有一些特点，在不少选区是民众相对自由地投票，不过，当局要求公务员、国企职工、政府拨款的事业单位人员等进行提前投票、集体投票，这被外界视为政府促使这些人的票投给了巩发党。还有一些处于战乱的边境地区，则取消投票，一些少数族裔人员则因为居住地偏远、没有身份证等原因，未能参加投票。大选没有邀请西方观察员，一些西方媒体记者被驱逐出境，但少量西方媒体记者可以有限度地报道大选。

投票基本顺利结束，各投票点当众计票。11月8日，反政府武装民主克伦佛教军第5旅在缅甸妙瓦底地区挑起冲突，企图破坏大选，造成2万多缅甸民众逃至泰国避难。政府军击溃民主克伦佛教军第5旅的武装挑衅，稳住局势。

2010年全国大选是缅甸"七点民主路线图"的第五步，也是实现从军政府向民选政府转型的一次重要选举，军方及其政党最终赢得大选。依据2008年5月全民公决通过的新宪法，国防军总司令可直接任命现役军人代表（不经选举）占据1/4的联邦以及省、邦各级议会议席。在大选中，巩发党、民族团结党、全国民主力量党、掸邦民族民主党、全孟地区民主党等37个政党的3000余名候选人以及82名独立候选人角逐1154个联邦以及省、邦各级议会的选举议席。根据缅甸联邦大选委员会11月17日公布的大选最终结果，巩发党获得近77%的联邦议会（人民院和民族院）和省、邦议会的选举议席，即总共获得883个议席，包括259个人民院议席、129个民族院议席和495个省、邦议会议席，在各级议会中均为多数党。缅甸"和发委"成员吴瑞曼、政府总理吴登盛、"和发委"第一秘书长吴丁昂敏乌作为巩发党候选人参选，并正式当选联邦议会人民院议员。军方议员代表以及巩发党党员的议席之和占联邦及省、邦各级议会总议席的近83%。

其他主要政党的得票情况如下：民族团结党在联邦议会共赢得17个席位，在省、邦议会中共赢得45个席位，其总席位占联邦及省、邦议会总席位的5.4%；掸邦民族民主党在联邦议会共赢得21席，在省、邦议会赢得36席，其总席位占联邦及省、邦议会总席位的4.9%；若开民族发展党在联邦议会赢得16席，在省、邦议会赢得19席，其总议席占全国总议席的3%；全孟地区民主党在联邦议会赢得7席，在省、邦议会赢得9席；

全国民主力量党在联邦议会赢得12席,在省、邦议会赢得4席。

  大选获得缅甸一些民众和亚洲国家的基本认可。东盟轮值主席国越南发表声明称,东盟欢迎缅甸大选,认为这是缅甸实现"七步民主路线图"的重要一步。俄罗斯和印度也对缅甸大选持肯定态度。而西方则是对缅甸大选批评不断。美国总统奥巴马指责"大选欠缺自由和公正,未满足任何国际标准"。美国国务卿希拉里称,"对大选较为失望",认为缅甸失去真正转向民主政府与民族和解的机会。欧盟也认为缅甸大选不符合国际标准。但是,西方并非像对待缅甸1990年大选那样,一味指责此次大选,更未立即大幅强化对缅甸的制裁,反而立即采取继续与缅甸接触和交流的政策,因为西方战略家认识到长期制裁和施压政策对推动缅甸民主效果有限,还导致西方几乎不能开发缅甸市场、获取其丰富资源,因此要调整对缅甸政策。后文将分析缅甸与美国在选后关系改善的情况。

  这次大选是丹瑞政府长期推动缅甸从军人政治向民主政治转型的关键一步,实现了军人的"换装执政",即原先由现役军人直接执政变为由吴登盛(缅甸人有名无姓,他们退役后成为文官,在登盛等人名字之前冠以吴,是尊称)、吴瑞曼等退役军人主导政治的新格局。

  当军方支持的巩发党赢得选举的大局已定之后,为减轻"和发委"压力,也为了让国内外各界能更加认可大选,大选后一周,即2011年11月13日,"和发委"解除对昂山素季的软禁。大批民众在昂山素季家门口欢呼,民盟总部也开始重新运作起来。从1989年7月20日她首次被软禁开始,到她此刻被解除软禁为止,她断断续续共被软禁了15年。

四、外交:在困境中求生存

  "恢委会"以及后来的"和发委"执政期间,缅甸面临西方长期的政治施压、经济制裁、外交孤立等，"恢委会"以及后来的"和发委"不是不想改善与西方的关系，而是较难获得西方认可，没法与西方发展友好关系。因此，在缅甸政府的外交格局中，"西方不亮"，只能是尽量"让东方更亮些"，其外交重点自然就只能放在东方的亚洲了，以及跨越亚欧大陆的俄罗斯等等国家了。

"恢委会"以及后来的"和发委"执政期间，缅甸与西方关系长期全面恶化。在外交层面，1988年9月18日苏貌领导的"恢委会"执政后，美欧等国与缅甸的关系便开始恶化了，美国驻缅大使1989年1月拒绝出席缅甸独立日活动，离开缅甸。此后至"和发委"2011年3月解散期间，美国长期未派驻缅大使，而是只有驻缅使馆临时代办，这显示两国长期低级别外交关系状态。美国在1988年就呼吁整个西方要一起制裁和施压缅甸，缅甸1990年大选后政府拒绝交权给昂山素季领导的民盟、2003年政府支持者与昂山素季支持者发生严重流血冲突等事件之后，西方对缅甸的施压与制裁力度又加码了。美欧频频批评缅甸政府多次镇压学生和民众示威，造成大量伤亡。美国还指责缅甸大量毒品流入其境内。西方政要、媒体、机构等在缅甸军政府统治的20多年里，经常声援昂山素季，西方有些人、媒体和组织几乎每年都要公开庆祝昂山素季生日，呼吁缅甸政府释放昂山素季，呼吁缅甸政府尽快举行还政于民的大选。而且，美欧还出台了一些法案、政令，严格限制缅甸高官及其亲属、与政府有关的商人等入境西方，包括缅甸一些高官赴纽约出席联合国大会有时都会遇到阻力。

缅甸"恢委会"以及后来的"和发委"总体上也与美国展开外交斗争，苏貌等缅甸领导人多次谴责美国干涉缅甸内政。"恢委会"以及后来的"和发委"也经常顶住西方要求其给予昂山素季自由的压力，不理会西方要求缅甸政府让昂山素季参与制宪国民大会的呼吁，前前后后多次软禁昂山素季共计15年，也基本按照自己的"七步民主路线图"来推进民主进程，总体是以维护军人利益为根本出发点，尽量减少西方对缅甸政治转型进程的干扰。

在经贸层面，美欧等西方国家和组织指责缅甸存在严重的洗钱行为，停止对缅甸的经济援助,通过了很多法案采取一系列经济制裁措施,限制西方企业在缅甸投资,限制缅甸产品进入西方市场,如美国克林顿政府1997年开始实施的针对缅甸的《国家应急法》,小布什政府签署实施的《2003年缅甸自由与民主法案》,等等,有些法案多次被延长实施,持续多年。百事可乐等一批西方国家企业陆续撤离缅甸,只有道达尔公司等少数公司坚持在缅甸开展业务。缅甸的纺织业出口等行业因为出口西方遇挫,大批工厂倒闭,大批工人失业。而且,国际货币基金组织、世界银行等组织也基本不再给予缅甸金融方面的援助。这就导致缅甸与西方世界的经贸往来基本中断,经济发展遭遇较大困难,民生也持续艰难。西方采取对缅甸制裁的主要目的是加剧缅甸政府执政困难,迫使其尽快交权或者垮台,但最终没有实现这个目标。

在军事层面,1988年9月缅甸"恢委会"上台后,美国、欧盟等国家和组织便对缅甸采取武器禁运,与缅甸军方的往来很少,缅甸军官也难以赴西方交流、进修。不过,美欧在对待与缅甸外交关系的层面还有一个细微差别,那就是,美国在缅甸军政府统治时期,从未撤回美国驻缅甸武官处,而欧盟国家基本都将驻缅甸武官处给撤走了。这也许是美国这个超级大国在外交上的高明之处,因为缅甸是军政府,而各国驻缅武官处是主要负责与之打交道的,并具有情报搜集功能,保留武官处,能使美国比欧盟国家多了一个搜集缅甸情报信息和影响缅甸政府的渠道,尽管这个渠道的作用未必很大,但聊胜于无。

总体看,缅甸"恢委会"以及后来的"和发委"与西方长期进行激烈外交斗争和对抗,缅甸与西方国家的高层互访几乎没有,在多边场合也几乎没有接触。不过,在有些时候,双方关系也发生过几次缓和,但未能改变双方关系交恶的本质。比如,1997年东南亚金融危机使缅甸经济更加艰难,缅甸政府为改善与西方国家关系,1998年初,缅甸允许美国专家赴缅评估其鸦片产量,而美国随后向缅甸提供300万美元援助。2008年5月,缅甸遭遇"纳尔吉斯"强风灾侵袭,损失惨重,美国向缅甸提供资金和物资援助,而缅甸在多方斡旋之下,罕见地允许美国空军运输机携带救援物资降落仰光机场。2009年初，缅甸最高领导人丹瑞大将曾致函奥巴马，祝贺他就任美国总统，期望"他能最终改变美国对待缅甸的强硬态度并解除制裁"。奥巴马上任后，也调整对东南亚和缅甸的政策，而缅甸政府为向美国显示正在改善人权状况，2月21日开始大赦全国各地共6313名犯人。3月底，美国务院东南亚大陆事务负责人斯蒂芬·布莱克访问缅甸，受到缅甸外长吴年温等官员接见。8月14—16日，美国参议员韦布访问缅甸，受到丹瑞接见，被允许会见昂山素季。9月18日，美国9年来首次允许缅甸外长吴年温抵达华盛顿探访缅甸驻美国大使馆，参观白宫和林肯纪念堂，韦布与之讨论如何推进两国关系。9月26日，美国又允许缅甸总理登盛赴纽约出席联合国大会，这是14年来得以出席联大的最高级别缅甸官员。11月3日，美国助理国务卿坎贝尔率领14年来首个最高级别代表团访问缅甸，会见登盛等缅甸高官。11月15日，奥巴马在与东盟领导人会晤时，会见登盛，可以说是两国最高领导人多年来终于对彼此有了某种"认可"。但是，奥巴马与登盛未握手，说明两国关系远未达到"友好"程度。此后，两国的接触持续，但双边关系未发生质的改善，直到2011年3月底民选的吴登盛政府上台后，美缅关系的改善才较为明显。

缅甸"恢委会"以及后来的"和发委"与日本的关系最初遭遇一些波折，但后来总体发展较好。日本是个比较特殊的国家，它是亚洲国家，又是美国盟国，经常会跟随美国等西方世界的一些外交政策取向，但同时，日本和缅甸的关系又非常特殊，曾是缅甸殖民宗主国，也是缅甸独立后累计对缅援助最多的国家，因此，缅甸与日本的关系也比较特殊和复杂。1988年9月缅甸"恢委会"上台后的一两年内，日本也曾跟随西方向缅施加一些压力，也曾暂停对缅甸部分贷款，敦促缅甸"恢委会"善待昂山素季。不过，由于日本在缅甸和东南亚有着很大利益，其政策比西方更加务实，不像西方那样揪住缅甸民主人权问题不放。缅甸"恢委会"以及后来的"和发委"也注意争取日本这个亚洲大国的支持。从1990年开始，日本又恢复对缅甸的多种援助，如，多次提供优惠贷款、赠款、物资或资金援助等等，其中，较多的几次是，1990年向缅甸提供3.5亿日元的无息贷款，1995年向缅甸提供10亿日元的援助，1998年提供1100万美元的援助，等等。日本还多次免除缅甸所欠日本的债务，如，1994年免除缅甸50亿日元的债务，两年后又免除缅甸40亿日元的债务，等等。日本一些企业还投资缅甸，但数量不大，毕竟缅甸经济状况不好，投资环境差，市场容量小。总之，缅甸与日本的关系较好，也算是缅甸外交中的一大亮点，是其争取亚洲国家来抵御西方制裁的重要举措。

缅甸"恢委会"以及后来的"和发委"外交拓展的重点之一是东盟组织及其成员国。1988年11月，缅甸颁布《外国投资法》，开始注意到增加与东盟国家贸易额的重要性。1991年，东盟正式提出对缅甸"建设性接触"的介入方式，向缅甸伸出橄榄枝。缅甸"恢委会"以及后来的"和发委"因为否定1990年大选和软禁反对派领导人昂山素季，备受欧美为首的国际社会的孤立。"恢委会"以及后来的"和发委"在东盟国家主动与其接触的情况下，也愿意借助东盟平台来增强自身的国际合法性，并刺激缅甸自身经济发展。1992年丹瑞主政缅甸后，多次提出希望加入东盟。1994年"十国大东盟"构想出台后，新加坡、泰国和印尼等东盟主要国家领导人先后访缅，正式表态支持缅甸加入东盟。从1995年加入《东南亚友好合作条约》开始，缅甸从东盟观察员国到1997年成为东盟成员国，真正实现与东盟接触和加快融合进程。不过，由于缅国内民主化进程一再迟滞，昂山素季也长期被软禁，2005年，东盟国家还是因为美欧压力转而屈服，最终迫使缅甸放弃担任2006年东盟轮值主席国，因为如果缅甸此时出任东盟轮值主席国，会导致亚欧会议等东盟与欧盟一起参加的会议出现"危机"，会导致东盟与美欧的关系出现巨大挑战。不过，东盟为了成员国之间的团结，奉行"不干涉内政"原则，对缅甸事务和民主转型采取"建设性干预"的政策，并反对美欧等西方国家对缅甸采取强力打压举措，因此，缅甸加入东盟有点"大树底下好乘凉"的感觉，不仅可以借助东盟的组织优势抵挡西方的一些压力，并可以搭上东盟一体化进程的顺风车，加快本国发展。缅甸和东盟的关系尽管时而出现问题，但总体还在向前发展。2007年9月，缅甸"袈裟革命"时，"和发委"镇压国内示威的僧侣和民众，以新加坡为首的东盟国家以"适当的纪律措施"作为软性"大棒"，并以邀请缅甸总理登盛参加签署《东盟宪章》作为"胡萝卜"，有效保持东盟与缅甸之间积极互动的态势。东盟还帮助缅甸协调其与西方、联合国的关系，缓解缅甸与国家社会的紧张关系。

2008年5月缅甸新宪法出台后，西方国家指责其刻意维护军方在未来缅甸政治发展中的特殊权益和地位，但东盟却认为这有利于缅甸将来大选的顺利进行，并鼓励缅甸采取"向民主和平转变的更大胆步骤"。东盟成员国还积极向同月遭受巨大风灾侵袭的缅甸提供援助。缅甸通过2010年大选过渡到民选政府。在这一过程中，缅甸完成其对东盟许诺的"转型"，而东盟在缅甸未能完全达到东盟要求的情况下，逐步消化和接受一个"退役军人主导下的文官政府"，支持缅方提出的"七步路线图"及基于此成立的新政府，并期望能够通过制度来"溶解"缅甸民主化的障碍，鼓励缅甸主动完成渐进改变。缅甸与东盟关系迎来了新的发展时期，双方关系的问题较少，合作更多。

缅甸"恢委会"以及后来的"和发委"与印度的关系发展也有点在曲折中前进的态势。1988年9月缅甸"恢委会"上台后，印度先是支持缅甸民主运动，施压缅甸政府移交权力给民盟，令缅甸军政府十分不悦。不过，20世纪90年代，印度开始实行"东向政策"，1993年后，由于印度政府对缅甸政策趋于务实，同时，缅甸政府也急于突破外交困境和经济困境，因此，缅甸与印度的双方关系开始走近。在随后5年时间里，双方经贸合作稳步提升，签订《缅甸印度边境贸易协定》，两国边境贸易也得以恢复，两国军队还共同打击流窜在两国边境地区的武装叛乱分子，尽力维护边境稳定。1999年，两国关系受到缅甸国防部长称印度支持在印度的缅甸反政府武装的言论影响，不过，到了21世纪，缅甸和印度关系发展总体较好，两国经贸合作增多，印度还向缅甸提供一些贷款，印度企业对缅甸的投资也有所增多，但总量仍较小。两国高层互访也在增多，外交、安全等层面的关系发展也日益密切。如，2000年1月和11月，缅甸"和发委"副主席貌埃两次访问印度，促成两军在同年底和2001年共对边境武装分子开展了三次联合打击行动。2001年,印度军队参谋长联席会议主席库马尔访问缅甸,加强两国军事合作,印度此后多次向缅甸出售武器,为缅甸培训军官,邀请缅甸与印度开展联合军演。2006年3月,印度总统卡拉姆访问缅甸,加强两国经贸、文化等领域的合作。2010年7月下旬,缅甸"和发委"主席丹瑞访问印度,与印度总理辛格讨论了加强反恐、能源和发展援助合作。两国就此签署了刑事司法互助的协定,加深两国在打击跨境有组织犯罪、恐怖主义、贩毒、洗钱和武器走私方面的合作。双方签署了小规模发展项目、科技和信息合作协定以及印度帮助缅甸修缮境内佛寺的备忘录。印度还将向缅甸提供上亿美元的贷款,用于发展铁路、改造与印度东北部连接的道路等基础设施。丹瑞此次访问印度不仅是加强两国在经贸、安全等领域的合作,更是希望为缅甸民主转型进程尤其是即将举行的大选争取印度支持。不过,缅甸与印度的关系也有问题,比如,印度经常是承诺给予缅甸不少援助,印度多家企业也与缅甸签署了多个投资合作协议,但印度方面在落实多种合作协议时慢慢腾腾,也引发缅甸不悦。

邻国不可选,也是无法搬走的,因此,邻国之间尽量要搞好关系。

缅甸"恢委会"及后来的"和发委"执政时期,要借助发展与中国等亚洲国家关系来抵御西方高压,来稳定和发展国家。同时,中国采取了与西方不同的务实外交政策,不干涉缅甸内政,长期支持缅甸稳定发展,鼓励"恢委会"及后来的"和发委"领导人顺应历史潮流,实施改革,对外开放,最终平稳实现政治转型,不至于因为激烈政治转型而导致缅甸发生剧烈动荡。缅甸与中国的关系总体良好,但在2009年等年份也经历一些小波折。在政治层面,中国和缅甸都是"和平共处五项原则"的创始国(还有印度),该原则的重要内容之一便是:"互不干涉内政"。缅甸与中国高层互访较多,双边外交互动密集程度应该是缅甸与所有国家外交互动中最为密集的。在这20多年间,缅中两国重要的高层互访有多次,如,缅甸"恢委会"副主席丹瑞1989年10月率团访华,"恢委会"主席苏貌1991年8月率团访华;1992年中国国务院总理李鹏率团访缅,2001年中国国家主席江泽民率团访缅,两国签署经贸、检验检疫、边防等领域的多项合作协定；2003年，缅甸"和发委"主席丹瑞率团访华，签署经济技术合作协定。2009年，中国国家副主席习近平访缅，两国领导人就共同关注的双边、地区和国际问题及两国在气候问题上的立场交换了意见。两国在经贸、交通、科技、金融、水电、能源等领域共签署16个合作协议，将中缅友好合作关系推上新的高度。缅甸媒体高度评价习近平的到访，认为，在双方建交60周年前夕，习近平副主席的友好访问意义十分重大，必将加深业已存在的两国友谊及多领域的双边合作。2010年9月，丹瑞再次率团访华，这是缅甸在2010年11月大选前丹瑞的一次重要出访，也是他担任"和发委"主席一职的最后一次访问大国之行，他向中国国家主席胡锦涛表示，"我此次访华的主要目的，是推动两国之间业已存在的相互理解、睦邻友好与互利合作。"这次访问也被国际舆论认为是他要向中国引见缅甸新一代领导人，因为缅甸大选后，丹瑞等老一代领导人要卸任。

其实，中国作为缅甸长期的友好邻邦，在多边层面也积极支持缅甸的转型与发展，做出力所能及的努力，一定程度上缓和缅甸与西方的紧张关系，务实而灵活地支持缅甸当政者实施改革，走转型之路。2007年八九月份，缅甸发生僧侣领导民众抗议政府大幅提高燃料价格的大规模示威流血冲突事件后，缅甸再次遭遇西方高压。在中国的外交斡旋下，缅甸同意联合国缅甸特使到访，极大缓解了双方的严重对立。在中国、联合国、东盟、西方以及缅甸国内等各方努力下，缅甸政府加快了推进"七步民主路线图"的速度，加快新宪法的出台进程，2008年5月通过新宪法公投，为2010年大选创造了条件。

1988年9月至2011年3月间，缅中经贸合作总体向前发展，在缅甸"和发委"执政后期，中国超越泰国，成为缅甸最大贸易伙伴国，也成为缅甸重要外资来源国。根据中国商务部网站亚洲司统计的1991—2010年中缅贸易额，可以发现，这20年间，中缅贸易总体呈增长态势，但也有多个年份呈现负增长，而负增长态势在1997年亚洲金融危机前后的4年最为集中和明显。如下表：

年份	中缅贸易额（亿美元）	同比增长率（%）
1991	3.92	19.70
1992	3.90	−0.50
1993	4.90	25.40
1994	5.12	4.70
1995	7.67	49.80
1996	6.58	−14.20
1997	6.43	−2.30
1998	5.81	−9.90
1999	5.08	−12.30
2000	6.21	1.80
2001	6.32	7.50
2002	8.62	36.40
2003	10.80	25.30
2004	11.45	6.10
2005	12.09	5.60
2006	14.60	20.73
2007	20.57	40.90
2008	26.26	26.40
2009	29.07	10.70
2010	44.44	53.20

备注：此处只取小数点后面两位数字，对两位数字后面的数据采取四舍五入方法处理。

但这一时期的中缅关系也遇到了一些问题。一是，2009年，缅甸政府和军队再次加强对国内约20支"民地武"的压力，敦促他们接受政府整编。在中缅边境地区，当年8月，缅甸政府军和缅北掸邦的果敢同盟军发生激烈冲突，果敢冲突再度打破了缅北长期的平静局势，此后到2011年3月"和发委"解散之前，缅甸政府军与缅北掸邦、克钦邦的多支"民地武"

关系持续紧张，爆发多次冲突，影响中缅边境稳定，影响边贸发展，影响中国在缅北的企业和人员的安全，还多次导致缅北边民涌入云南避难，高峰时有数万人次，给云南边境部分地区的生产生活和社会治安都带来较大压力。二是，中缅贸易额整体呈现中国顺差的态势，很少有逆差，主要原因是缅甸相对于中国而言，经济体量小，民族工业弱，向中国出口的工业品少，主要向中国出口初级产品。而中国主要向缅甸出口的则是后者需要的大量工业品，价值大。

第十一章 吴登盛政府引领国家转型与发展

2010年11月大选结束后，按照2008年宪法的规定，缅甸分几步逐步确立新的行政、立法、司法三权分立的架构，至少在形式上是这样。2011年3月30日，丹瑞政府解散，民选的吴登盛政府执政，"七步民主路线图"历经艰难曲折后，正式完成。

综观"1988年9月苏貌（以及1992年开始由丹瑞大将）执政到2011年3月底丹瑞政府解散，将权力移交给民选的吴登盛政府"这段漫长曲折的政治转型进程，尽管缅甸一些人及西方人士对此进程多有批评，但对此进程要有个客观评价，其最终结果中的有些积极因素是不能忽视的：避免国家在转型过程中出现内战和分裂，自1962年以来首次依据法律程序平稳实现了新旧政府的权力交接，这个交接过程没有发生大的动荡或流血冲突；对于丹瑞、貌埃等军人高层而言，也得以全身而退，此后多年也未得到清算，这也客观上有利于稳定局面；而昂山素季在2010年11月13日也被解除软禁，此后多年更加自由、活跃地出现在政治舞台上，再未被软禁。丹瑞与昂山素季这两个曾经20年的对手，在政治上都各得其所，随后在政坛上发挥着不同的作用，缓解了政治斗争气氛。吴登盛政府执政后加快推进政治转型和国家发展，其多次强调"转型不可逆转"。2015年11月大选较为自由公正，获得压倒性胜利的民盟顺利执政，军方承认大选结果并支持新旧政府的权力交接进程，双方为了国家利益展开更为良性的互动与合作。从历史长河的角度而言，对丹瑞主导设计和推进的"有纪律的繁荣民主"框架的评价就应该更为客观了。总体看，吴登盛政府加快政治转型，外交格局也焕然一新，受到国内外瞩目和肯定。不过，需要指出的是，依据宪法，军队的地位特殊，可以独立管理军务，不受总统节制。而且，军队仍具有强大的权力与广泛的影响力，如，军人议员在各级议会中占据25%的席位，军官出任联邦政府内政部、国防部和边境事务部三个部的部长，军人企业在经济中的影响力很大，等等。

第十一章　吴登盛政府引领国家转型与发展

一、不可逆转的转型

2011年1月31日，缅甸联邦议会人民院（也称下院）和民族院（也称上院）在首都内比都举行首次会议，分别选举了两院新议长。缅甸"和发委"成员吴瑞曼在人民院第一次会议上当选人民院议长，文化部长吴钦昂敏在民族院第一次会议上当选民族院议长。各省邦议会也选举产生了各自的议长。议会随后选举吴登盛（退役军官）为总统、吴丁昂敏乌（退役军官，2012年8月15日，吴年吞接替他出任副总统）和赛貌康（掸族人士）为副总统，核准总统提名的部长人选，多数部长是退役和现役军官。新的法院、检察院也组建起来，很多高级官员都是退役军官。缅甸新政治体制是仿效西方民主建立的三权分立体制，这与在1962年3月至2011年3月长期存在的军政府有很大不同。当然，军人仍掌控着国家大权，有些人说是国家权力从"军人右手转到左手"，也有人说"军人是换装执政"，即军人以前是直接穿军装执政，现在很多退役军官们穿着传统民族服装执政，穿着平民服装执政。这些说法有一定道理。吴登盛曾是前政府总理，在军方高层中排序第四，吴瑞曼曾是国防军参谋长，在军方高层中排序第三。丹瑞执政后期的几年里，大家认为吴瑞曼是丹瑞选定的总统人选，作为接班人。最终，吴登盛越过吴瑞曼成为总统可能有这么几个原因：吴登盛为人低调，柔和，被称为"清廉先生"，形象好，各方认为他比较合适出任总统。

尽管吴登盛政府成立初期，西方媒体批评新政府不是纯粹的民选政府，是"新瓶装旧酒"，但实际上，吴登盛政府在2011年3月30日至2016年3月30日的执政期间，加快缅甸在政治、经济、社会、外交等诸多领域的转型，其速度之快，范围之广，引发世界瞩目，逐步得到国际社会认可，尤其是得到西方一定支持。

吴登盛政府尽管为民选产生，但其主要高级成员为开明派退役军人，亟须改善形象。恰巧当时，在"阿拉伯之春"推动下，卡扎菲、穆巴拉克等强人纷纷倒台，更加剧缅甸当局改革的迫切性。鉴此，吴登盛政府此轮民主转型以政治改革为核心，同时在经济、民族和解、外交等层面开展配套改革，以保证民主改革推进。吴登盛5年任期，其基本做到了宣称的"不可逆转的改革"，未遇强烈抵制，其速度之快，范围之广，令人瞩目。

1. 在政治层面，当局推动朝野和解，释放大量政治犯。推进媒体与社会自由化，革除前政府高压统治遗留的积弊。

朝野和解方面，当局一改前军政府时期打压民盟、长期软禁昂山素季的做法，吴登盛、吴瑞曼等高官与昂山素季进行多次友好会晤，双方均公开称赞对方对民主改革的贡献，共推改革。当局还修改《选举法》，促成昂山素季在2012年4月1日的议会补选中成功当选人民院议员，使之自1988年参政以来首次合法出任公职。补选的自由公正性获国内外肯定，是缅甸朝野和解与民主改革的标志性事件，给政治生活注入更大活力。政府推动朝野和解的另一大举措是积极改善人权，2011年9月初成立国家人权委员会，议会积极制定保障民权的法律，通过《和平集会与和平游行法》《劳动组织法》《劳工争议解决法案》等法案。当局邀请被前政府驱逐而长期流亡海外的异见人士回国参政、讲学、经商等。当局称已切实履行承诺，在2013年底释放全部政治犯，当然，反对派称还有部分政治犯被关。政府还为数万名普通犯人减刑或进行大赦。上述措施缓解了朝野对立和社会矛盾，提高了政府威信。

政府迅速放松管控，社会自由化程度空前提高，媒体与互联网高度自由，民众可以合法示威。缅甸媒体自由度从东南亚末位跃升至前列。2011年9月，三万个被封的网站得以解禁，包括国际媒体网站和海外反对派的网站。现在，缅甸互联网和智能手机普及迅速，民众上网更方面。缅甸政府2012年8月20日取消出版审查，2013年4月1日起允许社会人士和团体创办日报，缅甸媒体从官方主导变为私人媒体居多，公开发行的报刊数量从前政府时期的十几种左右猛增到今天的数百种，电台、电视台节目从前政府时期的单调特色转变为现在的日益多样化、娱乐化。

吴登盛政府和议会更注重倾听和尊重民意，及时向民众通报政府工作情况。民众不满政府和官员工作时，可以上街示威，或者通过议员质询政府官员。议会立法辩论公开而激烈，媒体可公开报道，议案涉及非常详细的民生问题。此外，缅甸议会2013年通过《反腐败法》，成立由副总统赛茂康领导的9人反腐败委员会，查办通信与信息技术部的系列腐败案，前通信部长登吞成为吴登盛政府成立以来落马的最高级别官员。尽管反腐败最后的成果不多，但比前政府时期至少在态度和形式上有了较大进步。

2. 缅甸此次民主转型从政治改革入手，但经改和政改密切相关，人民院议长吴瑞曼指出，如果没有经济改革作为保障，如果社会因为持续贫困而发生动荡，政治改革难以成功。

从2012年开始，政府将加快经济改革作为民主转型的关键配套措施之一：一是，明确2012—2016年的经济发展目标，注重一、二、三产业全面、协调发展，推动不同地区均衡发展，重视推进民生工程建设，消除农村贫困，发展少数民族边疆地区，稳定粮食价格，将小额贷款送下乡。吴登盛任期5年，缅甸经济年均增长率超过7%。二是，改组落伍的经济管理机构，新设服务机构，提高政府决策科学性和官员服务意识，提高办事效率。新政府组建经济特区中央委员会和中央工作委员会，组建促进中小企业发展的委员会，议会通过《缅甸小型金融业法》。商务部对公司注册手续提供一站式服务，加快贸易许可证审批。三是，推行国企私有化，破除国企对电信、能源和金融等领域的垄断，增强经济活力。四是，设立总统经济顾问，请外国专家为缅甸经济改革献言献策。政府推动落后的金融体系向国际接轨，改变官方汇率和黑市汇率扭曲的双轨局面，建立以市场汇率为基准的一轨制，便利外汇流通，银行新设ATM机以及信用卡服务，使金融业更好地服务于经济发展。五是，重视招商引资。当局2013年推出新《外商投资法》，2014年修订《特区法》，给出优惠政策，如缅外合资企业从正式运营起可享受5年免税待遇。日缅合作建设的仰光迪洛瓦经济特区在2016年初已经完成首期建设，有很多家外国企业已经入驻或有意入驻。总统等各级官员在出访欧、美、日、韩、中、澳等国家和地区时，举办专门的招商引资宣传会，谈判投资项目。

3. 在民族和解方面，政府认识到民族冲突不利于民主改革进程，与前政府以军事压制为主来推动对"民地武"的整编不同，吴登盛政府以对话为主、武力打击为辅解决民族问题，以尽快结束独立后持续不断的国内冲突，实现国家和平。

2012年5月，缅甸成立以吴登盛为主席的联邦和平中央委员会和以副总统赛茂康为主席的联邦和平工作委员会，加快推动政府与少数民族武装的和谈进程。吴登盛政府的改革形象与对话姿态得到多支"民地武"少数民族武装积极回应。2015年10月15日，中央政府与全国8支"民地武"签署《全国范围停火协议》。2016年1月中旬，吴登盛政府举行全国和平政治对话，议题包括联邦制度、安全问题、民族平等问题、民族自决问题、军队地位问题、冲突难民及其安置、土地与自然资源等等，核心是中央政府和诸多少数民族区域的各种权益划分问题，以及冲突区的稳定与重建问题。

综上所述，缅甸民主转型的广度、深度和速度超出国内外预期，受到各方积极评价。2014年3月民调显示，近90%的民众认为缅甸走在正确道路上。亚洲开发银行认为，缅甸资源丰富，改革助推经济发展，有望成为亚洲经济发展新星。

4. 昂山素季支持民主转型，成为务实政治家。

2010年11月7日大选投票后一周，即13日，昂山素季软禁期满被解除软禁，这是当时的军政府在确认昂山素季无法影响大选结果后，做出的示好举措。昂山素季此后多年更加自由，活跃地出现在政治舞台上。

次年3月上台的吴登盛政府逐步将昂山素季等反对派纳入到民主转型

与国家建设中。议会修改《选举法》，民盟重新注册为政党，不再提清算军人，不再呼吁西方制裁缅甸，而是强调与军方和吴登盛政府的和解、合作。2011年开始，昂山素季与吴登盛、吴瑞曼等多次会晤，她公开表示，吴登盛政府是真心推动民主转型，她愿为国家和民众利益而配合。昂山素季2012年4月参加议会补选，当选人民院议员，出任"法制与安宁委员会"主席，这是她首次出任公职。同时，昂山素季和民盟此时再次显示了其强大民意支持率，赢得了45个补选席位的43个，而执政的巩发党仅得1席。这再次说明，民众对军人长达半个世纪的执政非常不满，巩发党连首都内比都选区的3个席位都丢了，说明军人、公务员及其家属也没多少人投票给巩发党。不过，吴登盛政府此举非常高明，将昂山素季和民盟纳入民主转型轨道中，不再游离于主流政治之外而持续对抗政府。而且，她还协调解决了缅甸政府的一些棘手难题。吴登盛政府还因善待昂山素季和民盟，举行自由公正的议会补选，赢得西方赞赏，缅甸与西方的关系加速发展。昂山素季多次赴美、欧、日、东盟等国家和地区访问，所到之处，广受欢迎，受到元首级的礼遇。这也在客观上宣传了吴登盛政府的民主转型成就。

二、昂山素季推动修宪遇挫

此处专门把修宪问题作为一部分单独阐述，因为修宪问题是民主转型时期的重大事件，牵一发而动全身。修宪牵扯到军人集团、吴登盛政府与昂山素季领导的民盟等政党的斗争，也牵扯到当局与"88年代学生组织"（又称为"88年代和平与开放社会组织"）等其他在野民主力量的斗争，也涉及中央政府与诸多少数民族和"民地武"的博弈，修宪结果也事关下一部分阐述的2015年11月8日大选及其以后的政治框架安排，特别是昂山素季是否能出任总统。

修宪背景与缘由

2008年宪法具有一定的进步意义。它毕竟是缅甸第三部宪法，结束了前军政府1988年废止宪法以来的宪法真空局面，是指导缅甸从军政府向民选政府转变的根本大法。至少从形式上而言，宪法指导着国家前进与社会发展，具有历史进步性。尤其是缅甸2010年11月有章可循地举行多党制民主大选，以及选后执政的吴登盛政府推进国家民主转型与发展，2008年宪法都可谓功不可没。当然，宪法存在先天缺陷，实施几年就须修改。

1. 缅甸国内民主力量以及西方指责1993年开始的制宪过程与2008年的宪法全民公投被前政府主导，包容性差，不符合民主原则，昂山素季领导的民盟、"民地武"、在野其他党派、社会精英等在制宪过程中的参与度很低，有些人士和团体则直接被基本排除在外，其诉求在宪法中难以得到多少体现，因为，他们对宪法极为不满。

2. 宪法内容存在诸多问题。

第一，宪法注重保护军人集团利益。这在客观上具有一定合理性。因为，军队在缅甸争取独立以及独立后政治发展中长期居于主导地位，在维护国家稳定和防止分裂方面确实功不可没，已在政治、经济和社会领域建立盘根错节的庞大利益网络，是缅甸第一大权势集团。力图瞬间剥夺军人政经权益的任何社会团体和任何政治举措，必然招致军人集团反击，也可能导致社会不稳定。但缅甸宪法保护军人权益的条款太多，给予军队特权太多：始终坚持军队对国家政治生活的领导，国防军享有独立处理所有与军队有关事务的权力，军人公务员因为其工作特殊性须依据军队相关法律实施管理；国防军总司令是国家一切武装力量的统帅，他不受总统领导，军队有权动员全国人民参与国家的安全与国防事务，军队主要职责是捍卫宪法；总统必须对军事事务有卓越见解；国防军总司令依据宪法提名的议员占联邦议会和省、邦议会议席总数的25%，联邦、省和邦、联邦直辖区、民族自治地方应有国防军总司令提名的军人参与国防、安全和边境管理等行政工作；国家国防与安全委员会的组成人员共11人，其中，军人有6个；国防部、内政部、边境事务部的正副部长为现役军人（任职后无须退役），总统在任命这三个部长时，必须与国防军总司令协商人选，总统要任命其他军人出任正副部长时，也须与国防军总司令协商；在缅甸境内，如果出现危害人民生命财产安全的紧急状况时，或有将发生此类情况的足够证据时，军队有权依据宪法采取预防、制止和保护措施；如果发生以暴乱、使用武力等方式夺取国家权力或做此种努力，导致联邦分裂、民族团结破裂和国家主权丧失的紧急状况时，国防军总司令依据宪法接管和行使国家行政、立法、司法等权力。

西方舆论批评称，缅甸军队长期反对民主，新宪法的规定使之得以继续在国家政治、经济和社会生活中发挥主导地位，不受文官政府节制，而军队则可以影响文官政府的发展，通过其在政府、议会、国家国防与安全委员会人事安排来控制国家多个领域，将损害民主的发展。

第二，宪法对于少数民族自治权等基本权益的规定不是非常明确。少数民族认为，宪法并未充分尊重缅甸民族、语言、文化教育、宗教等的丰富多元性，并未明确、详细地给予少数民族地区管理本地区上述事务的自治权，反而过分强调中央政府和军队对地方少数民族的控制。比如，自治州或自治县政府成员中必须有国防军总司令提名的负责安全与边境事务的军队代表，而少数民族地区很难自主开设学校学习少数民族语言或者英语、汉语等外语，必须服从缅族的文化教育体系。少数民族还担心，宪法赋予国防军过大权力，以缅族为主的军队会继续欺压少数民族，挑起冲突。

第三，宪法第三章详细规定了总统任职资格，除年龄等条款外，有两条非常关键的规定：正副总统必须对政治、行政、经济和军事等事务具有卓越见解；本人、父母、配偶、婚生子女及婚生子女配偶，不得是效忠外国政府的人，不得是外国公民，不得是外国附庸。昂山素季以及民盟部分成员认为总统任职资格条款是针对昂山素季量身定做的，旨在阻止其参选总统，因为昂山素季已故丈夫和两子均为英国籍，昂山素季哥哥昂山乌

1973年也移居美国。

第四，宪法规定的修宪门槛过高，被昂山素季称为世界上最难修改的宪法。宪法第436条规定，要修改关于国家基本原则、总统任职资格、紧急状态、立法、行政等事务的重要条款，必须经75%以上的联邦议员同意，再经过全民公投通过，方可完成相关条款的修改。其他普通宪法条款的修改，也须获得75%以上的联邦议员同意。这就意味着，不管其他群体的修宪呼声多高，如果占联邦议会25%席位的军人议员不同意，任何修宪案就无法通过。

3. 主要政治力量在修宪上的斗争。

宪法制定时就争议不断，早在2008年5月宪法全民公投前后，修宪呼声就开始出现，但当时政府实行高压统治，拒绝修宪。吴登盛政府执政后，快速推进民主转型，政党活跃，社会高度自由化，那些对制宪不满的群体的怒火与诉求井喷式爆发。2012年4月1日议会补选后，当选人民院议员的昂山素季4月22日不愿依据宪法宣誓就职，要求把就职宣誓词中的"保卫"宪法改为"尊重"宪法。5月2日，昂山素季和另外33名民盟成员正式宣誓就任议员，他们表示这是为了满足人民愿望而做的妥协，仍呼吁修改宪法中赋予军方过多权力的条款。此事闹得沸沸扬扬。

2013年，修宪呼声更加高涨。朝野各方出于扩大影响、占据政治道义高地等利益需要，纷纷提出修宪主张。根据缅甸联邦议会的宪法评估联合委员会2013年12月31日发布的公告，从政府机构、社会组织、政党、民众中征集到的宪法修改意见共323110条，对宪法全部15章均提出修改意见和建议。总体而言，大多数意见主张对宪法进行必要修改，有人还提出扩大少数民族自治权、削弱军队权力等等，但也有不少人反对修宪。

第一，执政集团与昂山素季及其领导的民盟、敏哥奈等领导的"88年代学生组织"等有影响力的民主力量展开修宪斗争，这主要是大缅族内部的权力之争。这些缅甸最主要政治力量间的角力结果，在很大程度上影响着宪法关键条款的修改。缅甸执政集团由军方、军方扶持的执政党——巩发党、总统、议长、内阁部长等组成，这些力量是宪法的受益者，依据

2008年宪法建设"有纪律的繁荣民主",尽可能掌控民主转型的方向和进程,确保既得利益。而昂山素季和民盟则是1988年以来最有实力挑战军人及其代理人政府的反对派,民盟在1990年大选中曾经获得压倒性胜利,但被军方剥夺执政权,民盟始终要"争一口气",将执政权从军方手中夺回来。"88年代学生组织"主要由1988年反对政府的活跃分子组成,因为抗争失败,或被政府关押,或逃往西方和周边国家,在缅甸民主转型后,这些反政府人士或被释放,或归国。该组织后来组建政党,是个极具社会影响力、极其活跃的政治组织。还有其他一些在野的政党和民主力量,也是反对前政府、呼吁修宪的力量。昂山素季领导的民盟和敏哥奈等领导的"88年代学生组织"等在野民主力量在修宪问题上存在合作,发表相似主张,组织示威与联署签名活动。修宪只是个噱头,各派争夺的实质是政治利益,各派真正目的或是保权,或是扩权,或是夺取政权。

昂山素季称,宪法主要代表了军方的利益,而非全体民众的利益,加深了军队和民众的隔阂,阻碍了国家和解,只有修宪,才能保证国家和平,国家才有美好的未来,尽快修宪对国家有利。她反对宪法中"建设有纪律的民主"的说法,拒绝巩发党提出的让其两子加入缅甸国籍的呼吁,称修宪不是为了她个人,而是为了让全国人拥有更多民主权利。民盟在2013年12月底向议会的宪法评估联合委员会提交书面意见,建议修改宪法14章中的168个条款,民盟元老吴温丁等人甚至要求重写宪法。归纳起来,昂山素季、民盟、"88年代学生组织"等在野民主力量的修宪诉求主要是:修改诸多不民主、不平等的条款;删除限制昂山素季参选总统的条款,即删除59(f)条:"总统家人不能有外国籍";减少军人政治特权,尤其是削减并最后彻底消除军人在议会的25%的席位,使军人议员失去对修宪的决定性否决权;降低修宪的高门槛,即由"75%的议员同意改为2/3甚至半数同意即可",让修宪更容易;呼吁军人考虑自己比百姓享受更多权益是否合理,应顺应民意,支持修宪;支持少数民族建立真正联邦等诸多修宪诉求;等等。

昂山素季等民主派在修宪问题上极力争取国内外的道义支持。这些人的修宪呼声自 2008 年就有，2013 年开始明显高涨，标志性事件是同年 6 月 6 日，昂山素季在缅甸举行的世界经济论坛东亚会议上公开表示，她要竞选总统，就必须修改缅甸宪法，此举意在争取国际社会对其修宪的支持，以外压内，逼迫缅甸执政集团按照其意愿尽快修宪。而到了 2013 年底，修宪的道义之争明显白热化，而且，民盟"挟民意"来壮大修宪声势，称其在 2013 年底做的民调显示，90% 以上的民众希望修改宪法，但多数人不希望重写宪法。

巩发党和军方在修宪进程中的做法比起公开宣称的主张要保守、强硬，尽力维护执政集团利益。宪法是由前政府主导制定的，国防军总司令敏昂莱打破自 2011 年 3 月以来不公开干政的惯例，多次公开要求军队捍卫宪法。2014 年 3 月 27 日，他在建军节讲话上称，宪法不仅仅是为军队、某一政党、某一组织或某一民族而制定的，而是由 2670 万选民全民公决通过的，我们现在必须尊重民意，军队在缅甸历史上和当今改革中仍发挥重要作用，军队的主要责任是捍卫宪法，修宪要按照宪法第 12 章的规定来推进（即 25% 的军人议员拥有对修宪的否决权），他还警告那些主张通过修宪来限制军人权益的力量。此后，敏昂莱在视察军队、军校时也多次做出类似表态，尽管他后来态度有稍许软化，但总体对修宪持强硬态度。此外，军方议员还在修宪案中提议"强化国防与安全委员会"的作用，被民盟议员批评为"不可理解"，巩发党的部分议员也不支持军方提议。军人议员还提议，在三权分立体制运转失效时，宪法增加赋予总统或国家国防与安全委员会解散两院议会，提议 90 天内举行大选的权力。

尽管吴登盛和吴瑞曼均支持昂山素季的提议，吴登盛 2014 年 3 月主动与昂山素季就修宪进行会晤，吴瑞曼随后也与昂山素季讨论修宪问题，但会晤无法促成朝野在修宪问题上达成一致。昂山素季主张通过民主方式推动修宪，但民盟在议会的修宪斗争显得比较无力和无奈，民盟深知通过议会斗争难以顺利实现其修宪夙愿，议会不是其修宪斗争的主要平台。民盟在联邦议会只有 40 多个议员，占联邦上下两院全部 600 多个议席的 6% 左右，而巩发党议员和军人议员占联邦议会约 70% 的议席，因此，在议会的修宪斗争中，两名民盟议员在实施修宪委员会中发挥着微小的作用，民盟议员也难以左右议会的修宪表决结果。因此，民盟议员只能嘴上"发威"，称遵守议长确定的修宪原则，经常发表阐释修宪的主张、理由，敦促议会实施修宪委员会加快修宪进程，扩大与社会组织的磋商，当议会修宪进程缓慢时，民盟成员公开表示批评。

在议会斗争无力的情况下，昂山素季和民盟便采取其他措施来推动修宪。2013年底开始，昂山素季频频提议举行修宪高层会议，试图"走高层路线"，尤其是希望将国防军总司令敏昂莱拉进支持修宪的队伍中来。通过座谈、游行、示威、请愿，壮大修宪的社会支持度和舆论氛围，这是昂山素季一派最主要的修宪手段。2013—2014年，昂山素季到掸邦、克钦邦等多个少数民族地区展开政治旅行，与当地少数民族政党和精英讨论合作修宪事宜。同时，昂山素季还经常在各地演讲，领导民盟、"88年代学生组织"频频在仰光、曼德勒、钦邦、掸邦、孟邦等地开展此起彼伏的修宪游行与示威活动，在仰光的单次示威规模有时达数万人。

昂山素季、民盟、"88年代学生组织"等联合搞的最大一场修宪抗争是征集到近500万人的修宪签名，提交给议会。2014年五六月份，民盟、"88年代学生组织"意识到修改总统任职资格条款的可能性微乎其微，如果等待议会按部就班完成修宪，难以产生理想效果。因为6月6日，议会的实施修宪委员会进行一次内部表决，31名委员会中，只有5人投票赞成删除"总统家属不能有外国人的"条款，即59（f）条款，而26票反对。因为，31名委员中，有14名执政党议员、7名军人议员、8名少数民族议员，仅有2名民盟议员。不仅执政集团的议员反对修改此条款，还说服其他一些议员也如此行事。此事遭到昂山素季猛批，称这不符合民主原则，此条款现在阻挠她本人参选总统，以后还会阻挠他人。作为直接反击措施，民盟、"88年代学生组织"自5月27日开始发动的修宪签名活动6月开始加大声势，示威也更加激烈，至7月19日，签名行动在全国14个省、邦共征集到近500万人签名，提交给联邦议会，力图通过民意迫使议会将修宪门槛"从至少75%的议员同意"降为"2/3的议员同意即可"。昂山素季此举旨在先降低修宪门槛，让军人议员失去对修宪的关键否决权，再回头修改总统任职资格条款。但这个计划最终也未能实现。

第二，克钦族、掸族、钦族、若开族、孟族等134个少数民族基本都不满意宪法，认为一部缺乏民主与平等精神的宪法无法保证国家持久和平与发展。少数民族与大缅族为主的执政集团的修宪之争本质上是"地方民族主义"与"大缅族主义"激烈较量的一种表现形式。少数民族众多，修宪观点多种多样，大致有这么两大类观点：一类是极端观点，比如，部分"民地武"、少数民族政党和人士（如孟邦民族党部分领导）不承认宪法，要求召开由所有少数民族参与的会议，重新制定宪法。更有一些极端的少数民族人士提出改变国家行政区划，有人主张将7省、7邦的地方行政体制直接改成平等的14个邦的体制，或者保留7个少数民族邦，将缅族聚居区合并成为一个邦，全国共分8个邦。另一类是相对理性的主流修宪观点，联邦议会第一大少数民族政党掸邦民族民主党等部分政党和少数民族人士呼吁，修宪不能主要关注昂山素季参选总统的问题，还要关注少数民族权益。归纳起来，这类修宪诉求主要是：中央政府向地方扩大分权，建立真正的联邦制，寻求对少数民族地区经济、社会、文化等事务的高度自治权（即享有除国防、外交、货币、外贸等中央政府权力之外的其他事务自主权，少数民族官兵是国防军驻当地部队的主体），具有颁布一些地方法规的权力，确保少数民族有权选举地方官员，确保少数民族的平等权益，确保少数民族在国家机构中有充分的政治代表权，中央政府要确保少数民族地区的安全，确保少数民族享受当地资源开发的收益权。此外，若开民族发展党等少数民族政党还公开支持民盟等的一些修宪主张，赞成修改总统任职资格条款、降低修宪门槛等，并谴责议会的宪法联合评估委员会阻挠修改上述条款的行为。但所有少数民族政党在联邦议会只有几十个议席，其像民盟一样，依靠议会投票难以左右修宪结果，少数民族议员主要是在议会频频阐述修宪主张，争取更多支持。

第三，社会上其他力量支持修宪与反对修宪的示威与斗争。全国民主力量党与缅甸民主党等小党还提出改变宪法第九章中的议员选举规则，因为现行的议员"1选区1议员的小选区制"采取的是"简单多数制（first-past-the-post）、赢者通吃"的制度，即得票最多的候选人获得该选区的议席，哪怕是在有四五个候选人的情况，即便获得30%选票的人也可当选，这种结果并不能代表大多数民意。这种制度对民盟等政党十分有利，却导致小党几乎得不到什么议席。这些小党呼吁将选举制度改为"比例代表制"，按照各政党在全国选举中的总得票率来分配联邦议会议席，这样就能显示民意，更公平一些。但是，这遭到民盟和少数民族政党的反对，因为这会在2015年大选中大大减少民盟的议席数量，很多少数民族政党无法在全国范围内进行竞选，主要在地方邦竞选。

要求不修宪的示威也多次发生。仰光、曼德勒、若开邦多次发生支持保留宪法，反对昂山素季修改总统任职资格条款的示威，因为这些示威者认为昂山素季将个人利益置于国家利益和政权安全之上。其中，2014年2月2日，"缅甸民族网络"（Myanmar National Network）举办了一场以"要在缅甸立场上维护宪法第59条"为题的讲座，1000多名人士参加，与会者认为，宪法符合民族利益，为了不让国家政权落入外族人手中，不能让与外国人关系密切的昂山素季当选总统而修宪。有人甚至还表示，按照昂山素季父亲昂山将军等人制定的1947年宪法第74条规定，昂山素季连当选议员的资格都没有，何谈参选总统。同年3月8日，缅甸民主党主席吴杜威也反对修改总统任职资格条款。同年5月中旬，由巩发党地区分部在伊洛瓦底江三角洲地区领导民众集会捍卫2008年宪法。6月12日，若开邦首府实兑市1000多人示威，反对昂山素季试图通过修宪来参选总统。

第四，美欧与缅甸当局在修宪问题上的干涉与反干涉的斗争。昂山素季呼吁西方支持其修宪诉求，加之西方本身就非常希望能借助修宪问题迫使缅甸加快民主进程，因此频频干预缅甸修宪。

在缅甸举行的世界经济论坛2013年东亚峰会上，昂山素季向国际代表阐述自己修宪的诉求。2014年4月，她出访德国、法国等欧盟国家，再次呼吁欧盟支持其修宪诉求。同年6月中旬，她出访尼泊尔，呼吁国际社会支持其修宪主张。她还呼吁美国向缅甸当局施压。美欧政要多次会晤昂山素季，与之私交甚笃。美国、法国、德国等国政府或首脑称，他们站在缅甸人民一边，支持昂山素季的修宪诉求，敦促缅甸当局加快修宪。美国自 2013 年开始便高度关注缅甸修宪进程，并与缅甸政府和议会"磋商"修宪问题。美方公开呼吁缅甸修宪，表示支持昂山素季的修宪诉求。美国驻缅甸大使米德伟多次表示支持缅甸修改宪法，称第 59（f）条中有关总统资格限制的内容已经不合时宜，他不理解，当今一个民主的缅甸正在与世界全面接触，为何有宪法条款阻止昂山素季参选总统。他认为，昂山素季是一个主要政党的领导人，在国内外广受欢迎，她被排除在总统选举之外，匪夷所思。但米德伟重申，美国呼吁缅甸修宪只是希望使未来大选更加自由公正，使选举结果更能反映民意，并非支持某人成为总统。2014 年 6 月 6 日，缅甸议会实施修宪委员会否决修改总统任职资格的条款后，美国国务院发言人立即评论道，在缅甸未来民主转型的关键时刻，确保缅甸民众能自由选择国家领导人，有利于保证民主转型进程中的国家稳定，并称选举昂山素季为总统有利于缅甸稳定，相信缅甸修宪将使民众在 2015 年大选中自由选择总统。但是，美国国务院发言人忽视了一个基本常识，即缅甸大选先是民众直接选举联邦议员，再由联邦议员投票选出总统。美国的表态遭到缅甸政府发言人吴耶吞的驳斥，他表示，缅甸修宪与美国无关，就像缅甸不能告诉美国该如何修宪一样，缅甸修宪也不是美国该管之事，只有缅甸议会和民众有权决定如何修宪。美国国务卿克里同年 8 月 9—11 日赴缅甸参加东盟地区论坛外长会等会议时会见吴登盛、昂山素季等朝野政要，告知缅甸领导人，美缅关系的改善需要缅推进更快、更重大的改革。他敦促缅甸加快修宪速度，以确保 2015 年大选自由、公正、可信，新大选将是全世界检验缅甸进步的基准事件。因为克里访缅前，美国 70 多名国会议员呼吁奥巴马政府采取对缅强硬措施，并实施新的制裁，因为他们认为缅甸民主和人权状况仍糟糕。奥巴马 2014 年 11 月中旬赴缅甸参加东亚峰会时，公开呼吁缅甸修改宪法，加快民主改革进程。而缅甸总统发言人吴耶吞再度表示修宪是不容外部干涉的内政。

昂山素季在修宪问题上争取到美欧的支持，但其力图靠外力来实现个人政治抱负的做法在缅甸国内却不受欢迎。如果昂山素季在争取外国对其修宪诉求的支持上做得过火了，很可能搬起石头砸自己的脚，受到宪法的惩罚。因为缅甸宪法第407（c）条款规定，缅甸政党不能直接或间接接受外国政府、组织和人员的财物和其他支持，违反者将被取缔。

2014年11月中下旬，修宪进入议会辩论与表决阶段。联邦议长吴瑞曼要求议员本着"善意、积极的态度"来讨论和表决修宪案。但修宪议会辩论十分激烈，各方坚持己见。2015年1月12日，缅总统吴登盛、联邦议长吴瑞曼、国防军总司令敏昂莱、选委会主席丁埃、昂山素季、少数民族政党等各界共48名人士，举行政治对话，讨论大选等热点议题。官方认为此次对话具有积极意义，而昂山素季等反对派批评称，对话人数太多，发言过于宏观，缺乏实效。3月2日，吴登盛与昂山素季举行单独会晤，讨论修宪与大选问题，但官方未公布详细信息，政治评论人士认为对话没有突破。但是，联邦议会6月25日就宪法修改进行表决，由于军方议员反对，未通过对有关总统任职资格等重要条款的修订案，昂山素季无法参选总统。此处再次显示了丹瑞早年设计的宪法在维护军人利益方面的高明之处，宪法规定，军人议员占联邦议会25%的席位，而任何修宪案须获75%的议员同意，军人议员具有绝对否决权。不过，大家担心的修宪危机并未发生，昂山素季政治上日益成熟，她表示，不会抵制大选，而要领导民盟赢得大选，扩大政治权力。这也挽救了缅甸来之不易的11月大选，因为，如果昂山素季抵制大选，大选公正性将受质疑，政治转型就会遇挫。

三、转型挑战亦多

吴登盛政府引领的缅甸转型确实取得很大成就，但"一口吃不成胖子"，转型仍面临很多挑战。在政治领域，军人集团因为理念与利益的冲突而分裂。吴瑞曼2011年只当了个人民院议长,心中怨气一直未消,日后领导议会频频制衡政府,与吴登盛的总统心结与博弈持续到2015年11月大选前。根据宪法,当选国家领导人的政党领导人在履职期间不可从事党务活动,2013年5月吴登盛辞去党主席,由吴瑞曼接任。吴瑞曼多次表示,要竞选下任总统,称吴登盛将不谋求连任。在推选党内议员候选人问题上,吴登盛和吴瑞曼的分歧很大。2015年8月12日,巩发党宣布,该党推举1147名党员作为候选人参加11月大选,竞选议员,吴登盛和很多退役军官也因受吴瑞曼阻挠而未能成为巩发党候选人,而吴瑞曼作为该党候选人参选议员。这成为该党高层内斗的导火索。此外,有些党员指责吴瑞曼作为巩发党主席,却与昂山素季走得过近。由于昂山素季无法参选总统,缅甸有关"民盟一旦在大选后成为第一大党便会支持吴瑞曼当选总统"的传言甚多。8月12日,军警罢黜吴瑞曼党主席职务,由吴登盛亲信吴泰乌代理党主席职务。

在经济领域,缅甸尽管宏观经济增长迅速,但首先享受经济发展成果的是权贵和精英阶层,百姓受益甚少,人均GDP在2015年仅1200美元左右。仰光、曼德勒、内比都等大中城市的百姓生活还算有所改观,但广大偏远村镇的百姓生活基本没有大的改观。加之缅币贬值,通胀高企,民生依然艰难。到吴登盛政府执政末期,缅甸仍难以改变贫穷落后的面貌,基础设施仍然落后,物流效率仍然很低、成本仍然很高,电力依然极度匮乏,民族工业依然弱小,社会失业率依然较高,等等。其实,5年的时间彻底让缅甸"脱贫致富",也不现实。

在民族矛盾领域,尽管和谈取得进展,但2015年10月签署《全国范围停火协议》的只有8支武装,还有十几支武装未签协议,克钦独立军、德昂民族解放军、果敢同盟军(彭家声部)、北掸邦军等武装与政府军的冲突持续多年,成千上万的难民流离失所。

在社会领域和意识形态领域,西方非政府组织、媒体舆论纷纷向缅甸渗透,在理念、人才、资金等方面扶持缅甸非政府组织和私营媒体快速发展,推动缅甸公民社会快速发展,引导缅甸社会思潮日益崇拜西方。民众

第十一章 吴登盛政府引领国家转型与发展

参政议政意愿和能力提升，但缅甸公民社会发展速度和态势超越了经济社会处于较低水平的现状，产生诸多问题。比如，百姓在军政府时期对军人是"敢怒不敢言"，而吴登盛政府时期，民间反军人情绪瞬间迸发，与军人的"冲撞"不少。同时，当缅甸在封闭已久后国门大开时，很多民众并未深刻意识到缅甸发展现实与西方的差距，片面在缅甸引入西方的自由、民主、人权、环保等先进理念，对西方发展充满不切实际的盲目崇拜，各种理性不理性的诉求迸发，工人在技能不高的情况下频频抗议示威，要求涨工资，民众对外资企业的环保标准和社会责任要求非常苛刻、导致外资利润空间很小而不愿投资，加之缅甸基础设施差、法律很不完善、缺乏足够的熟练技术工人的因素的综合影响，外资并未因为缅甸快速推进民主转型而大举涌入。而且，有些签署投资协议的项目落实也比较缓慢，因为缅甸投资软硬环境不太好，基础设施差，路不好，又缺电，百姓对外资企业的工资、企业社会责任的要求又较高，甚至有些苛刻。

综上所述，吴登盛政府执政5年，领导缅甸加快全方位转型与发展，成绩不错。有些分析人士在大选前有一种看法是，民盟选后会成为第一大党，但要赢得联邦议会总议席的半数以上有难度，因为联邦议会25%的席位是军人议员占据，民盟要赢得75%的选举议席中的大多数，从而实现

2015年11月底作者拍摄于民盟总部前，总部当时只是一个小楼，民盟在这个小楼办公多年。

在联邦议会总议席中占半数以上的目标，难度很大。因此，巩发党如能赢

得约20%的联邦议会席位，加上军人25%的席位，再联合中小党，还有可能以联合政府形式继续执政。但是，在2015年11月8日大选结果却令军方和巩发党大跌眼镜，民盟获得压倒性胜利，这说明吴登盛政府的政绩未能扭转民众对军人以不同方式连续执政54年的厌恶情绪。2015年大选结果，可谓是意料之外，但也算是情理之中，体现了社会民意。下章内容将详细分析此次大选及其之后的政权交接过程。

民盟旧总部大楼（右侧挂旗下面）与左侧拔地而起的新大楼。作者摄于2015年11月底民盟赢得大选之后。

四、外交趋于活跃，困境纾解

缅甸改革后形象转好，摆脱国际孤立，外交非常活跃。一方面，缅甸与中国、印度、东盟及其成员国等传统友好邻国关系持续发展，后者也继续支持缅甸改革与发展，加大援助与投资力度。尤其是东盟，不仅其多个成员国是缅甸重要经贸伙伴，东盟也给予缅甸转型极大的肯定与支持。2013年，缅甸举办东南亚运动会，取得巨大成功，这是缅甸独立以来第二次举办东南亚运动会，也是缅甸转型以来首次主办国际重大赛事，扬眉吐气。2014年，缅甸出任东盟轮值主席国，举办大小会议千场左右，尤其是举办了东盟峰会和东亚峰会，大国首脑云集，处于国际舆论聚光灯下，使缅甸有些恢复昔日地区大国的雄风。缅甸此次出任东盟轮值主席国确实不易。因为，2006年，本来应该轮到缅甸担任轮值主席国，但因遭西方强烈反对而作罢，此次，东盟2012年决定由缅甸担任2014年轮值主席国，显示对缅大力支持。因为，若按国名首字母顺序，2014年应是老挝出任主席国，而且，2014年是2015年东盟建成共同体前的关键年，东盟把"舵手"大任交给缅甸，显示其对缅高度肯定和信任。这也是缅甸1997年加入东盟以来，首次担任轮值主席国。此外，缅甸2011年举办大湄公河次区域经济合作第四次领导人会议，2014年举办第三届环孟加拉湾多领域经济技术合作倡议峰会，2015年举办第7届柬老缅越峰会和第6届伊洛瓦底江—湄南河—湄公河经济合作战略峰会，外交非常活跃。

　　东盟是吴登盛政府的外交优先方向。2011年3月吴登盛上台后，先后访问了印尼、新加坡、越南、老挝和柬埔寨等国。在政治考量之外，缅甸十分看重与东盟国家的经贸合作，将"东盟优先"作为国家外交战略的实际组成部分。2012年7月，吴登盛首次以总统身份访问泰国并与泰国总理英拉会面，并在会谈中论及东盟互联互通等攸关东盟发展的话题。2011年11月在印度尼西亚巴厘岛举行的东盟峰会上，东盟十国领导人一致同意缅甸成为2014年东盟轮值主席国。2012年吴登盛在8月8日发表的官方声明中，呼吁缅甸国民为东盟的繁荣与发展做出努力。有评论认为，正是由于东盟各国领导人明确表态支持缅甸担任2014年轮值主席国，美国和欧盟才会更快地修补了与缅甸的关系，并快速开启与缅甸关系正常化、加强对缅人道主义援助的进程。2014年，本着"团结起来，向和平与繁荣共同体迈进"的主题，缅甸主办了8月东盟外长会议及系列会议，9月缅领导人代表东盟访欧，10月出席亚欧峰会、探讨欧盟-东盟合作问题，11月东盟峰会落下帷幕，缅甸敲响了东盟进入"2015经济共同体之年"的最后一槌。2014年12月，在为成功举办第25届东盟峰会及系列会议而举行的答谢晚宴上，缅甸总统吴登盛说，2014年对缅甸来说是不平凡的一年，缅甸不仅历史性地首次担任东盟轮值主席国，经受住了来自各方的考验，顺利完成了使命，而且还收获了世界的支持。

拓展与印度关系是吴登盛政府外交的重要方面，双方的高层互动与合作继续深化。应印度总统的邀请，缅甸总统吴登盛和夫人一行于2011年10月12—15日前往印度访问，期间，与印度总统为首的代表团举行了会谈，双方签署了两国技术合作协定、仰光儿童医院和实兑医院改造合作谅解备忘录，印度同意向缅甸提供3亿美元的贷款帮助。关于能源合作，两国领导人表示同意推动政府和私营企业加大对缅甸石油与天然气产业领域的投资，并促进双边贸易的发展。同年12月11—17日，缅甸人民院议长吴瑞曼率团访问印度，主要目的是向印度议会学习运作经验。2012年5月27日，印度总理曼莫汉·辛格访缅，这是印度总理自1987年来首次访缅。辛格率领了庞大的商务代表团，此次访问为印缅两国未来合作走向勾勒出清晰的路线图，推动印缅两国能够在贸易、投资和外交领域不断增进合作。

另一方面，缅甸与西方关系日益热络，西方对缅全方位战略投入空前加大，积极介入缅甸转型进程，使之朝着西方期望的方向发展。

一是，发展与西方的关系是吴登盛政府的外交重点之一。尽管2010年大选存在瑕疵，但吴登盛政府是经过选举产生的，比前军政府的形象好得多，而且其推动的转型与发展举措逐渐获得国内外认可。外交层面，吴登盛政府尽力摆脱被西方制裁20多年的困局，争取国际社会支持其政治转型与发展，尤其是争取掌握国际话语权的西方支持，要尽快争取西方解除制裁。而美国奥巴马政府正在推进战略重心东移和"亚太再平衡战略"，欧盟也重视发展与东盟的伙伴关系，西方也认识到长期制裁与孤立缅甸不仅未能影响丹瑞主导的民主转型进程，反而因为与缅甸关系不好导致其与东盟间龃龉不断。西方尤其是美国，将改善对缅关系、将缅甸打造成为"西式民主"新样板，作为其"重返"东南亚、亚太再平衡战略"的重要组成部分，力图让缅甸"投向西方怀抱"，从西南方向制衡中国崛起。因此，利益互需，双方关系发展很快。

吴登盛政府时期，缅甸与美国的关系明显改善。吴登盛政府深知，1988年9月以后，是美国引领西方世界全面施压和制裁缅甸，因此，缅甸转型之后，其突破与西方关系困局的关键点是美国，改善与美国的关系是带动缅甸与西方关系整体改善的关键。因此，缅甸与美国的关系改善成为吴登盛政府时期外交的亮点之一。奥巴马政府曾为缅甸政治转型设定一些条件，如，释放政治犯、改善人权、断绝与朝鲜的军事联系等等，如果缅甸满足这些条件，美国就会基本实现与缅甸的关系正常化。2011年8月，美国任命亚洲问题专家米德伟为缅甸事务特使。缅甸与美国关系加快向好的方向发展。国内政策方面，缅甸大致按照美国的要求做了较大妥协和改变，在与朝鲜关系方面，2012年5月，吴登盛在与到访的韩国总统会谈时承诺会断绝与朝鲜的军事联系。到了2013年底，吴登盛政府称已经释放了全部政治犯，当然其说法受到外界一定质疑。美国以前对缅甸军政府采取施压为主的政策，逐渐调整为对吴登盛政府的"胡萝卜与大棒并重、胡萝卜增多而大棒减少"的新政策，对缅甸的压力减小，双方互动与合作增多。2012年7月11日，美国驻缅甸大使米德伟正式就任，这是美国22年来首位派驻的驻缅大使，两国关系正常化迈出了标志性的一步。美国总统奥巴马同日宣布放宽对缅甸的制裁，允许美国企业到缅甸投资，为美国石油与天然气企业进军缅甸开启大门，但美国政府仍严禁企业参与缅甸军方有关的投资。奥巴马当天还签署了新的行政命令，将对破坏缅甸改革进程、参与侵犯人权和参与对朝鲜军事贸易的缅甸个人、实体扩大制裁。2013年5月，缅甸总统吴登盛访美，这是1966年缅甸军政府领导人奈温访美之后，时隔近半世纪再有缅甸最高领导人访问美国。吴登盛与奥巴马等美国政要会晤，与美方签署了《双边贸易投资框架协议》等合作文件，积极邀请美国企业前往缅甸投资。吴登盛接受西方媒体采访，宣传缅甸的转型与发展举措，呼吁美国和西方全面解除对缅甸制裁。这次访问成为美缅关系史上的里程碑事件。美国逐渐延迟、放松或者解除大部分对缅甸的经济制裁，但没有全部取消制裁，因为美国认为缅甸转型当时未能完全满足美国要求，而且，缅甸军队仍存在侵犯人权现象。

同时，缅甸与欧盟及其成员国等西方世界的关系整体明显改善，双方的高层互动增加。2012年2月，欧盟取消包括总统吴登盛在内的87名缅甸高级官员的签证禁令。当年4月，欧盟外交和安全政策高级代表凯瑟琳·阿什顿访问了缅甸，英国、德国、法国等国的高官也访缅。欧盟2012年也解除军事禁运之外的对缅制裁。而吴登盛2013年2月25日到3月8日对挪威、芬兰、奥地利、比利时和意大利展开正式访问，这是吴登盛就任缅甸总统以来第一次访问欧洲，也是2013年吴登盛的首次出访。双方此后的高层互动不断，在吴登盛任期内，缅甸与欧洲的外交互动层级和频率处于缅甸独立以来的较高水平。

由于吴登盛政府领导的缅甸形象转好，其推动的缅甸转型进程受到西方整体认可，西方将对缅政策从过去制裁和打压军政府为主，改为诱压并举的综合策略，增加接触，采取"行动对行动"的原则，即，对吴登盛政府提出诸多民主改革要求，当缅甸满足某些要求时，西方就会"奖赏缅甸"，而当缅甸表现令西方不满时，西方则会"继续敲打"之。美国总统奥巴马两度访缅，美国国务卿希拉里·克林顿、英国首相卡梅伦和德国总统高克等欧盟政要、日本正副首相等也纷纷访缅，西方政要访缅的层级、频率均创历史之最，支持缅甸改革。同时，吴登盛、昂山素季等缅甸朝野政要也访问西方多国。

在经贸与援助领域，西方投入空前增大。在规则制定方面，西方顾问助缅设计经济改革方案，改善金融体系，规划城市建设，提升缅甸经济与国际经济体系的接轨程度，使西方规则影响缅甸未来发展。在制裁与债务方面，欧盟2012年率先解除对缅所有经济制裁，美国等其他西方国家也放松对缅经济制裁。同时，西方继续帮助缅甸减债，"巴黎俱乐部"2013年免除缅甸近60亿美元债务（相当于缅甸所欠外债的60%）的基础上，德国2014年再度免除缅甸5亿欧元债务。在援助方面，西方对缅援助、优惠贷款近年来猛增，成为对缅援助的绝对主体。根据缅甸官方数据，吴登盛政府任期5年，缅甸合计接受的西方外援金额为：11.25亿美元，4.38亿欧元，510亿日元，新西兰币1000万元，1.86亿英镑。吴登盛政府时期所获国际援助的数量和国际社会减免缅甸债务的数量，比丹瑞政府时期的同类数据多很多。这也是吴登盛政府推进国家转型所获得的国际支持的明证。三是，在意识形态领域，西方非政府组织、媒体舆论纷纷向缅渗透，在理念、人才、资金等方面扶持缅甸非政府组织和私营媒体快速发展，引导缅社会思潮日益崇拜西方，民众参政议政意愿和能力提升，反军人情绪高涨，各种理性不理性的诉求迸发。

不过，在外交与外资、外贸领域，确实，西方世界对缅投资与援助空前增多，政治上、道义上支持缅甸民主转型，但美国并未解除对缅所有制裁，西方并未解除对缅武器禁运。在投资方面，除英国、荷兰、日本对缅投资尚可外，其他西方国家对缅投资很少。因为，西方经济近年来整体低迷，自顾不暇，而且，西方企业认为投资缅甸的风险较高，因为缅甸招商引资的软硬件太差，法律不健全，缺电，道路差，物流差，缺乏熟练技术工人，而工人诉求多、罢工多。根据缅甸投资与公司管理局2016年3月31（吴登盛政府3月30日届满）公布的缅甸吸引外资数据（协议投资额，自1988年开始统计），英国是40.75亿美元，荷兰是9.9亿美元，日本是6.32亿美元，法国是5.43亿美元，美国是2.48亿美元，其他西方国家更少。在贸易方面，西方市场向缅甸产品开放，双方贸易尽管在增长，但其对美、日等多国的贸易逆差很大，因为缅甸民族工业差，对西方出口较少，反而需从发达国家进口大量工业品。

缅甸吴登盛政府高度重视与中国的关系，吴登盛政府5年任期内，两国高层互动非常密集，两国建立全面战略合作伙伴关系，全方位合作深入发展。2011年4月初，在吴登盛政府成立一周内，中国全国政协主席贾庆林应邀对缅甸进行正式友好访问。这是中国全国政协领导人时隔16年对缅甸的再次访问，贾庆林也成为缅甸新政府成立后接待的首位外国领导人。当时，在吴登盛政府仍受到西方社会疑虑之时，中国领导人的到访显示了对缅甸新政府和国家转型发展的巨大支持，加深了两国的友谊与合作。

5月，缅甸总统吴登盛访华，这是他出任总统后首次出访东盟之外的大国，说明其对两国关系的高度重视，双方建立起中缅全面战略合作伙伴关系。2012年9月，中国全国人大常委会委员长吴邦国访问缅甸，推动两国友好合作关系继续发展。2013年6月，双方签署《落实中缅全面战略合作伙伴关系行动计划》，涉及政治、经济、人文、安全、国际和地区事务等各领域，成为指导双方未来关系发展的路线图。

2014年，两国高层互动非常密集。4月中旬，缅甸联邦议长兼人民院议长、执政的巩发党主席吴瑞曼访华，受到中国国家主席习近平等中国领导人接见。而且，全国人大常委会委员长张德江与吴瑞曼签署《中国全国人大和缅甸联邦议会合作备忘录》，加强两国议会友好合作。6月，吴登盛访华出席"和平共处五项原则发表60周年纪念大会"，强调缅甸与中国的长期友好关系，缅甸作为东盟轮值主席国会致力于加强东盟与中国的合作，呼吁中国、缅甸、印度等国共同推动"和平共处五项原则"获得更广泛认可。11月8日，吴登盛来华出席"加强互联互通伙伴关系对话会"，吴登盛表示，缅甸支持并将积极参与孟中印缅经济走廊、"一带一路"和亚洲基础设施投资银行的建设，缅方感谢并支持中方举办加强互联互通伙伴关系对话会，相信会议一定能够推动地区国家共同发展。此外，缅甸副总统吴年吞4月和9月两度访华，努力推动两国关系、中国—东盟关系发展。中国总理李克强11月中旬赴缅甸参加东亚峰会，并对缅进行正式访问，这也是缅甸在举办峰会期间安排的唯一一次外国首脑对缅甸的双边正式访问。吴登盛在缅甸总统府前广场为李克强举行隆重欢迎仪式，双方签署双边经贸、农业、金融、能源等领域的20多个务实合作文件，总价值80亿美元。2015年4月22日，吴登盛再次访华，中国成为他本人、吴瑞曼等缅甸高层领导人出访次数最多的国家，远远超过其访问美国、日本、印度等其他大国的次数。

两国经贸合作成果丰硕，在吴登盛政府5年任期内，中国一直是缅甸的外资重要来源国和最大贸易伙伴国。在吴登盛政府时期，中缅贸易数据如下表：

年份	中缅贸易额（亿美元）	同比增长率（%）
2011	65.00	46.30
2012	69.72	7.20
2013	101.50	45.60
2014	249.73	146.03
2015	152.80	−38.80

备注：中国商务部数据，数据的小数点后面保留两位数字，采取四舍五入方式。

不过，吴登盛政府时期，中缅关系也存在一些问题。一是，2011年7月，缅甸政府军与克钦独立军的冲突非常激烈，并持续多年，在冲突区附近的中缅合作项目太平江水电站电塔被炸坏，电站此后大概停止运营了约两年。中缅合作项目——密松水电站的建设也靠近冲突区，车辆、设备、人员通行的部分桥梁、道路被炸毁，施工进度遇阻。缅北冲突时断时续，导致中缅边境安全也频遭影响，边贸时而受阻，云南边境部分地区民众的生产生活乃至安全都受到影响。二是，2011年9月30日，缅甸总统吴登盛突然单方面宣布在他的任期内搁置密松水电站建设，导致中方企业损失惨重，对中缅经贸关系的影响也较大。三是，中缅边境的黄赌毒等长期存在的跨国犯罪仍十分猖獗，中国部分非法人士和缅北非法人士勾结，在缅北非法伐木的问题也一度成为中缅关系的棘手问题，2015年7月22日，缅甸密支那法庭判处被抓扣的150多名中国伐木人员以重刑，后经过中缅两国磋商，缅甸总统吴登盛7月30日又赦免这些伐木工人，让其回国，但中国个别非法人士在缅北非法伐木、开矿等行为引发缅甸舆论反感。同时，中国在缅北掸邦、克钦邦乃至曼德勒地区的非法移民增多，也引发缅甸人的不满。

第十二章 民盟执政：缅甸转型与发展的里程碑？

如前文所述，缅甸历史上昂山家族两代人似乎无缘国家元首职位。一个是缅甸国民当时期望昂山将军能在1948年1月独立后出任国家最高领导人，但昂山将军1947年7月19日遇刺身亡，距离缅甸正式独立仅半年左右，年仅32岁，成为缅甸历史上的一大憾事。而当昂山将军之女1988年从英国远渡重洋回到缅甸照顾病母时，原本在英国相夫教子的她又深深卷入到当年民众反对军政府的运动中去，并成为运动的领导人。1990年大选时，昂山素季尽管被软禁，但她领导的民盟赢得大选，大选结果却被政府否定，此后一直到2010年11月，昂山素季断断续续共被软禁了15年。2008年，政府主导颁布的新宪法规定，配偶和直系亲属为外国人者不能出任总统，这个条款在很多国家都有，也算正常。但由于昂山素季个人的政治地位以及其亡夫、儿子为英国人的复杂情况，使得民盟支持者认为宪法的这个条款是为昂山素季量身定做的，旨在阻止昂山素季未来出任总统。对于此事，公说公有理，婆说婆有理。昂山素季2014年至2016年持续推动修宪的努力暂告失败，尽管民盟以压倒性优势赢得2015年11月8日大选并在2016年3月30日执政，但她最终未能出任总统。民盟后来凭借在联邦议会的多数席位优势，推动议会通过议案，增设国务资政（也译为国家顾问）一职，并增设国务资政部，昂山素季同时兼任总统府部长（仅一位）、外长、民族和解与和平中心主席等要职，而且，总统吴廷觉曾长期是昂山素季的忠诚助手。这些因素最终使昂山素季具有了"总统之上"的地位与权力，不是总统胜似总统，掌握缅甸民盟政府内外决策大权，并受到国内外认可。

1990年5月民盟赢得大选但未能执政，这一等就等了近26年，到了2016年3月30日，民盟终于"把梦实现"，如愿以偿地执政了，昂山素季也掌权了，也算是完成了其父昂山将军的夙愿，也算是众望所归。民盟执政暂时结束了军人从1962年3月至2016年3月长达54年的军人直接执政或军人代理人执政的历史，开启了缅甸政治发展的新时代。然而，昂山素季和民盟在野时领导反对军政府的民主运动轰轰烈烈，可以经常批评军政府施政错误，而当民盟政府上台后，也同样面临内外局势纷繁复杂、难题甚多的情况，施政之路也是磕磕绊绊，难言轻松，内政外交也面临诸多困难。

一、缅甸迎来"昂山素季主政时代"

2015年11月8日,缅甸举行大选,这次大选有几个令大家吃惊之处。第一个令缅甸内外人士吃惊的事情是,继在1990年大选中获得压倒性胜利之后,民盟在2015年大选中再获压倒性胜利,赢得了选举议席中的约70%的席位,主导新的联邦议会和多个省邦议会,而巩发党惨败。在人民院,民盟赢得255席,占人民院全部440个议席的半数以上,而巩发党仅获30席。在民族院,民盟赢得135个席位,超过民族院共224个席位的半数以上,巩发党获得11席。在14个省邦议会中,民盟共获496席,巩发党仅获76席,民盟在多数省(缅族聚居区)邦(少数民族聚居区)议会占据多数席位。在联邦议会,巩发党总席位仅占民盟总席位的约10%,少数民族政党、其他缅族小党的议席更少。民盟在这次大选中的盛况与1990年大选时的盛况基本一致,这说明,历经25年多的历史变迁,民盟支持者的总数量没有发生大的变化,长期有大量"铁杆粉丝"。

从2015年11月中旬大选结果出炉到2016年1月底,军方、吴登盛政府与民盟展开多次权力交接会谈,而在此过程中,昂山素季和民盟试图再次说服军方同意修宪以让她圆了"总统梦",但再次失败,其实,军方能认可大选结果已经算是比1990年否定大选结果做出了历史性的让步了。新联邦议会在2016年2月1日召开。由于昂山素季受制于宪法不能参选总统,3月15日,联邦议会选举昂山素季助手吴廷觉为1962年3月以来首位真正的文人总统,选举退役军官吴敏瑞为第一副总统,选举民盟钦族议员亨利班提育为第二副总统。3月30日,吴廷觉领导新政府高官宣誓就职,吴登盛政府卸任,完成新旧政府权力交接。

第二个意外是，军方很快认可大选结果，权力交接过程基本平稳，民盟和军方在权力交接过程中关系尚可，截至2017年8月，军人未推翻民选政府。因为，选后军人不太具备强力干政或执政的条件。一是，这次大选结果说明，军方及其代理人、代理政党执政是不被民众认可的，民众厌恶军人及其代理人执政，希望"换党换人"执政，连部分军人家属、公务员及其家属在大选时也投了民盟候选人的票。军方再次像否定1990年大选结果那样否决2015年大选结果、强行干政或执政的"底气不足"，会受到国内外的强烈反对和施压。

二是，军方在2015年大选后要干政或强行执政也缺乏合适的理由，缺乏合理合法性。因为，2015年大选后，国家并未面临严重内乱或分裂危机，也未有严峻的外国军事威胁，此时，政府军与多支"民地武"的冲突确实频发，但以中小规模冲突为主，冲突集中在缅北掸邦、克钦邦等局部地区，并非全面内战。这种局面与1962年奈温军人政变时国家面临分裂危机的情况迥异。而今，军人再打着"维护国家利益"的旗号搞政变，推翻2015年大选结果，名不正、言不顺。

三是，军人和巩发党即便丢失执政权，军人主导制定的2008年宪法还保障军人诸多权益。比如，军人议员占议会25%的席位，可否决任何修宪案；军队独立处理军务，国防部、内政部、边境事务部的部长为现役军人；总统领导下的国家国防与安全委员会共11名成员，军人占6席（当然，民盟政府为避免受军人控制而迟迟未启动委员会运作）；联邦、省和邦、联邦直辖区、民族自治地方应有国防军总司令提名的军人参与国防、安全和边境管理等行政工作；当国家出现重大危机时，国防军总司令可依宪接管和行使国家行政、立法、司法等权力；等等。军人仍在政治、安全、经济、社会等领域拥有强大影响力，是与民盟并立的"两大权力中心之一"。面对缅甸难题丛生的局面，民盟执政须借助军方支持，尤其是在解决民族矛盾和宗教矛盾、维护社会稳定和实现国家统一等方面。因此，军人不必冒极大风险来推翻大选结果，而且，让百姓看看民盟执政业绩好坏，说不定以后会给巩发党"东山再起"的执政机会。

四是，昂山素季经历20多年政治历练，成长为成熟、理性的政要，2015年大选后不再提"清算军人"等敏感字眼，令军人对移交执政权后的权益保障暂时有所放心，这与1990年大选后昂山素季等人表示要清算军人的激进表现迥异。2015年大选前后，昂山素季多次强调自己是昂山将军女儿，与军队有深厚感情，不仇恨军队，为了国家发展愿与军方合作，要组建"和解政府"，与国防军总司令敏昂莱、总统吴登盛、联邦议长吴瑞曼举行有关国家和解的会晤，登门拜会前军政府领导人丹瑞。此外，笔者一行2015年11月24日与民盟中央执委吴温腾座谈时，他表示，我们不会忘记军人对民盟的打压，但为了国家利益可以原谅他们，激进清算军人会引发国家混乱。尽管外界无从得知昂山素季与军政高层会晤的核心细节，但从公开的会晤照片看，气氛较好。从双方利益角度推测，民盟保障军人利益、军人确保民盟执政，应是会晤关键议题，而且，双方达成一些共识，最后实现政权顺利交接。

五是，国际环境总体制约缅甸军人2015年选后强行干政或发动政变。西方选前多次敦促缅甸举行"自由公正大选"，选后敦促军方和吴登盛政府实现新旧政府的和平权力过渡。11月8日大选投票顺利，联邦选委会9日起每天公布计票进展。西方观察员表示，大选基本自由公正，尽管有一些问题和有待改善之处。这客观上确认民盟获胜事实。美国总统奥巴马致电缅甸总统吴登盛，祝贺缅甸大选成功，两人讨论了各方尊重大选结果和组建新政府的重要性。奥巴马等西方政要也祝贺获胜的昂山素季和民盟，称组建新政府是缅甸民主转型的重要一步。

总之，此次军方不得不顾及国内民意和国际压力，不敢轻举妄动，或者没足够必要去冒险发动政变，否则，即便延续军人统治，既会面对国内抗议，也会再度面临西方严厉制裁，生存艰难。在民主转型推进多年的情况下，维护军人利益的可行方式便是"顺势而动"，与民盟合作，展示支持民主转型的姿态，反而会减少国内外压力。军人与民盟在权力过渡期总体良性互动，但亦存博弈。"民盟想扩权、军方想保权"，双方在权力过渡期也发生过几次激烈交锋，不过，未逆转合作大局和权力过渡整体进程。

一是，双方在重大核心利益上互不让步。昂山素季2015年和2016年初推动修宪遭遇军方阻挠，军方担心，让威望甚高的昂山素季出任总统，更难予以制衡。而民盟坚持主导提名14个省邦长官的全部人选，且人选中没有退役军人。二是，2016年3月27日，军队举行建军节阅兵式，未邀当选总统吴廷觉和民盟主席昂山素季出席。建军节是纪念昂山素季父亲昂山将军1945年3月27日开始领导缅甸军队反抗日本法西斯的重大国事活动。敏昂莱在建军节讲话中发出"混乱信息"，既表示支持民盟政府，又称民主两大障碍是有人不遵守法律和"民地武"叛乱，两者会引发"混乱民主"。他强调"法治"，也被舆论视为暗指昂山素季推动修宪的举措不妥。

二、民盟国内施政：几多欢喜几多愁

昂山素季在民盟政府是兼具法理型和个人魅力型（克里斯玛型）的政治领导人，是具有高度权威的民盟政府最高领导人，民盟政府重要决策都需要昂山素季点头同意，也只有昂山素季能"镇得住"多方势力。民盟政府施政的主要举措：

一是，将联邦政府部门从上届政府30多个压缩到20多个，优化政府部门运作，整顿吏治，反腐败，提倡清廉政府，各部陆续设新闻发言人，增加政策透明度。昂山素季要求民盟议员、部长上缴部分工资以作公用或投入民生，要求部长自购官邸家具，要求官员上报财产。缅甸的腐败问题有所缓解。

二是，2016年5月初，联邦政府成立由总统等高官牵头的国家计划委员会、省邦计划委员会、私有化委员会、建设项目审核委员会、土地征用审核委员会等8个统筹协调委员会。同时，昂山素季表示，为把国家建设成强国，须靠人民力量。她敦促各部5月开始陆续公布"百日计划"，推出诸多"以民众为中心的发展政策"。如,在经济政策方面,2016年7月29日,民盟政府发布未来五年经济发展的12项政策,包括实行强大的人民财政管理制度、私有化国有企业、扶持中小型企业、加强人力资源培训、发展基础设施建设等。新政府强调其首要目标是实现以人为本的可持续发展、平衡省邦之间的自然资源利用,以支持民族和解与和平事业。2016年10月18日,联邦议会通过新的《缅甸投资法》,简化投资审批流程,给予发展水平不同地区的投资项目以3—7年的免税期,取消了对外企中外籍雇员的比例限制,这比以前都是较大进步,有利于以更灵活方式吸引更多外资。计划和财政部给予中小企业注册费优惠,在省邦和县一级制定发展计划,开设金融和投资培训班,增设10亿缅元(约100万美元)的彩票奖项,在仰光港口和机场使用自动化系统,建设国际水平的会计体系,增加外国在缅投资,促进私营领域的发展,拓展保险市场等。边境事务部在缺水的村庄维修和新建水井与水池,维修因自然灾害而毁坏的建筑、道桥,让少数民族妇女参加该部开办的职业技术培训班并安排工作,与其他政府部门和国际组织合作向难民提供经济适用房和粮食等。交通和通信部制定国家交通政策,先期在36处地点修建河堤崩塌防护工程,制作带有芯片的驾照,发展2600兆赫宽频网络等。

  三是,将国家和解、稳定与安全视为要务。在政治和解方面,民盟执政后立即释放政治犯。在民族和解方面,新政府继承上届政府的民族和解谈判路径,昂山素季主抓民族和解工作,其助手丁妙温负责具体事务协调,2016年8月底至9月初、2017年5月底先后召开两次21世纪彬龙会议暨联邦和平大会(1947年,缅甸国父也是昂山素季父亲——昂山将军与多个少数民族召开"彬龙会议",就民族和解与团结建国达成多项重大共识),并要灵活调整中央政府与多支"民地武"的政治谈判框架与磋商方式,增加和解进程的包容性。在打击犯罪方面,内政部整肃警察形象,派出更多警察加大在内比都、仰光、曼德勒等大城市的巡查力度,突击抓捕了一批罪犯,如仰光省在2016年5月的前20天里破获900多起案件,内比都关闭所有按摩店,多地社会安全短期内出现好转。

但正如中国古话说的那样,"打江山难,坐江山更难"。缅甸是个充满难题与挑战的国家,新旧问题并不会因为换了一个政府、换了一批高官就会消失、就能立即解决的。民盟执政面临多方压力和掣肘。

一是,民盟政府最初在人事方面遭遇几大挑战。军方提名的副总统吴敏瑞曾是仰光行政长官,部分人对他任内压制民主人士、贪腐的一些做法不满。部分极端佛教徒对亨利班提育的基督教徒身份也不满。计划与财政部等几个部长人选,或是涉及博士学历造假,或并非是专业人士,遭到舆论质疑。新政府成立初期,多个部门整合、各部新部长上任,多个部的初期磨合运转暂时出现一些混乱,部分政策实施、部分项目落实出现问题,对国家发展、百姓生活、政府形象一度短期造成负面影响。再者,民盟政府的总统、副总统、部长、副部长等高官换人了,但绝大多数处于办事一线的公务员还是上届政府遗留下来的,很多人的知识、能力尚待提升,因此,新政府诸多政策的落实需要时间,尤其是在解决一些难题时难以取得立竿见影的效果。

二是,综合观察民盟政府的整体运作,其提倡清廉、高效,但也存在不足和挑战。民盟政府重大决策均需要昂山素季点头,正副总统、正副部长们的决策权有限,这就造成决策"梗阻"现象,效率不高。昂山素季已70多岁了,身体较瘦,疲于应付,也传出过她多次累倒、短暂休息的消息。

三是,民盟政府仍需与军方搞好关系,协调治国,民盟政府施政甚至还受制于军方,尤其是在涉及国家和平与安全等重要问题上。但这两大并立权力中心的关系确实不太好搞定。前军政府时期,缅甸政治发展的主要矛盾是军政府与民盟在野民主势力的矛盾,现在是民盟掌权、军队基本退居幕后的局面,双方权力此消彼长。目前,民盟与军人集团各有优势、相互制衡,谁也无法绝对压倒谁,"军文共治"将是个较为长期的状态。但在这个状态下,民盟和军方的关系还是疙疙瘩瘩,时而出些问题,双方的矛盾与斗争不少。

在议会博弈层面,民盟现在占优势,而军方及其扶持的巩发党却占劣势,双方产生不少摩擦。由于民盟议员在联邦议会人民院和民族院占据半数以上席位，而占两院 25% 席位的军人议员加上巩发党议员，总数也仅仅约占两院总席位的约 1/3，因此，民盟通常主导着议案的提名权和审核通过权，巩发党议员和军人议员提出的议案较难通过，他们的反对票通常也阻拦不住民盟的议案获得通过。当然，民盟议员提出的力图削减军方所占土地等权益的议案也遭遇军方议员起立反对。总体看，在议会框架内的权力博弈，军方和巩发党处于下风，较为无奈，民盟处于优势地位。

民盟人士与军方的公开口角也不断，双方产生多次摩擦，有时公开"隔空交火"。2016 年 11 月，民盟智库贝达研究院创始人吴妙严瑙登因违反《电信法》被警方拘捕，2017 年接受审判，因为他在"脸谱"上发表批评国防军总司令敏昂莱大将的信息，而被军方以"公开侮辱"国防军首长进行指控，并遭到警方"依法"拘捕。2017 年 1 月 29 日下午，民盟法律顾问吴哥尼在随缅甸政府代表团访问印尼后乘飞机返回仰光时，在机场被枪手刺杀，幕后黑手是一名退役中校军官，其杀人动机不明，但这也引发一些谣言和猜测。同年 5 月初，正当昂山素季出访欧洲时，缅甸社交网站散布出总统吴廷觉递交辞呈的消息、某大银行将宣布破产的消息、民盟中央执委吴温腾将追究总统办公室发言人吴佐泰责任等重大消息，吴温腾就此对媒体表示，很难判断是何人所为，我们听到各种说法，不知道是巩发党做的，还是军队做的？或者是不喜欢我们的 IT 专业人士做的？他尽管没有确切指向哪方人士，但此言论一出，引发哗然，军队和巩发党公开予以反驳和抗议，称吴温腾捕风捉影的言论诋毁军队，损害国家和解气氛，损害国家建设，也违反道德和法律。一波刚平，一波又起。同年 7 月 9 日，被视为民盟"未来之星"的仰光省省长吴漂敏登在出席一个研讨会时公然称，和平时期，国防军总司令只相当于政府司局级官员。这立即引发军方愤怒反击，称此言论损害军队地位，是在同军队对抗，要求联邦政府惩治吴漂敏登。后来，民盟担心事情闹大，称吴漂敏登言论不代表政府立场，并给予他警告处分。上述这些事件显示，民盟与军方在政治权益、理念等方面仍存在分歧，时而发生激烈摩擦。

缅甸民主转型进程较难逆转，但仍存在不确定性。国家能否稳定主要取决于军方、民盟、大众能否相对理性、巧妙地处理军政关系问题和国家利益分配问题,任何一方的过激行为,都可能诱发军政博弈加剧。尤其是,民盟等党派的文人议员主导议会、文人总统、文人部长主导政府,民盟竞选时喊出的口号是"改变",其施政思路是"以民众利益为出发点",削减军费、增加民生开支的总体趋势将持续,这也是民意所向。但若军费缩减过快,军人反击意愿和力度就会更大。而民盟政府在单独强推修宪不成的态势下,希望将民族和解问题与修宪问题捆绑推进,这是否也会涉及削减军人权益,尚待观察。当然,军方还有一个最后的令民盟畏惧的"杀手锏",那就是,当国家出现重大危机时,国防军总司令可依宪接管和行使国家行政、立法、司法等权力,这足以令民盟政府和其他党派在采取任何削减军人利益的举措时斟酌再三。

四是,在经济层面,缅甸基础设施很差,电力极缺,民族工业弱。民盟政府经济发展有些成绩,但有些百姓不满经济社会发展慢,如果这种状况持续几年,势必持续削弱昂山素季和民盟政府的民意基础。世界银行数据显示,缅甸2016—2017财年(2016年4月1日至2017年3月31日)经济增速为6.5%,比上年低0.8%。缅甸官方数据还显示,2016年通胀率约6.93%。同时,2016—2017财年,缅甸吸引的协议外资投资额达68亿美元,超过预期指标的60亿美元,但比2015—2016财年的90亿美元下降约30%。更令民盟政府头疼和百姓苦不堪言的是,民盟执政一年,缅币贬值14%左右,物价高企。其中原因是政府财政赤字大、2016—2017财年贸易逆差50亿美元、美元升值等。另据国际货币基金组织2017年4月数据,缅甸2016年人均GDP仅1269美元,政府总债务占GDP约35.8%。缺电、基础设施差、民生艰难等问题在民盟执政后并未立即明显缓解,令百姓不太满意,因为百姓2015年11月投票时有着非常带有理想色彩的想法,甚至有些不太务实的想法,期望民盟执政后就业机会立即增多,工资立即上涨,个人能享受到的经济社会福利迅速增加。民众的想法尽管有些不理性,但确实是一种社会现实情绪,因为前军政府长期执政时,民众穷怕了。2017年4月初的议会补选,民盟在19个补选议席中赢得9个席位,比2015年11月大选时得票率低了很多，这也反映了一些民众对昂山素季和民盟政府的不满。昂山素季和民盟政府在深化民主转型的同时，能否把发展问题解决好，而不至于因此削弱执政合法性，甚至会影响下次大选，值得关注。此外，民盟在党派竞争方面不仅来自巩发党及其整合的其他十几个政党的抗衡，连民盟曾经的政治伙伴、在社会上影响力较大的"88年代学生组织"也在2017年下半年组建政党，发挥更大政治作用，对民盟政府的监督与制衡作用也增强，要参加2020年大选。这不仅使得民盟政府在五年任期内的剩余任期内的施政难度增大，也使其在2020年大选时的优势地位受到更多挑战。

五是，昂山素季和民盟政府在推动解决民族矛盾、教派矛盾与国家建设困境方面，难题很多，路漫漫其修远兮。缅甸独立以来始终未能解决的民族问题大致分为两类：一类是主体民族——缅族人内部权益争斗，这种争斗在吴努时期、奈温时期都有过，而自1988年以来，这种斗争主要体现在军方（含前军政府）与昂山素季领导的民盟等民主势力的斗争，至今未息。而今，民盟执政，军人扶持的巩发党在野，双方博弈仍在继续。主体民族不团结，国家建设艰难。

缅甸另一类民族矛盾是缅族与134个少数民族之间的矛盾，民盟政府五年任期内较难实现全国范围的持久和平，军队"一国一军"的目标短期内也难实现。缅甸独立后，军方高级将领、政府主要领导人以缅族居多，少数民族在联邦政府和国防军的代表性远远不足。因此，缅甸独立以来，中央政府、国防军与"民地武"的矛盾与冲突始终不断。昂山素季亲自抓民族和解与和平事务，取得一定进展，但难说令人满意。

缅甸政府和政府军与缅北多支"民地武"缺乏互信，在政治、军事、经济、资源等领域的矛盾尖锐，自1948年独立以来，缅甸始终未能实现和平。上届吴登盛政府在2015年10月与8支"民地武"签署《全国范围停火协议》，但协议名不副实，因为只有8支武装签署协议，缅北等地区的十几支武装并未签署。民盟政府在2016年8月底9月初、2017年5月召开两次旨在推进民族和解与和平的"21世纪彬龙和平会议"，第一次会议效果不彰，第二次会议最大突破是缅北的佤联军、克钦独立组织、北掸邦军和勐拉军、德昂民族解放军、果敢同盟军、若开军等7支武装的代表同时与会，会议推动各方朝着和解与和平的方向努力，就政治、经济、社会、安全和土地与自然环境五个主题举行了讨论。除安全主题外，各方代表在其他四个主题共41项协议条款中就37项达成一致。不过，仍有几支武装未能参与第二次会议，尚未能实现"与会方的最大包容性"，民族矛盾、政治矛盾、军事矛盾等问题的后续解决仍较难，缅北等地的冲突时断时续，实现永久性的全国范围内停火尚存难度。稳定是发展前提，如果和平进程漫长甚至出现反复，民族国家建设与发展困境就难解。

综上所述，在国内层面，民盟政府执政团队能力不强、经济社会发展成绩不尽如人意、民族矛盾和教派矛盾均较为尖锐，民族国家的构建艰难，国家短期内较难实现彻底和平与稳定，这些问题交织，成为昂山素季主政后缅甸的综合转型难题。

三、民盟政府外交：与东西方关系晴阴互现

民盟政府总体继承传统外交原则

与很多国家不同，缅甸民盟政府的外交决策大权不在总统，是国务资政和外长昂山素季主导重要外交事务。而且，昂山素季在西方具有强大影响力，不仅其访问西方时受到最高礼遇，西方民众和舆论对她更是赞赏和崇拜有加，很多西方人在地图上可能找不到缅甸，但都知道昂山素季。在过去20多年，昂山素季在西方获得数十个荣誉奖项。2016年9月17日，昂山素季在哈佛大学获颁哈佛基金会"2016年人道主义者奖"，此前获得此奖的人有联合国前秘书长潘基文等名人。这再次证明昂山素季在美国和

第十二章　民盟执政：缅甸转型与发展的里程碑？

西方的威望。因此，在缅甸，只有昂山素季最适合领导民盟政府改善与西方的关系，拓展与西方的合作。比如，在昂山素季2016年9月中旬访美前，缅甸国内对她此行促成美国解除对缅制裁的期望值很高。奥巴马总统的副国家安全顾问本·罗兹则表示，美国尚未决定是否全面解除对缅制裁，需就此咨询昂山素季。这也就是说，昂山素季对制裁的态度直接影响奥巴马政府是否决定取消对缅制裁。昂山素季访美时表示，到了美国解除伤害我们缅甸经济的制裁的时候了，奥巴马政府表示将很快解除总统行政命令框架下的制裁。昂山素季在西方这种独一无二的强大影响力是缅甸其他政要所望尘莫及的。

综合观察民盟政府执政一年多以来的外交，似乎有点"东边日出西边阴"的感觉：民盟政府与亚洲国家的友好关系继续发展，但其与西方国家和组织的关系，有好的一面，但友好程度不如预期，反而因为缅甸罗兴亚人问题等事务龃龉不断，伤了感情。下文将详细论述民盟政府外交思路与实践的一些特点。

民盟新政府在外交理念和原则方面，总体继承了缅甸历届政府的传统原则，即发展与所有国家的友好关系。缅甸外交传统原则和政策取向受到多种因素的复杂影响。缅甸是中南半岛第一大国土面积国家、东南亚第二大国土面积国家（在东南亚仅次于印尼国土面积），其国土面积超过英国和德国的国土面积之和。而且，在古代，缅甸曾是中南半岛强国，有着辉煌的历史。不过，近现代以来，缅甸先后沦为英国和日本的殖民地，独立后，国运多舛，沦为世界最不发达国家之一。因此，缅甸民族自豪感和自尊心很强，但又有着受挫感，对大国在缅影响力太强、大国干涉缅内政十分敏感和反感，独立以来的外交长期奉行"独立自主、不结盟"的政策。

昂山素季出任外长后，2016年4月22日首次集体会见缅甸外交官和外国驻缅外交官，阐释了民盟新政府的外交政策，这些政策既有继承缅甸外交传统原则的一面，也有民盟政府的新特色。第一，民盟政府延续缅甸1948年独立以来的"独立、不结盟、积极的外交政策方向"，不仅与邻国友好，还要与世界所有国家友好；缅甸在致力于自身发展的同时，要积极参与地区和国际事务,尽管缅甸不是强国,但要本着善意、真诚和友好的姿态参与解决一些世界问题。这些话意味着,相比前军政府时期,民盟政府的外交要更加活跃,要更积极地融入国际社会。第二,强调人民在国家发展中的关键作用,强调人民在外交中具有重要作用,民众(的交往)可以促进国家间建立最好的关系,只有民间亲密友好,国家关系才会持久。民盟将奉行以民众为中心的外交政策,重视发展国家间的民间友谊,建立与他国民众间的友好合作政策。这比前军政府主导外交政策、民众几乎没有发言权和参与权的状况有了较大进步。第三,既强调缅甸发展为强国需外国帮助,又强调缅甸地缘位置的重要性,也强调缅甸面临的地缘政治挑战。昂山素季表示,缅甸地处东南亚和南亚的交汇点,北临中国,也可以说连接着远东地区,这种独特的地理位置使其面临许多地区性和全球性挑战,民盟新政府要通过外交克服缅甸面临的一些地缘政治挑战,同时也要利用好缅甸的一些地缘优势,为国家发展争取更多外部支持,将地缘资源转化成为更多的发展资源。

外交实践新特点

在上述原则指导下,民盟政府的外交实践也展现出一些新特点。一是,外交重视服务于民,重视解决民众切实关心的一些问题,重视改善民生,发展国家。缅甸外交部批准上届政府时期因政治运动原因逃到国外的缅甸人回国,重新审查对政治流亡人士的"黑名单",取消禁止流亡海外人士回国参政的规定,欢迎他们回国为国家发展多做贡献。为此,昂山素季访美时,2016年9月17日在纽约同旅居美国的缅甸人会面时表示,"欢迎在海外的缅甸人回归祖国,以便共同推动国家发展。在此前任何回归祖国的缅甸人必须签名承诺'回国后决不会进行政治行动'的规定将加以撤销,而且回国人员办理签证的部分规定将会给予放宽。"此外,为便利缅甸与新加坡民众往来,民盟政府推动2016年底启动缅新两国公民互免签证30

天的制度，并且，经过民盟政府努力，而今，缅甸国民也可以持护照而不用签证，在东盟国家享受免签证30天的待遇，只要护照持有者没有不良记录，不在他国违反法律，不在他国非法务工等即可享受这种待遇。

昂山素季高度关注海外劳工和国内外的缅甸难民问题，重视改善其工作和生活条件，便利其回国。2016年6月下旬，昂山素季出任外长和国务资政后，单独率团首次出访的国家是泰国，因为，缅甸有一两百万（甚至更多）的合法、非法劳工在泰国，很多人的生活境遇悲惨，同时，这些人的"侨汇"是缓解缅甸众多贫困百姓的重要收入来源之一，有利于社会稳定。并且，缅泰边境长期生活着数十万的难民，因为缅甸靠近泰国的掸邦、克伦邦等地长期战乱而无法回国，这也是缅甸民生的一大难题。昂山素季在泰国亲自会晤缅甸劳工，听取其诉求。她与泰国总理巴育等官员会谈时，呼吁泰国方面改善缅甸劳工的工作条件，让他们享有必要的教育和医疗权益。昂山素季还与泰方讨论改善缅泰边境难民问题，表示将便利缅甸难民回国。昂山素季还争取外援改善缅甸民生。如，澳大利亚2016年8月初宣布，澳大利亚外长毕晓普在与昂山素季会晤后，决定将对缅泰边境的缅甸难民增加1200万美元的人道主义援助。2017年，泰国再次表示希望遣送缅甸、柬埔寨等国部分劳工回国，民盟政府与泰国政府交涉，争取泰国实施此项政策时，在对待缅甸劳工时能更加柔和些。

二是，非常活跃。缅甸历来与亚洲国家关系较好，缅甸前吴登盛政府拓展外交的重点是与西方改善关系，取得一定成效，但仍有欠缺。民盟政府重视与邻国和亚洲国家的关系，与东方国家的关系总体向前发展。而且，由于民盟自1988年以来就受西方支持，民盟新政府被西方视为真正的民选政府，昂山素季在西方广受欢迎，总统吴廷觉等民盟高层也受西方认可。加之，此前西方不喜欢缅甸前军政府，连与民选的退役军人为主的吴登盛政府打交道也存在一定的道义压力，但西方与缅甸民盟新政府拓展交往没有道义压力，其拓展在缅甸利益的力度自然增大，因为西方不仅重视在缅甸推广民主，还重视缅甸的地缘位置价值、重视拓展缅甸这个新兴市场。

因此，民盟新政府外交面临的国际环境比上届政府好多了，可以更为活跃。在出访方面，在民盟新政府执政的半年里，总统吴廷觉率团出访过老挝、俄罗斯、韩国、蒙古、印度等国，进行双边访问，参加亚欧首脑会议等重要多边活动。昂山素季更是马不停蹄地率团出访多国，在很多外交活动中实际发挥着"国家最高领导人"的作用，截至2017年8月底，昂山素季出访过多个国家和国际组织：老挝（3次，一次是随同总统出访，一次是参加东盟外长会及系列会议，一次是参加东盟峰会及系列会议）、泰国、中国（两次）、英国（两次）、比利时、意大利、法国、美国、印度、日本、欧盟等，参加联合国大会，等等。缅甸总统吴廷觉等其他高官也出访多次。在接待来访方面，外国政要和代表也纷至沓来，吴廷觉、昂山素季、副总统吴敏瑞、副总统亨利班提育、多位部长等高官接待了中国外长和中联部部长、加拿大外长、日本外相、新加坡外长和总理、美国国务卿、老挝总理、蒙古总统、欧盟多位政要、联合国现任和前任秘书长、世行副行长、土耳其外长、法国外长等多位高官及其代表团，以及其他诸多外国来访团。民盟政府基本实现了与东西方国家均能基本友好交往的目标，外交高度活跃，这与上届吴登盛政府执政最初半年的外交艰难局面迥异，后者执政初期的外交主要是尝试改善与西方关系，努力说服西方减少一些制裁，但效果不是太理想。

三是，理性务实，平衡多方，力争在国际舞台上左右逢源。昂山素季和民盟信奉西方理念，其过去20多年反对军政府的斗争中也受到美欧等西方国家和组织的鼎力支持，民盟新政府施政也受到西方大力支持。不过，经过近30年的从政历练，昂山素季已经从1988年刚开始参政时充满理想主义色彩的民主领导人转变成为务实的政治领导人，她现在要统筹考虑的是国家整体外交格局和总体利益。缅甸民盟新政府外交大致呈现出"先东盟、后重要邻国、再域外大国"的思路。

四是，重视多边外交，并利用多边外交场合推动与多国的双边外交与合作。除昂山素季参加东盟外长会及系列会议、东盟峰会及系列会议、联合国大会等重要多边外交活动外，总统吴廷觉也率团参加多次重要多边活动，提升缅甸的国际影响力，并借此拓展国际合作。2016年5月，吴廷觉率团赴俄参加俄罗斯—东盟建立对话伙伴关系20周年纪念峰会,并同俄罗斯总统普京、泰国总理巴育、越南总理阮晋勇等国家领导人举行会晤。在同普京会晤时,双方讨论:加强合作关系,俄罗斯企业来缅进行投资,制定在2014年缅甸—俄罗斯经贸合作委员会第一次会议中达成协议的贸易合作蓝图,继续举行缅甸—俄罗斯经贸合作委员会第二次会议,两国银行进行合作,在缅开设俄罗斯贸易代表处,俄企业在缅油气领域进行投资,开通莫斯科—仰光航线,两国在文化、旅游、国防、教育等领域进行合作,俄罗斯对即将运营的掸邦第二钢铁厂提供技术帮助,等等。此外,在5月10日,缅甸联邦议会通过了"缅俄签署军事合作协议"的议案,两国军事合作将更为密切。同年7月15日,吴廷觉在第十一届亚欧首脑会议讲话时呼吁,扩大成员国在互联互通、可持续发展、禁毒、反腐、应对自然灾害等领域的合作共识。同年7月下旬,昂山素季率团出席在老挝举行的东盟外长会及系列会议。9月上旬,昂山素季率团出席东盟峰会、东亚峰会以及东盟与其他对话伙伴国的峰会等。在这些密集的多边外交间隙,昂山素季相继同越南总理、日本首相和新西兰总理举行会晤。其中,昂山素季同越南总理阮春福会晤时,双方讨论了在通讯、银行与金融、旅游、航空等事宜。8月,昂山素季争取联合国现任和前任秘书长对缅甸民族和解与国家稳定的支持,让两位重量级国际政要为缅甸民盟政府"站台",这也是非常难得的。联合国时任秘书长潘基文8月30日抵达缅甸,与昂山素季会晤,次日还出席缅甸首届"21世纪彬龙会议",他在致辞中强调联合国支持缅甸民主进程,认为缅甸和平尽管艰难曲折,但前景美好。9月5日,为更好地解决若开邦佛教徒与穆斯林(主要是罗兴亚人)的矛盾和冲突,在昂山素季推动下,缅甸成立若开邦事务顾问委员会,请联合国前秘书长安南等三位国际名人参与委员会,安南出任委员会主席,他表示将为缅甸稳定与发展献言献策。

同年9月21日,昂山素季在第71届联合国大会上发表重要讲话。她指出,2016年缅甸国家经济发展政策中包括推动基础设施发展、促进私营发展、着力发展农业领域等政策。这些政策符合联合国长期发展目标。9

月21日，昂山素季在纽约出席认可《全面禁止核试验条约，CTBT》仪式，向联合国法律事务委员会副秘书长递交CTBT批准书。此外，在几乎同时举行的第15届联合国人权发展会议中，欧盟官员表示，将不再斥责缅甸人权相关方面的问题，还赞赏缅甸民盟政府执政后，着力推进缅甸和平进程，陆续释放政治犯，人权发展工作有了切实的进展。2017年，缅甸还成功举办了第十三届亚欧外长会议。

东边日出：与亚洲国家关系蒸蒸日上

民盟政府高度重视与东盟及其成员国的关系。民盟新政府的外交政策高度重视"区域主义"，仍将重点以东盟为依托，因为缅甸加入东盟以来，随着东盟共同体建设进程的推进，缅甸在政治、经贸、人权、外交等领域获益颇丰，而且，未来，缅甸要想在国际舞台上发挥更大作用，仍需要借助东盟这个平台"唱戏"。2016年5月6日，缅甸新总统吴廷觉、国务资政兼外交部长昂山素季等民盟新政府官员首次出访国是时任东盟轮值主席国老挝。两国领导人讨论了旅游业、投资、卫生、贸易、航空等领域的合作，也就重大地区和国际问题交换了看法。这显示缅甸高度重视邻国与东盟的关系，因为老挝是与缅甸接壤的邻国。同时，这也避免了首访先到某个东南亚之外大国可能引起的外交尴尬局面。缅甸新领导人首次出访选择老挝，是个经过深思熟虑的极佳选项。同年8月5日，老挝总理通伦访缅，磋商加强双边多领域合作。缅甸民盟政府的外交主要从国家利益出发，而非主要取决于意识形态。昂山素季并未因为泰国是军人政府而不去访问，反而于2016年6月下旬，她独自率团出访的首个国家就是泰国，因为泰国是缅甸重要外资来源国、重要贸易伙伴，而且，缅甸有大量劳工在泰国。7月下旬，昂山素季率团参加东盟外长会及系列会议，9月上旬，又率团赴老挝参加东盟峰会、东亚峰会及东盟与多个对话伙伴国的峰会等，充分利用这些多边外交场合阐述缅甸的外交理念，争取国际社会对缅甸发展的支持。9月30日至10月3日，缅甸承办第37届东盟议会联盟大会，昂山素季呼吁东盟及其成员国给予缅甸"建设性支持"，帮助缅甸解决若开邦佛教徒和穆斯林的矛盾冲突问题及其引发的难民问题。2017年，菲律宾成为东盟轮值主席国，昂山素季也多次出访菲律宾参加地区会议。

民盟政府高度重视与缅甸第二大邻国印度的合作，也高度重视在中印两大邻国之间搞平衡外交。昂山素季2016年8月17—21日结束访华后，缅甸总统吴廷觉随后在8月27—30日对印度进行为期4天的友好访问，印度总统慕克吉举行仪式欢迎吴廷觉对印度进行访问。舆论认为，这是缅甸新政府出于地缘政治的考量，在中印两个大国之间搞平衡。双方就缅印两国加强经贸和文化领域的合作，印度对缅提供相关技术和在缅开设培训班，促进边境地区发展和加大边境地区安全力度，重新测量边界，对因地震损坏的缅甸蒲甘佛塔维修提供技术帮助等事宜进行了会谈。缅印签署了4项合作谅解备忘录：关于传统医药领域的合作谅解备忘录；关于可再生能源领域的合作谅解备忘录；关于三国高速公路缅甸段加列瓦－亚吉路段兴建桥梁的合作谅解备忘录；关于三国高速公路缅甸段加列瓦－亚吉路段兴建和升级公路的合作谅解备忘录。两国发表联合声明称，"印度领导人支持民盟施政，支持民盟政府推动和平进程。两国领导人同意在边境安全事务上加强合作，不允许任何组织利用一国领土反对另一国。双方同意在农业、贸易、能源、医疗、通道建设、地区事务等多领域加强务实合作。印度企业拟在缅医院、汽车等领域进行投资。"同年10月16—19日，昂山素季访问印度，出席了在印度果阿市举行的金砖国家会议和"环孟加拉湾多领域经济技术合作倡议"领导人会议，并与印度总理莫迪会晤，双方就国防、安全等领域进行了讨论，并在能源、银行以及保险等三个领域签署了三个谅解备忘录。

缅甸也重视与日本、韩国这两个重要经贸合作伙伴的合作。昂山家族与日本关系也十分密切，昂山将军早年受过日本的军事和政治训练，昂山素季曾在日本做过访问学者，并且，日本是缅甸独立以来的最大外援国，正在与缅甸合作建设仰光迪洛瓦特区和缅泰边境的土瓦特区，日缅之间的经贸合作犹如芝麻开花节节高。因此，日本对缅甸发展而言，非常重要。民盟新政府与日本的交往十分密切。日本外相岸田文雄2016年5月初访缅，与昂山素季在该国首都内比都举行会谈，并邀请其尽早访问日本。9月7日，在东亚峰会间隙，昂山素季同日本首相安倍会晤时，双方就日本在农业领域、减贫、促进省邦发展等领域对缅提供帮助，日缅加强电力与能源领域合作等事宜进行了会谈。会谈时安倍向昂山素季表示，日本政府支持缅甸的民主化改革和21世纪彬龙和平大会的召开。安倍说，日本作为缅甸的友好国家，为了缅甸发展，将继续在多个领域增加投资，向缅新增约12亿美元的援助，他邀请总统吴廷觉和昂山素季访问日本。昂山素季11月访日时，日本承诺未来五年，在民主化、经济、基础设施、民族和解等诸多领域提供约80亿美元的援助。根据缅甸投资与公司管理局的数据，截至2017年6月30日，日本对缅甸投资总额约7亿美元。

韩国是缅甸第六大外资来源国，根据缅甸投资与公司管理局的数据，截至2017年6月30日，韩国对缅甸协议投资总额近36亿美元，并且还在快速增资，韩国汽车、电子产品、餐馆等在缅甸仰光等大城市有点遍地开花的态势。缅甸民盟新政府与韩国的交往与合作也较密切，以提振经济社会发展。2016年7月中旬，在赴蒙古参加亚欧首脑会议途中，吴廷觉率团在韩国短暂停留，7月14日考察仁川自由经济区，为缅甸特区建设借鉴国际经验。两国在磋商合作建设缅甸第四个经济特区的事宜。缅甸还计划与韩国共同合作，从2017年开始，在缅甸建设占地500英亩的纺织工业区，预计耗资3000万至5000万美元。这个工业区的建成将给缅甸人民带来6万多个就业机会。

缅甸民盟政府与其最大邻国中国的关系经受住了缅甸政局剧变的考验，未出现波折，反而是好上加好。两国当前对彼此的利益需求密切，拓展合作，互利互惠。当前，中国在缅利益较多。经济层面，中国是缅甸重要外资来源国，在缅甸投资较多，当然有些项目的投资落实不畅。因此，维护这些投资项目的安全及相关人员安全，是中国海外利益保护的重要内容之一。而且，当前及未来的一些中缅重大合作项目，如中缅油气管道、莱比塘铜矿、达贡山镍矿等中缅既有大合作项目，皎漂经济特区、中国（云南）与缅甸陆水联运、跨境经济合作等正在规划的大型合作项目，均涉及中国重要利益。如果两国合作持续顺畅，中国经过缅甸可以更便捷地与印度洋沿岸国家甚至非洲国家进行经贸合作。在中缅边境稳定层面，中缅有着2210多公里的边境线，滇缅边境线占绝大部分，在边境线的缅方一侧的掸邦、克钦邦地区（也就是缅北地区），存在克钦独立军等"民地武"，其与政府军近年来经常爆发冲突，滇缅边境安全存在隐患。加之，边境两侧的黄赌毒等跨国犯罪猖獗。维护边境稳定，推进两国跨境合作，扩大边贸，兴边富民，也是中国重大利益关切。在多边层面，当前，中国与东盟整体合作的推进需要良好的中缅关系作为重要支撑之一。中国积极推进"一带一路"建设，尤其是涉及东南亚、南亚的一些区域合作倡议或机制的推进，也需要缅甸的支持与合作，如，孟中印缅经济走廊建设、澜沧江—湄公河合作机制建设、中国—中南半岛经济走廊建设，等等。

对缅甸而言，民盟政府存在不少执政难题，有些需中国协助解决。在经济领域，中国是缅甸重要外资来源国和最大贸易伙伴，中国资金对缅甸基础设施改善、经济增长、就业和民生改善等均有重要作用。民盟政府需要拓展对华经济合作，加快发展缅甸。在民族和解与边境稳定方面，缅甸政府和政府军与缅北多支"民地武"缺乏互信，矛盾尖锐。缅甸民族和解与和平进程需要中国发挥建设性作用。在地缘政治与外交层面，缅甸要把地缘政治优势、资源优势等变为发展优势，也需要与"澜沧江—湄公河合作机制""孟中印缅经济走廊""一带一路"倡议等地区合作规划搞好对接，并借助中国的发展资源和外交资源来提升缅甸的地区地位。

综上所述，中缅两国对彼此都有较大利益需求，互利互惠，合作密切，合作也有地缘优势，前景广阔。而且，民盟新政府的外交政策总体以国家现实利益为核心出发点，而不是以意识形态划界，不会因为政治理念与西方相似而倒向西方，一般不会配合美欧制衡中国的政策。民盟政府在与西方国家拓展合作的同时，奉行对华友好政策，是明智选择。

民盟执政后，中缅政府高层互动创了几个"第一"或者"首次"。

2016年4月初,民盟新政府成立一周内,应缅甸外长昂山素季邀请,中国外长王毅访缅,成为民盟政府成立后首个到访的外国高官。这显示出两国关系密切,也显示了中国对民盟政府的支持。8月17—21日,昂山素季率团访华,这是她出任国务资政、外长后首次出访东盟之外的国家,说明民盟政府高度重视对华关系。2017年4月6—11日,缅甸总统吴廷觉对中国进行国事访问,他表示,感谢中方支持缅甸政府为民族和解、经济社会发展、改善民生等所作努力,缅甸支持并愿积极参与"一带一路"建设,加强双方在基础设施建设、边境经济合作区等领域的重点项目合作。5月中旬,昂山素季来华参加"一带一路"国际合作高峰论坛。

综上所述,自民盟政府上台执政至2017年5月,吴廷觉访华一次、昂山素季访华两次,中国成为缅甸民盟政府高层两个核心领导人出访总次数最多的东盟外国家。8月,中联部部长宋涛访缅,磋商加强与缅甸朝野政党交流、提升两国关系等议题。

两国军事与安全领域交流合作也密切。2016年9月底,中国国务委员、公安部部长郭声琨在缅甸首都内比都会见缅甸内政部部长吴觉瑞,并共同主持中缅第五次执法安全合作会议,加强两国执法安全合作,打击跨国犯罪。10月28日至11月3日,缅甸国防军总司令敏昂莱率团访华,与中国国家和军队领导人举行会见会谈,就两国两军关系、国际和地区形势等问题深入交换意见。11月24—25日,中缅外交国防2+2高级别磋商首轮会议在缅甸内比都举行,2017年2月7日,中缅第二次外交国防2+2高级别磋商在昆明举行,双方还商定2017年内在中国再次举行磋商。中缅两国在4个月内两度举行外交国防2+2高级别磋商会议,说明两国高度重视外交与安全层面的协调。首次机制会议召开恰逢2016年11月20日以来的缅北冲突曾导致两国最重要边贸口岸木姐关闭1个多月。第二次机制会议的召开也恰逢重要时间点,因为民盟政府当时筹划第二次"21世纪彬龙会议",如果缅北冲突,和平与和解会议自然难开。总之,对于两国边境地区而言,和平是发展前提,而发展又是保障持久和平的关键。中国驻缅大使洪亮2017年5月19日指出,"中国政府支持缅甸政府以包容性的方式推进和平进程,正同有关各方共同努力,推动恢复缅北民地武与缅甸政府、军队的对话。我们积极敦促'民地武'参与和平进程,推动其考虑早日签署全国范围停火协议。同时,中国政府还建议缅甸政府和军队采取更加灵活的方式解决'民地武'有关关切。"中国与缅甸政府、军方、"民地武"共同努力,推动第二届"21世纪彬龙会议"在参与代表方面实现"更大包容性",协助缅甸推动和平进程。

两国人文交流等领域也出现积极进展,持续推动民心相通,这是两国关系发展日益重要的内容之一。在人员培训方面,2016年,中国商务部全部出资为缅甸各部门、各行业培训各类人员759人。在佛教领域,缅甸2016年8月发生6.9级地震,佛教名城蒲甘的众多佛塔受损,中国派出专家参与修缮工作,并就此向缅甸提供100万美元捐款。在教育领域,2016年8月5日,由中国扶贫基金会主办的"胞波助学金启动项目暨中国扶贫基金会办公室成立仪式"在仰光举行,基金会为600名家境贫寒大学生发放为期4年的助学金。在文化领域,两国开展几次大规模交流活动。如,2017年1月28日(大年初一),由中国侨联主办,云南省侨联等机构承办的"亲情中华,欢聚仰光"大型春节联欢晚会在仰光唐人街举行,中国驻缅大使洪亮及夫人、缅甸民盟荣誉主席吴丁乌、仰光省省长吴漂敏登等出席系列活动开幕式。在卫生领域,2017年2月21日上午,中国驻缅使馆捐助的杜庆芝妇产医院新楼奠基仪式在仰光举行,升级改造后的杜庆芝医院将是一所设备完善、功能齐全的妇产医院,也是第一所中缅友好医院。

不过,中缅关系目前仍存在挑战,也影响着昂山素季领导民盟克服国内发展与稳定难题。

一是,中缅经贸合作虽然持续发展,但有些问题。据中国商务部数据,中缅2016年贸易额122.8亿美元,同比负增长18.6%。而且,据缅甸数据,缅甸2015—2016年财年(2015年4月1日至2016年3月31日),中国对缅投资额约为33.24亿美元,在缅甸2016—2017财年(2016年4月1日至2017年3月31日),中国对缅投资额约为7亿美元,同比下降较大。这其实与缅甸国内部分媒体、非政府组织、民众和西方媒体经常抹黑、抗议乃至冲击中国在缅甸企业有关,尤其是,密松电站建设自2011年9月30日被上届政府搁置至今,尽管民盟政府2016年8月成立调查委员会,但到底该如何处理,尚无定论。缅甸极度缺电,严重影响经济发展,而中企投资缅甸水电又遇困,这是两国经贸合作的棘手问题之一,久拖不决,损害双方利益。2017年2月仰光发生缅甸工人冲击中资纺织厂的恶性事件,也影响中国投资者信心。这种局面对两国均不利。

二是在安全领域,缅北冲突仍在持续,实现彻底和平尚需时日,中缅边境稳定也会时而遭受影响。中国在缅甸尤其是缅北地区,对冲突各方进行"劝和促谈"工作,取得较大成绩,也面临挑战,如,缅甸民族矛盾根深蒂固,自身多年未解,中国只能从旁协助,缅甸有人在缅北"民地武"问题上还对华存在误解,中国有人则对缅北冲突伤及云南边境稳定和边民安全不满。同时,缅甸西部的若开邦安全局势堪忧。缅北和若开邦是中缅油气管道、多座水电站、皎漂经济特区等两国多个大型合作项目所在地或途经地,部分项目的安全隐患不容忽视。

三是中缅实力悬殊导致两国关系不对称性凸显。2016年,中国GDP近10.8万亿美元。根据国际货币基金组织数据,缅甸GDP仅约683亿美元。中缅GDP绝对值差距大,两者年度增量的绝对值差距越来越大,双方综合实力不对称状况愈发明显。而且,两国地理临近,加之实力差距愈发悬殊,这都会持续影响双方对彼此的认知和利益界定,尤其是影响缅甸对华认知。如,缅甸需要通过拓展与其他大国合作来有所平衡中国影响力,其对华既合作,又提防的纠结心态愈发突出。这会影响双方关系发展。

四是,中缅合作面临西方较大竞争压力,而缅甸能否处理好与中国和其他大国的关系,是影响缅甸外交格局与外部压力的关键因素。美国、日本、印度、欧盟等大国或组织高度重视对缅甸的战略资源投入,目的之一是制衡中国崛起。昂山素季和民盟政府也要争取美国、英国等西方国家的支持,有时也要借助发展与其他大国的关系,完善大国平衡外交格局,来平衡中国在缅较大影响力。而且,缅甸此前经历长期的军政府统治,导致民盟政府缺乏既懂得国情又具有高超经济专业技能的财经官员,因此,在经济社会发展方面,民盟政府更加倚重美欧日专家,导致中缅经贸合作面临越来越多的"西方规则壁垒",影响两国在"一带一路"框架下的合作。而大国在缅甸博弈的加剧,如果超出缅甸掌控,缅甸可能会受到大国博弈激烈的反作用。缅甸这个地缘政治小国能否运筹"大国平衡外交",事关国运兴衰。

西边晴阴互现:与西方关系时热时冷

综上所述,民盟政府与亚洲国家的关系蒸蒸日上,好上加好。同时,民盟不仅要争取超级大国美国的支持,也要争取英国等西方国家对民盟政府执政的支持和对缅甸发展的支持,但其与西方本应该很好的关系却不一帆风顺。民盟从1988年成立以来,理念上与西方相似,也长期受到美欧等西方世界的支持,昂山素季获得西方诸多荣誉,昂山素季去西方国家访问时受到"超元首"的礼遇。而且,2015年11月8日大选后,美国时任总统奥巴马等西方政要公开敦促吴登盛政府和缅甸军方承认大选结果,这也是民盟能顺利执政的重要原因。再有一点,在西方眼中,文人主导的民盟政府比退役军人和现役军人主导的吴登盛政府形象好很多。因此,综合这些因素分析,从逻辑上讲,民盟政府与西方的关系应该十分热络,甚至有人猜测民盟政府在很多外交政策上与西方更加接近,但事实情况并非如此。民盟政府执政一年多以来,其与西方的关系可谓是"阴晴互现",更没有出现民盟政府倒向西方的状况。民盟政府没有在西方与中国之间选择"向西倒",令一些西方人较为失望,西方有些人企图利用民盟政府制衡中国在缅甸及东南亚影响力的设想落空。

民盟政府与美国的关系经历了起伏,与时任奥巴马政府的关系算是较为友好,但与特朗普新政府的关系则是不冷不热,到2017年年中都没有什么大的发展。昂山素季本人与美国时任总统奥巴马、时任国务卿希拉里私交甚笃,当昂山素季还是在野党领导人时,奥巴马和希拉里访缅时,双方就相谈甚欢，举止亲密。

2015年11月8日大选结果出炉后，奥巴马就立即与昂山素季通话，祝贺民盟获胜。2016年9月中下旬，昂山素季率团参加联合国大会，并访问美国，前后约10天，与奥巴马总统、国会议员等朝野政要、社会人士密集会晤。奥巴马政府认为缅民主转型取得显著成绩，有意送给昂山素季本人和缅甸"大礼包"，终于在10月7日宣布撤销总统行政命令框架下的制裁，其中，比较重要的举措之一是将7家缅甸国有企业和3家缅甸国有银行从制裁名单中移除。双方商定，美国国务院与缅甸外交部举行年度对话，承诺继续在打击人口贩运、反腐败、反洗钱、禁毒等领域开展合作，将就双边经贸事项加强沟通。奥巴马还致信美国国会，宣布恢复对缅甸的贸易优惠待遇，并把缅甸列入一个不征收高进口关税的国家名单。在奥巴马政府承诺的这些援助中，比较重要的还有：培训缅1500名英语教师，培训缅官员；增加1000多万美元的小额信贷，扶持缅中小企业；派"和平队"赴缅开展民生项目，教授中小学生英语。两国发布的联合声明还表示，将建立"有活力的伙伴关系"。

奥巴马政府举措在美缅关系史上具有标志性意义，这也是民盟外交成绩中的亮点之一，因为美国很多制裁已经持续一二十年了，主要是针对缅甸前军政府的，退役军人为主的吴登盛政府尽管在推动民主转型方面取得重大成绩，但始终未能获得美国全面认可，没能推动美国解除对缅甸的所有经济制裁。但是，美国仍然保留对缅甸军方的有关制裁措施，根据2008年通过的《制止缅甸军人集团反民主行径法》，美国仍将继续限制为缅甸军官和为缅甸军方提供大量政治和经济支持的个人提供赴美签证，也暂时不会解除对缅甸军方的武器禁运措施，也暂时不会向缅甸提供军事援助，因为美国认为缅甸军方在人权方面的记录仍有问题。不过，美国将重启与缅军方的交流，将为缅军人提供英语培训，引导缅军参与和平进程，支持缅军增加与他国军队的交流。美国上述举措旨在引导缅军方更加支持民主，加快缅公民社会发展，提升缅政府治理水平，巩固缅民主转型。

缅甸也希望借昂山素季访美之机拓展与美国的经贸合作，因为美缅贸易额较小,理论上有很大提升空间。2014—2015财年(2014年4月1日至2015年3月31日),缅美双边贸易额为5.5亿美元,2015—2016财年为2亿美元,2015—2016财年前5个月(2016年4月至8月),缅美双边贸易额约达1.34亿美元,其中缅甸出口额7600万美元,进口额5800万美元。而且,缅甸近几年来贸易逆差持续较大,亟须拓展美欧等西方市场,亟须促成美缅贸易止跌回升。缅甸主要向美国出口农产品、水产品以及工业增值产品,从美国进口日用品和工程用设备等。缅甸纺织业协会预测,待美国向缅甸恢复普惠制(GSP)待遇后,缅甸纺织产品出口领域将会加倍增长。

此外,在访美途中,昂山素季还访问英国,同英国首相特里莎·梅在英国首相府举行会晤,就两国政府和人民加强友好关系,以及增进两国之间的合作等事宜进行了会谈。

不过,奥巴马卸任总统后,缅甸民盟政府和美国特朗普新政府的关系就很一般了。据缅甸人说,民盟有些人是希望希拉里在2016年能当选总统的,特朗普当选美国总统后,民盟政府也承认现实,祝贺特朗普胜出。2017年1月特朗普政府上台后,相比对前奥巴马政府,民盟政府对特朗普政府缺乏足够了解,也缺乏人脉基础,双方的关系不冷不热,高层互动贫乏。5月4日,特朗普政府在华盛顿举行第30届美国东盟对话会议和第二次美国东盟外长特别会议。美国希望缅甸国务资政兼外长昂山素季出席,但昂山素季未与会,因为她当时正访欧,与欧盟国家领导人举行会议,代表缅甸出席的是国家安全顾问吴当呑。昂山素季6月初访问加拿大,却"过美国家门口而不入",一度引发国际舆论热议,认为美缅关系不好。随后,美国驻缅甸使馆6月22日发布公告称,昂山素季和美国国务卿蒂勒森通了电话,这是特朗普执政以来5个月内,缅美两国政要间的首次通话,显得有些晚,而且,不是特朗普亲自与昂山素季直接通话。上述这些事例反映了美国特朗普政府和民盟政府关系较为一般,比前奥巴马政府与缅甸民盟政府的关系差很多。缅甸民盟政府与美国特朗普政府关系冷淡的主要原因:一是昂山素季等民盟政府高层与特朗普总统及其团队缺乏前期互动与感情基础，彼此之间不熟悉，自然短期难有密切互动；二是特朗普对缅甸等东南亚国家并不如上届奥巴马政府那么重视，他还声称要推进贸易保护主义，对缅甸等东南亚国家的援助也少。缅甸等东南亚国家认为特朗普政府对东南亚的承诺与实际友好合作举措不如预期，反而受到"美国要求东南亚国家配合美国制裁朝鲜"的压力，感觉有些受到冷落和不满。同年7月，美国国务院官员访缅时在双边层面继续施压缅甸与朝鲜断交，称华盛顿可能就朝鲜问题向缅甸继续施压，甚至不排除用制裁缅甸的方式来迫使缅甸就范，只有在华盛顿确认缅甸与朝鲜断交之后，美缅关系才能朝全面正常化发展。

综上所述，民盟政府外交具有"统筹协调、非常活跃、成绩斐然"的特点，是缅甸外交处于1948年独立以来较为活跃的时期，未来的外交仍将继续活跃，成效有望更多、更大。不过，缅甸国内外形势复杂，民盟政府外交也面临一些挑战。

一是，2016年9月，缅甸外长昂山素季身体状况引发了缅甸舆论的高度关注和担忧，因为她毕竟70多岁了，在前几年出席公众活动时，就曾出现过晕倒等状况。9月23日，在纽约联合国总部内举行的缅甸和平发展与民主执行合作伙伴会议中，昂山素季并未出席，缅甸官员24日表示，她只是稍作休息，并不是因为健康问题。她9月25日从美国返回仰光时，在机场坐着轮椅出来的照片在网上传开，国内百姓对昂山素季的健康情况十分担忧。9月29日，在休整3天后，昂山素季返回内比都开始工作，30日出席第37届东盟议会联盟大会，并发表讲话。谁都不愿意看到她"工作干好了，人却累倒了"。因为，缅甸需要昂山素季，她是民盟政府"顶梁柱"，缺了她，不仅民盟政府运转会失灵，整个缅甸运转也会出问题。

二是，缅甸罗兴亚人问题使得缅甸较难完全摆脱东盟、西方、联合国等国际社会的压力。而且，缅甸若开邦宗教冲突带来的流血伤亡，以及引发的难民问题和难民危机等等事件，引发印尼、马来西亚、孟加拉国等穆斯林众多的国家，以及国际伊斯兰组织，美国、欧盟、联合国等对缅甸的强烈批评和极力干涉，引发缅甸与国际社会不断的争吵。2016年12月，缅甸迫于东盟部分国家压力，召开东盟外长会，讨论罗兴亚人问题，但会议难以推动问题的解决。不过，反对罗兴亚人是缅甸佛教徒的普遍心态，他们不满西方和联合国介入缅甸族群和教派冲突，不满西方频频发表偏向罗兴亚人的声明，不满西方对若开邦的援助主要流向罗兴亚人，连民盟政府也对美国等国公开发表声明时使用"罗兴亚人"的字眼表示不满。如上文所述，2017年，民盟政府继续与美欧多国政府和组织、联合国等在罗兴亚人问题上龃龉不断，7月，联合国缅甸人权特别报告员赴缅考察罗兴亚人情况后发布报告，对缅甸政府多有批评，引发昂山素季等人公开表示不满其干涉内政。罗兴亚人问题成为缅甸与西方关系不睦的重要影响因素。

三是，民盟希望在大国间左右逢源，搞平衡外交，借助多个大国的支持，尽快发展国家。不过，美欧在政治上对民盟政府的支持力度大，但民盟政府未来提振声望主要依靠实现国内民族和解与和平、提振经济、改善民生，美欧等西方国家和组织对缅甸的投资数额目前总体不大，因为西方企业认为缅甸投资环境总体很差，如基础设施和物流差，经常停电，缺乏足够的熟练工人，等等。同时，缅甸的民族工业较弱，出口能力不强，在西方向缅甸大开市场后，缅甸企业能否迅速扩大对西方出口，尚待观察。因此，如何让缅甸与美欧政治经济关系的大幅改善转化为切实的发展实惠，能极大推动缅甸经济社会的发展，是民盟新政府下步努力的方向。此外，世界主要大国和组织均加大对缅的战略资源投入，积极拓展在缅影响力，民盟政府需要极高的外交技巧，引导和协调大国在缅甸建立良性互动关系，因为大国在缅博弈一旦失衡，出现激烈"冲撞"，将可能使缅甸陷入尴尬境地。

参考书目与论文

中文书目

1. ［英］G.E.哈威著，姚秘译：《缅甸史》，商务印书馆，1957年版。

2. ［缅］波巴信著，陈炎译：《缅甸史》，商务印书馆，1965年版。

3. ［缅］貌丁昂著，贺圣达译，何平校：《缅甸史》，云南省东南亚研究所，1983年版。

4. 贺圣达：《缅甸史》，人民出版社，1992年版。

5. 姚秉彦、李谋、蔡祝生：《缅甸文学史》，北京大学出版社，1993年版。

6. 张锡镇：《当代东南亚政治》，广西人民出版社，1994年版。

7. 钟智翔：《缅甸研究》，军事谊文出版社，2001年版。

8. 贺圣达、李晨阳编著：《列国志——缅甸》，社会科学文献出版社，2009年版。

9. 李谋、姚秉彦.蔡祝生等译注：《琉璃宫史》（上中下册），商务印书馆，2011年版。

10. 范宏伟：《和平共处与中立主义——冷战时期中国与缅甸和平共处的成就与经验》，世界知识出版社，2012年版。

11. 钟智翔、尹湘玲、扈琼瑶、孔鹏编著：《缅甸概论》，世界图书广东出版公司，2012年版。

12. 廖亚辉：《缅甸经济社会地理》，世界图书出版公司，2014年版。

13. 许清章:《缅甸历史、文化与外交》,社会科学文献出版社,2014年版。

14. 贺圣达:《缅甸史》,云南人民出版社 & 云南大学出版社,2015年版。

中文论文

1. 许清章:《试论缅甸蒲甘王朝的兴衰》,《东南亚》,1984年第3期。

2. 桂光华:《试论缅甸建立的第一个统一王朝》,《南洋问题》,1986年第2期。

3. 林锡星:《缅甸历史分期探析》,《东南亚研究》,2002年第5期。

4. 何平:《缅甸历史上的封建制与奴隶制》,《世界历史》,2005年第1期。

5. 邹怀强:《缅甸蒲甘王朝〈加苏瓦王公告碑〉刑罚方式源流研究——两个来源:印度原始佛教与〈摩奴法典〉》,《东南亚纵横》,2010年第9期。

缅文书目

1. [缅]《琉璃宫史》(缅文),曼德勒:妙佐印书馆,缅历1325年(1962年)版。

2. [缅]吴磊貌:《缅甸政治史》,仰光:班薛碧书店,2012年版。

3. [缅]敖敏:《"8888革命"与曼德勒》,仰光:碧斯甘文学社,2013年版。

4. [缅]丹温莱著:《丹瑞:内比都之王》,仰光:伦吴文学社,2014年版。

英文书目

1. Maung, Aung Myoe, *In the Name of Pauk-phaw:Myanmar's China Policy since 1948*, Singapore: Institute of Sountheast Asian Stuides, 2011.

2. Steinberg, David I. and Fan, Hongwei, *Modern China-Myanmar Relations: Dilemmas of Mutual Dependence*, Copenhagen: Nordic Institute of Asian Studies Press, 2012.

3. Egreteau, Renaud and Jagan, Larry, *Soldiers and Diplomacy in Burma: Understanding The Foreign Relations Of The Burmese Praetorian State*, Singapore: National University Press, 2013.

4. Clymer, Kenton, *A Delicate Relationship: The United States and Burma/Myanmar since 1945*, New York:Cornell University Press, 2015.